100天写出一篇论文

论文写作的本质及过程控制

田洪鋆（吉大秋果） 著

北京大学出版社
PEKING UNIVERSITY PRESS

图书在版编目（CIP）数据

100 天写出一篇论文：论文写作的本质及过程控制／田洪鋆著．—北京：北京大学出版社，2023.7
ISBN 978-7-301-33941-1

Ⅰ．①1…　Ⅱ．①田…　Ⅲ．①论文—写作　Ⅳ．①H152.3

中国国家版本馆 CIP 数据核字（2023）第 068055 号

书　　　名	100 天写出一篇论文：论文写作的本质及过程控制 100 TIAN XIE CHU YIPIAN LUNWEN：LUNWEN XIEZUO DE BENZHI JI GUOCHENG KONGZHI
著作责任者	田洪鋆　著
责 任 编 辑	周　希　方尔埼
标 准 书 号	ISBN 978-7-301-33941-1
出 版 发 行	北京大学出版社
地　　　址	北京市海淀区成府路 205 号　100871
网　　　址	http://www.pup.cn　http://www.yandayuanzhao.com
电 子 邮 箱	编辑部 yandayuanzhao@pup.cn　总编室 zpup@pup.cn
新 浪 微 博	@北京大学出版社　@北大出版社燕大元照法律图书
电　　　话	邮购部 010-62752015　发行部 010-62750672 编辑部 010-62117788
印 　刷　 者	北京宏伟双华印刷有限公司
经 　销　 者	新华书店
	880 毫米×1230 毫米　32 开本　9.125 印张　226 千字 2023 年 7 月第 1 版　2025 年 8 月第 10 次印刷
定　　　价	58.00 元

未经许可，不得以任何方式复制或抄袭本书之部分或全部内容。
版权所有，侵权必究
举报电话：010-62752024　电子邮箱：fd@pup.cn
图书如有印装质量问题，请与出版部联系，电话：010-62756370

序:为什么要写这本书
——思考有规,落笔有矩!

论文写作的过程十之八九都是不顺畅的,对于初级写作者更是如此。要么是写不出,要么就是写不好。造成写作者写作困难的原因有很多,其中有两类特别显著又特别容易被忽视。其一是写作者的写作素养不够。有些写作者自身的写作基础(素养)存在一定欠缺,包括理论基础和思维能力,在缺乏这两项基本素养的情况下硬要从事论文写作是不可能成功的。其二是过程管理得不够。有些写作者虽然自身写作素养可以,具备一定的理论基础和思维能力,但没有意识到写作是一个漫长且极具挑战性的链条化工作,这项工作需要写作者像管理一个大型项目一样制订计划、管理过程以及把控节奏。写作者若是缺乏对此的认识,或者是缺乏规划和控制能力、再或者是缺乏意志力和执行力,没有进行写作计划的制订、过程的管理以及节奏的控制,便会出现漏掉某些关键环节或者在某些写作环节上质量不达标,抑或前紧后松、虎头蛇尾等节奏控制不佳的情况,这些都会导致后续写不下去或者写出来的论文质量不高。

对于第一个方面——写作者的写作素养,写一篇论文,在理论方面要求写作者必须掌握一套完整的学科体系,同时对所要研究的问题的所有过往文献都了如指掌；在思维方面要求写作者必须了解解决问题所需要的批判性思维，以及批判性思维对于论证的要求，对于论证，写作者要深入细致地掌握分析论证和评论论证的能力。

然而，目前关于论文写作的指导并没有让写作者去反思自己的理论基础和论证能力。首先，关于理论基础，我们有很多写作者在之前的学习过程中对知识掌握得不系统，还有一些专业不连续（比如跨专业读研、读博）的写作者其实是缺乏专业知识（主要指通过教材学习到的知识）的，他们没有补足专业知识就匆忙开始写作。同时，我们对于那些专业知识没有问题的写作者进一步提升专业理论（主要指通过阅读专业文献学习到的理论）能力的建议也只是很粗放地要求他们看书，至于为什么读、读什么书以及读到什么程度才能为写作提供支撑，写作者是不知道的。其次，关于思维或者论证方面的训练就更少了，目前中国的大学没有普遍建立起通识批判性思维的课程，逻辑学不但枯燥、脱离实际生活，而且也只针对少数专业开设。这就使得大部分写作者没有受过系统的逻辑训练，相应的思维能力也没有建立起来。所以，写作者和高等教育都需要反思，我们应当在写作者的写作素养方面做一些基本的努力，这样才能真正减少写作者在写作过程中的阻力。

在写作素养包含的理论素养和思维能力两个方面中，思维能力又是本书更为关注的内容。理论素养是写作者通过漫长的专业学习、专业阅读逐渐积累的，属于专业培养范畴，作为通识论文写作指导用书，有时候在这方面只能进行方法论的指导。但是，思维能力的培养是至关重要的。一方面，思维能力是所有写作者能够进行沟通的"通用语言"，是一切讨论的基础。如果说同一专业的学者之间尚可以就专业内容进行交流（其实底层也是逻辑），那么专业人士与非专业人士之间进行交流的底层逻辑只能是思维(因为不同专业人士缺乏能够互相交流的专业知识基础),具体到本书的内容就是逻辑或者论证。① 可以毫不客气地说,缺乏逻辑(或者论证,或者思维)作为支撑,很多讨论都是毫无意义的。另一方面,中国的论文写作指导长时间关注理论素养部分,而对逻辑(或者论证,或者思维)缺乏关注,或者说并不懂逻辑在其中是怎样发挥作用的。实际上,在论文指导过程中的很多耳熟能详但又令写作者很困惑的术语,比如理论基础、问题意识、文献综述、述评结合……都可以从逻辑的角度进行阐述,只是目前我们的理论界还没能从逻辑的角度揭示论文的本质,进而引发了目前论文指导中存在的各种问题。本书则要做这样的尝试——在专业之外揭示论文写作的本质,也即逻辑这种通用的语言在写作中是怎样的一套体系,从而使师生有共同交流的逻辑基础,避免师生在逻辑缺失的情况下进行无效的指导和交流。

对于第二个方面——写作的过程管理,我们需要认识到,初级写作者对于充满挑战性的、完整的写作过程是缺乏管理能力的。他们不熟悉写作的流程、步骤、每个环节需要达到的标准以及应当分配的时间和精力。这些方面的训练在我们的教育体系中也是缺失的,这就导致有些写作者虽然基本素质很好,但是因缺乏对写作的管理意识、管理能力最终导致论文撰写失败或者写作过程不顺畅。另外,还有一种情况也提示我们关注论文写作的过程管理。在全国的高校中,每年都会有一些博士生放弃博士学位,放弃继续做博士论文。其中,有些人是因为客观因素;有些人是因为面对庞大而复杂的博士论

---

① 思维、逻辑、论证的关系会在正文中详细解读,请读者届时留意对比。总体而言,批判性思维又被称为非形式逻辑,逻辑的重要内容就是论证。

文写作项目，没有思路，无从下手；有些人虽然有思路但又缺乏行动力和意志力，导致迟迟没有开始或者开始后又不能持续推进，也不愿意推进，进而导致写作过程荒废。这也是我们主张要对论文写作进行过程管理的原因之一。

本书的写作就是要为上述问题提供解决方案。一方面，本书会详细介绍写作者自身的积累和准备对于论文写作的重要性，详细拆解理论基础和思维（落到具体环节是分析论证和评论论证）在写作中的重要地位和互动情况，帮助写作者提升自身的理论和思维素养。另一方面，本书根据论文写作的规律将论文写作的过程拆分成几个步骤，详细描述每个步骤对于论文写作的意义和功能、每个步骤应该达到的标准和程度、每个步骤应当分配的时间和精力，帮助写作者实现对写作全流程的管理和控制，从而实现对论文写作的过程管理，最终完成这一极具挑战性的工作。

本书的特色在于，关注到了理论与论证之间的互动及其对论文写作的重要影响。鉴于以往的写作指导类书籍普遍缺乏对论证角度和深度的关注，本书将系统呈现理论和论证在每个写作环节中的表现，换句话说，本书是一本试图揭示写作最底层的逻辑、思维本质的写作书籍。此外，本书设计了一套较为完整的论文写作流程、评价指标以及时间分配方案帮助写作者驾驭论文写作，并辅助以打卡制度督促写作者完成这一极具挑战性的任务。

需要指出的是，本书的名字虽为《100天写出一篇论文：论文写作的本质及过程控制》，但这"100天"是指在写作者自身的写作基础（素养）没有问题的情况下，从开启写作流程（一般是指文献检索）时开始起算。如果写作者在基础知识上还存在欠缺（比如基础知识不牢靠或者跨专业的同学），那么写作者恐怕还不能开始写作，需要补齐自己欠缺的专业基础知识。同时,根据每位写作者的实际情况、预计撰写内容的多寡,这"100天"只是一个大概的时间。应该说这"100天"是撰写一篇1万~2万字的期刊论文的期限,如果你撰写的是博士论文或其他体量比较大的论文,恐怕还要在相应的环节上增加时间和精力的投入。最后,希望读者通过本书获得一种全新的写作体验,写作顺利,成功上岸!

目 录

1 认识篇——论文写作的本质

一、论文写作是为了解决问题 003

二、问题是怎样被解决的? 005

三、正确的结论是怎么得出来的? 013

四、论文写作对写作者的能力要求 017

 (一) 扎实的专业知识 018

 (二) 较强的逻辑能力 020

2 行动篇——论文写作的过程控制

第一章 文献 080

一、文献的重要意义 080

二、文献检索 082

三、文献管理 084

 (一) 文献分类 084

 (二) 文献列表 086

四、文献阅读 089

(一) 基础性阅读 090

　　(二) 检视性阅读——利用六种逻辑工具提炼

　　　　文章的"客观真实" 091

　　(三) 批判性阅读——利用分析论证和评论论

　　　　证呈现一篇文章的论证框架 100

　　(四) 主题性阅读——利用分析论证和评论论

　　　　证呈现全部文章的论证框架体系 109

第二章 问题的形成 147

　一、问题是什么？ 147

　　(一) 问题是一个"需要被解决"的问题 147

　　(二) 问题是一个"专业理论"的问题 149

　　(三) 问题是一个"大小适中"的问题 162

　　(四) 问题是一个"真问题"而不是"想象中"的问题 163

　　(五) 问题是一个"值得研究"的问题 167

　二、问题从哪里来？ 168

　　(一) 论文写作的问题不能是知识问题 168

　　(二) 论文写作的问题不能是知识的时间顺序和

　　　　简单因果关系的问题 169

　　(三) 论文写作的问题是基于逻辑产生且建立在

　　　　逻辑要素之上的 169

第三章 构思——建构自己的论证框架和论证体系 175

　一、具备实质要件 175

（一）要有一个清晰且适合写作的问题 175
　　（二）要有一个清晰完整的理论框架 176
　　（三）要切入"恰当且准确"的理论框架 181
　二、具备形式要件 188
第四章　开始写作 194
　一、宏观视角——论文各部分的撰写 196
　　（一）标题 196
　　（二）摘要 200
　　（三）引言 204
　　（四）正文 210
　二、微观视角——段落写作法和 IBAC 写作结构 229
　　（一）段落写作法 229
　　（二）IBAC 写作结构 235
　　（三）段落写作法+IBAC 写作结构的写作实例 239

结　语 245

附录一：要点提示综合 247

附录二：过程控制 251

附录三：文献阅读过程控制 254

参考文献 261

后　记 267

1

认识篇
论文写作的本质

论文写作是为了解决问题

问题是怎么被解决的？

正确的结论是怎么得出来的？

论文写作对写作者的能力要求

一、论文写作是为了解决问题

高等教育为什么要设置一个论文写作环节？这还要从高等教育的特点说起。我国的高等教育起源于洋务运动后期，在参考其他国家做法的基础上，最终形成了我们自己的高等教育体系。在设置之初，这套体系从内容上主要是为了解决中国的知识更新问题，主要精力也放在构建知识体系上。也即，学生读完大学后能够获得某个学科的一套完整的知识体系，如下图 1-1 所示。这套体系是通过教科书向我们传递的，我们可以回想一下，当我们翻开任何一本教科书，从第一章开始到最后一章，都是一些概念、名词和术语，介绍知识点的内容、特征、发展和演变等。知识体系按照学科内部的逻辑将知识串联起来，它的优点在于体系性和完整性；缺点在于过于强调知识内部之间的学科联系，忽略知识和现实世界的联系，使得学生学完了这套完整的知识体系之后，尽管他的学习成绩可能很好，但是不会用知识解决问题。因为我们的体系着重于强调知识是什么，而不是怎么用。于是，很多学生，尤其是学习好的学生就会多了一个绰号——"书呆子"，用来形容他们虽然具有很多知识，但是在现实的问题面前还表现出不太会处理的状态。

在学科之外，现实生活中对于知识的要求是围绕问题进行重构，也就是要形成知识图谱，如图 1-1 所示。知识图谱与知识体系不同,知识体系是围绕学科构建的,知识图谱则打乱了学科知识体系,围绕现实中的问题重构了知识和知识之间的关系。不可否认的是,现实生活中,我们需要的是知识图谱,因为我们学习知识是为了用知识解决问题。但是,在实际的大学学习中,学生学习到的大多是一套知识体系。

知识体系是好的,但是如果不会用,人也只是知识这座仓库的保管员,所以要教会学生怎么用知识。高等教育又设置了许多实践类的课程用以培养学生运用知识解决问题的能力,论文写作是其中最为重要的,因为与其他实践类课程①不一样的是,论文写作包含较为深刻的理论性和理论反思,还考查学生在解决问题过程中的创新性。

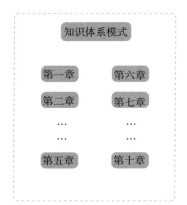 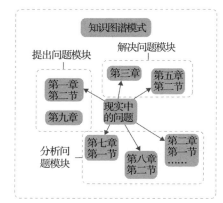

图1-1　知识体系模式和知识图谱模式

---

① 多数的实践类课程如法学的模拟法庭、医学的下科实习等都属于纯粹运用知识,学会观察知识在现实问题中的表现。写作不仅是运用知识,还强调理论反思,还强调问题本身、解决过程和结论的创新性,某种程度上属于知识生产的范畴,因此也相对难和深刻,对学生的思维层次要求特别高。

所以，从事写作的写作者①首先要明白的是，相对于我们日常上课学习到的知识，写作更关注的是这些知识怎样被运用到现实问题的解决中，这是写作的第一层本质。与其他实践类课程不一样的是，写作还强调创新性，强调在解决问题的过程中实现知识生产。所以，写作就是解决问题，解决问题与我们日常上课不同。上课所使用的教科书是说明文文体，这种文体特别适合向受众传递信息；但是解决问题使用的是议论文文体，这种文体特别适合向受众传递观点、展示论证过程。如果说说明文是以知授人，议论文就是以理服人。因此，也有人说议论文是解决问题的文体。

强调以上信息，是为了帮助写作者认识到写作这个高等教育培养环节的特殊之处和设置的初衷。不了解这个环节设置的目的就不容易掌握论文写作的本质和要求，议论文写作与课堂学习不同，强调的是解决问题、知识应用以及知识生产。所以，现在我们需要反思一个问题：有多少同学写的论文或者以往毕业学生的毕业论文被写成了说明文？这种现象出现的原因就是对论文写作的第一层本质认识得不够深刻。

二、问题是怎样被解决的？

这个问题也可以被表述成——人是怎样解决问题的？这就涉及一个思考的过程，也是思维的过程。我们先从一个生活中的例子入手看看大脑是怎样思考的，人的思维过程又是怎样的。顺便插一

---

① 本书中使用"写作者"一词来指代从事论文写作的人，也即本书的读者，使用"作者"一词来指代书中引用或者提及的文章的作者，也即范文或者示例的作者，请读者（也即写作者）注意区分这两个词汇。

句,英文中的思考和思维都是"Thinking",它们指向的都是大脑活动,但具体还有一点差别,我们稍后再区分。

  如果你在考驾照,教练问你:"遇到红灯的时候怎么办?"
  你回答:"踩刹车板。"
  教练问:"为什么?"
  你回答:"刹车,又称制动,是一种在车辆行驶过程中能够帮助驾驶者降低速度的装置。"

换一个场景,你仍然在考驾照。

  一个交警问你:"遇到红灯的时候怎么办?"
  你回答:"踩刹车板。"
  交警问:"为什么?"
  你回答:"闯红灯会扣分并且容易引发交通事故,是一种违法行为。"

以上是比较简单的生活场景,我们换一个相对复杂一点的例子。

  你是一名牙医,在某口腔医院工作,有一天来了一个牙疼的患者。
  你说:"需要做根管治疗,清除里面的腐蚀和发炎的地方。"
  患者说:"能不能吃点消炎药或者止痛片治疗?"
  你说:"不能,不阻止腐蚀继续蔓延,这颗牙就保不住了。"

让我们观察一下,上述几个例子都包含一个问题或者发生问题的场景,人们对问题给出了回答,同时又为自己的回答提供了理由。具体参见表1-1:

表 1-1　问题是怎样被解决的?

思维或者 思考的过程	场景一（教练）	场景二（交警）	场景三（牙医）
问题	遇到红灯怎么办？	遇到红灯怎么办？	是否需要根管治疗？
结论 （你的回答）	踩刹车板	踩刹车板	需要
前提 （你的理由）	刹车板是能够降低车速的装置	不踩刹车会闯红灯，闯红灯会被扣分和引发交通事故	阻止腐蚀继续蔓延，保牙

我们通过这样比较简单的、生活化的例子帮助写作者认识到人是怎样解决问题的。常规来说，由于人的思考绝大部分是在大脑内部进行的，是具有隐性特质的，不是一个外显的过程，所以，我们用表格把大脑的思考过程列出来，让这个过程更直观一些。通过上述几个例子我们会发现，针对一个问题，人们会倾向于给出一个结论（或者是回答、立场、观点、行为等），在这个结论背后其实每个人都是有理由的，提供理由证明观点的过程就是论证。

不论我们日常生活中是否仔细观察过别人或者自己的思考过程，我们都是这样思考的，一个完整且正确的思考过程就是上文所表述的那样，它包含问题、结论和前提，只不过上文的例子都是前提正确、前提能推出结论的比较理性、正向的例子，我们再来看一下不太理性、负向的例子。但是不论什么样的例子，大脑的思考过程和思维的要素就是这样，只不过每个环节的完成度和完成质量有差别，直接导致了结论的质量不同，如表 1-2 所示。

表 1-2　不同人的思考过程对比

思维或者思考的过程	女儿(你)	妈妈
问题	吃肉还是吃菜	吃肉还是吃菜
结论(回答)	吃肉	都得吃
前提(理由)	好吃	营养均衡

在早餐的餐桌上,六岁的你跟妈妈说:"我不吃菜,我要吃肉。"

妈妈问:"为什么?"

你说:"肉比菜好吃。"

妈妈说:"不能光吃肉不吃菜。"

你问妈妈:"为什么?"

妈妈说:"人体需要均衡的营养,蔬菜和肉提供的营养是不一样的。"

从这个例子就能看出,虽然妈妈和女儿对同一个问题的回答、理由都是不一样的,但是从思维和思考的过程来看,规律性的东西是一样的——人对问题的回答都是基于一定的理由,其中对问题的回答或者反馈就是结论,支撑结论的前提就是理由。只不过,有的人的理由很感性,比如女儿认为"肉好吃"所以就要每顿吃肉,这个理由和结论之间的关系也就较脆弱,导致了女儿的结论不太理性。而妈妈的理由"营养均衡"更科学,理由和结论之间的关系比较牢固,结论看起来也就更靠谱一些。

综上,人是怎样解决问题的?或者说问题是怎样被解决的?是通过一个思考的过程,这个思考过程也是人大脑思维的体现。我在之前说过——思考和思维的英文都是"Thinking",它们具体的差别体现在思考强调大脑对问题的宏观反应,强调整体性,强调与大脑不思考的时候的状态对比。这里涉及大脑运作的一些生理规律,人的大脑只有 3 磅左右的重量,占整个人体重量的比重非常低,但是大脑运行起来消耗的能量却占到人体总能量的 20%,所以思考是很累的。大脑节省能量的方法就是把一些行为习惯化,通过"下意识"来解决,这样就不会占用太多大脑的资源。① 但是在一些特殊场合(比如遇到问题的时候),没有办法通过习惯解决,就需要调动大脑的资源,启动思考程序。而思维更强调在思考的过程中大脑是怎样运作的,要素是怎样的,相互的关系是怎样的。在思维的各种要素中,前提和结论之间的关系就是论证。你其实不必了解它们之间这么细微的差别,如果非要弄清楚它们之间的不同,可以这样记忆——思考是一个统称,描述的是大脑运作的状态,主要与大脑休息的状态或者不思考的状态形成一个对比,用来强调大脑面临一个问题时与休息时不同的状态;而思维则是大脑在思考时遵循的一些规律和原则,它有具体的要素,要素之间会互动并相互发生关系。思维相对于思考而言更为细化,是微观层面的东西。思维也有好的思维、不好的思维,质量高的思维和质量不怎么高的思维,思维的品质直接决定思考的质量。所以,虽然都在思考,但那些不遵循正确思维规律去思考的人还不如不思考,也可以说成是在胡乱思考。这就是为什么米兰·昆德拉说:"人类一思考,上帝就发笑。"②

---

① 比如你经常会忘记自己有没有锁车门,但回去一看其实自己已经将车门锁好。或者你经常会忘记自己有没有关煤气,但回去查看发现自己已经关好。这是因为你处理这些问题的时候都是下意识的,启动的都是大脑习惯性思维模块,不经过思考。大脑将这些日常的行为转化成习惯,就可以节省大脑很多的资源。

② "人类一思考,上帝就发笑"出自捷克作家米兰·昆德拉创作的小说《生命中不能承受之轻》。

我们稍稍总结一下。人们解决问题是需要思考的,思考就需要动用思维,思维就包含几个要素:问题、结论、前提、未表达前提。其中"问题"的功能是指,人们只有在问题摆在面前的时候才会动用大脑去思考,平时大脑都处于习惯性运行的状态。也就是说大脑会把一些常态化的行为转化为习惯,按照程序就处理了,只有在遇到非常态化的、大脑没有办法常态化按照习惯处理的部分,大脑会调动思考程序,也就是我们俗称的"想一想"。一旦启动思考程序就涉及一些具体的操作,比如思维的环节、过程、步骤。如果一个人总是在思考,但是又不知道怎么思考,思考应该依据什么样的规律、方法、要素,那么这个人的思考可能也就是随便说一说,并不是真正的思考。或者,如果你的导师只是不断地向你强调思考的重要性,告诉你要勤于思考,但是又不告诉你怎样思考以及思考的规律和方法,那么这位导师对你的指导恐怕只是停留在宏观层面。思考是可以具体化,落到思维这个可操作的层面上的。同样,学生作为学习者也需要养成主动思考的习惯,而不是非要等到导师教你怎么思考时才具体掌握这项能力。因为思考是一件很麻烦的事情,很耗费精力,大脑有时候会"偷懒"。很多人愿意从事一些体力上的劳动,但是却不愿意深度思考,也是由于深度思考"烧脑",比较消耗。从这个意义上说,能够主动进行思考,且能够遵循思考的规律(思维)进行正确思考的人是一种稀缺的人,你也可以把这种人叫作——人才。

接下来,我们拆解思考的具体过程和要素,帮助大家更深刻地认识思考的重要性以及它的一些规律。

人思考的具体过程就是思维及其要素相互作用的过程,思维可以被具体地拆解为问题、结论、前提和未表达前提。上文已经明确介绍了问题引发思考,思考的结果是要给出一个结论,好的思考过程得出的结论是可靠的或者是可接受的[①];不好的思考过程得出的结论是不可靠的或者是不可接受的。而同一问题在结论上的差别就取决于得出结论的过程——前提以及前提是如何到达结论的(俗称推理)。好的结论必须依赖两个条件:前提为真,前提能够推出结论。先说前提是否为真,举个例子,如表1-3所示,妈妈对一位三岁的宝宝说:"如果你再淘气我就不要你了,我要在大街上再捡回一个听话的,大街上听话的孩子可多了";你回答说,"大街上没有听话的孩子,因为他们也是其他妈妈不要的"。这个例子可以拆解成很多思维的模型,我们只围绕妈妈和孩子的对话焦点——"听话"来进行拆解。后续,我们还会使用这个例子,请你到时候对这两处进行比较观察。

表1-3 前提不为真

思维或者思考的过程	妈妈
问题	不听话
结论(回答)	再捡一个听话的
前提(理由)	大街上有听话的

在这个例子中,妈妈面临的问题是孩子不听话,妈妈的其中一个结论是去大街上再捡一个听话的,理由是大街上有听话的宝宝。这时候,你毫不留情地指出大街上没有听话的宝宝,因为他们也是别的妈妈不要的。你在做的工作就是指出妈妈的前提不为真,是错的、是假的。这就是前提不为真的情况。

我们再来看前提推不出结论的情况。如表1-4,还是用上文六

---

① 这取决于论证的类型,演绎论证的结论通常用可靠和不可靠来形容,归纳论证的结论通常用可接受或不可接受来形容。

岁的你不想吃蔬菜的那个例子。你得出想要吃肉的这个结论的前提——肉好吃，但是好吃和应该吃是没有充分必要联系的。也就是说前提推不出结论。我们再对比一下，妈妈的前提是营养均衡，能够推出结论——菜和肉都得吃一些。

表 1-4　前提推不出结论

思维或者思考的过程	女儿（你）	妈妈
问题	吃肉还是吃菜	吃肉还是吃菜
结论（回答）	吃肉	都得吃
前提（理由）	好吃	营养均衡

这样，我们就将思维中的问题、结论、前提给大家分析清楚了。此外，在思维中还有一个要素是未表达前提，它是指说话的人没有表达出来的前提，但的确是真实存在的，它是前提能够推出结论的保证，所以有时候我们强调论证是否成立的时候也要看前提背后的未表达前提，未表达前提不为真就意味着前提推不出结论。一个人的未表达前提是否客观、正确是人认知水平高低的体现。如表 1-5 所示：

表 1-5　未表达前提

思维或者思考的过程	女儿（你）	妈妈
问题	吃肉还是吃菜	吃肉还是吃菜
结论（回答）	吃肉	都得吃
前提（理由）	好吃	营养均衡
未表达前提	人要吃好吃的东西	人要吃营养均衡的东西

当我们把妈妈和女儿思考过程中的未表达前提补充上，你就能看出来妈妈和女儿在认知上的差别了吧？为什么我们有的时候说人和人之间最大的差别就是认知的差别，认知就是未表达前提（有时候

也是前提),前提和未表达前提是我们推出结论的重要依据,它直接决定你对问题处理的质量。在一个具体的思维过程中,问题是不变的,结论的好坏就取决于前提以及未表达前提(代表着前提能不能推出结论)。所以,从这个角度,你是不是能理解为什么人和人最大的差距就是认知了?

三、正确的结论是怎么得出来的?

这个问题也可以被理解成一个好的思维是什么样子的,虽然上文已经隐约透露了一点,我们在这里再单独且强化说明一下。经过上文那么多例子的描述,我们可以给思维下一个定义,所谓思维是指针对一个问题,人们得出结论的过程,这同时也是大脑思考的过程。思维包含四个要素(如图1-2),分别是问题、结论、前提以及未表达前提。在问题既定的情况下,结论的好坏取决于得出结论的过程,而得出结论的过程就是给出理由的过程,这个给出理由的过程具体要考查理由(前提)是否为真,以及前提能否推出结论。前提能否推出结论是由未表达前提决定的。换句话说,前提和结论之间的论证关系的质量是由未表达前提决定的。

图1-2 思维及其要素

思维是一个中性词汇,它既可以指高质量的思维,又可以指质量不太高的思维,但无论质量好坏,思维都包含这几个要素——问题、结论、前提以及未表达前提。在现实生活中,人们对问题的解决总是要追寻一个好的结果,没有人想把问题弄得更糟糕,那么如果想要得出一个好的结论,就得从前提以及前提推出结论的过程——论证来入手。思维的一个基本分类就是理性思维和感性思维,如表1-6所示。理性思维是指人们依据客观真实,经过正确的论证得出良好决策(结论)的思维;感性思维是指人们依据主观的想象,没有经过论证或者论证存在错误的情况下得出坏的决策(结论)的思维过程,其中理性思维就是我们通常所说的批判性思维。

表1-6 理性思维与非理性思维

	理性思维(批判性思维)	非理性思维
依据	客观真实	主观因素
过程	论证并且正确	不论证或者谬误
结论	良好的决策	坏的决策

我们经常在日常生活中形容一个人很感性,说的就是这个人的思维类型是感性思维类型(非理性思维),总是依据自己的主观好恶、感受、倾向来进行判断,几乎不怎么进行论证或者论证存在谬误,这样的人得出的结论是不可能正确的。同样,这样的人也是不可信的。比如上文所说的那位六岁的女儿,根据"肉好吃"——这个主观的好恶得出了"我要吃肉"的结论,这是一种感性思维。再比如上文的那位跟三岁宝宝生气的妈妈,情急之下就说出——"你再淘气我就不要你了,我要在大街上再捡回来一个听话的"——这样的结论,经过分析,我们会发现妈妈主观上假设大街上是有听话的孩子的。这样的

前提被三岁的宝宝轻松识破,这位妈妈的思维也是感性思维,感性思维得出的结论是不堪一击的。

有一类人的思维是理性思维,描述的是这类人不是依据自己的"想当然"——主观好恶、感受、倾向来作出判断,而是凡事依据客观真实,从客观角度出发看问题,经过严密的论证得出结论,这样的结论通常是可靠的或者是可接受的。这样的人也是比较靠谱的,实践中,理性思维的人是可以信赖的。

在这里还可以引申出一个话题——我们为什么要学习知识?请同学们仔细观察上文的理性思维和感性思维的表格,理性思维强调人们得出结论依据的是客观真实,那么什么是客观真实?我们在课堂上学习到的知识就是客观真实,教科书上的知识就是人类在认识自然、改造自然、认识社会、改造社会的过程中对自然界、人类社会本质规律的认识和揭示,就是客观真实。这就能解释,为什么受过教育的人要比没受过教育的人更倾向于能够做出良好的决策,是因为在前提——依据客观真实这个部分,受过教育的人学习到了更多的知识(客观真实)。但是否拥有了知识就一定能够得出正确的结论和做出良好的决策呢?也不是,因为批判性思维(理性思维)强调得出良好决策需要满足两个条件,其中之一是依据客观真实,也就是此处强调的知识,其中之二是经过正确的论证。如果一个人只是拥有知识,而没有论证能力(或者说逻辑能力),那也没有办法得出正确的结论。所以说,我们为什么要努力学习知识,因为这是做出良好决策、面对问题能够提出正确解决方案的必要条件,但是又不是充分条件,我们同时还需要具备良好的论证(或者论证能力),这样才能保证结论的正确性。

我们在这里引申一下。平时上课的时候,有些老师过分强调了知识，但是却没有将知识放置在具体问题的场景里教会学生使用知识，导致学生对纯粹知识的学习产生了厌倦。我接触到很多成绩优异的学生，但他们同时又很迷茫，原因便是，他们储备了大量的知识，但是没有将这些知识运用到具体问题的解决中，也没有感受到知识和逻辑结合在一起带来的巨大能量，所以他们经常会感觉知识无用，这也是主张"知识无用论"的人无力感的主要来源。但是，事实上知识是有用的，而且是相当有用的。放在理性思维的框架里，知识是帮助我们得出正确结论的非常重要的条件之一，但是缺少了问题场景，缺少了与论证的结合（逻辑能力），学生才会对知识的学习感到厌倦、无力和产生无意义感。从这个角度来看，如果学生能够明白思维的规律以及知识在思维中的重要作用，是能够促使他们好好学习，同时产生自主学习的内驱力的。

我们再回到论文写作。上文强调论文写作的第一层本质是解决问题，当我们拆解了人是怎么解决问题的，或者问题是怎样被解决的之后，我们发现论文写作的第二层本质其实是思考和思维；第三层本质其实是思维的要素——问题、结论、前提和未表达前提（论证）。在具体思维的类型中，论文写作的第四层本质是理性思维，即强调依据客观真实（专业知识和理论），经过正确的论证得出结论的过程。这就是为什么，你和导师在论文写作的互动中经常会听到如下的表达："你要加强思考；你要论证；论证的深度还不够；结论过于草率；你的问题意识不够清晰……"某种程度上，这些表达都是围绕着论文写作的不同层次的本质展开的，如果你不了解论文的本质，你就不能明白老师对你说的这些话都是什么意思，你也就写不好论文。那么对于论文写作的本质的拆解是不是到第四层就结束了呢？别着急，还有更深层次的本质等待我们去探索和挖掘。

总之，论文写作是一个解决问题的过程，只不过相对于上文列举的那些生活中的例子，论文写作要解决的是一个专业问题，识别问题、分析问题和解决问题的过程更加专业和具有学科特征。比如我是法学专业，我只能解决法律问题，运用法律的理论和方法得出法律人对某个问题的看法。如果你是医学专业，你恐怕解决得最多的是医学问题，运用医学的理论和方法得出医学人对某个问题（多为疾病）的看法。如果你到医院看病的时候是一个法学生给你治疗，那将是多么恐怖的情景。

四、论文写作对写作者的能力要求

我们在上文指出，要想对问题得出正确的结论就必须满足两个条件：依据客观真实和经过正确论证。论文写作也是这样一个过程，通常写作者面临一个问题，要想将这个问题解决掉，写作者就必须具备两方面的能力（如表1-7），即扎实的专业基础和较强的逻辑能力，这两方面的能力分别对应理性思维的两个条件（依据客观真实和经过正确论证）。其中，扎实的专业基础就是写作者在以往学习中学习到的知识（从教科书中获得）和为了解决其所面临的问题而补充的专门知识（从学术文献中获得）。而较强的逻辑能力主要是指与论证有关的素养，包括论证的类型、六种具体的思维活动以及分析论证和评论论证。其中，尤以分析论证和评论论证最为重要。要想能够准确地进行分析论证和评论论证，就要熟练掌握六种具体的思维活动和了解论证的类型。分析论证和评论论证是贯穿论文写作始终的，可以毫不客气地说，论文写作的本质就是分析论证和评论论证，只不过这种分析论证和评论论证需要结合写作者所在学科的专业知识展开。

表 1-7　论文写作对写作者能力的要求

理性思维要素	（一）依据客观真实	（二）经过正确论证
写作者能力	（一）扎实的专业知识	（二）较强的逻辑能力

（一）扎实的专业知识

与生活中形形色色的问题不同，论文写作要解决的问题通常都是专业问题，比如我是法学专业学生，我只需要通过论文写作解决一个具体的且在我能力范围之内的法律问题就行；如果我是医学专业的学生，我只需要通过论文写作解决一个具体的医学问题即可。所以，解决问题是需要你所在学科的知识的。而这些学科的知识的获取有两种渠道，其一是上课学习；其二是自主阅读专业文献（包括专著）。

我们先来看第一种渠道——上课学习。其实，这种学习方式就是我们上文所说的知识体系，是以教科书为载体的知识获取。写作者在学习完知识体系之后能够获得对整个学科知识的体系性、框架性的理解，同时也能掌握知识和知识之间的关联和区别。虽然这种理解是基础性的、以学科为逻辑展开的，但是这种学科知识体系是解决问题的基础，如果没有学科知识基础，即便你非常善于解决问题，具有某种思维能力，但仍然是巧妇难为无米之炊。就像我本人，从事批判性思维和写作研究将近十年，对于思维的要素和论证的把握是非常熟练的，但是我也只能在我的知识范畴内解决问题，我的知识范畴是法学、教育学以及批判性思维，我不可能跨到医学范畴去给病人看病。这也就是"专业的人干专业的事"这句俗语的理论来源。

有些同学在大学时对知识的学习有些轻视，甚至还认为考 60 分或者 90 分都一样。还有些家长认为大学的学习不必像高中那样锱铢必较,能及格就行。但是,所谓 60 分、90 分一样是指在毕业这个环节上产生的效果是一样的,在解决问题的环节上是不一样的。60 分的基础知识只能为问题的解决提供 60 分的水平,90 分的基础知识能为问题的解决提供 90 分的方案。两者在结论、效果上是不一样的。从这一点来看,在上大学的时候,还是要努力学习专业知识,争取获得优异的成绩。

光是教科书上的知识还不够,因为太基础、太广泛、缺乏问题意识(前文已经提及,教科书是以说明文方式呈现的,不涉及问题的解决)。写作者要想围绕某个领域找到问题意识、进行深入研究,还要阅读这个领域的专业文献,比如研究国际经济法的学生想要围绕 WTO 进行选题,那他就需要寻找一些关于 WTO 的专业文献或者专著来阅读,系统而深入地了解这个领域的研究现状。没错,研究现状是通过专业文献阅读才能获得的,这是教科书无法提供的,也便是学科知识获得的第二种渠道——自主阅读专业文献。

如果是科班出身的写作者,平时学习成绩还不错,那么基础知识是没有太大问题的,可以将注意力集中在专业文献的阅读——了解自己选定的领域的研究现状。即便是发现自己在之前的学习中有掌握不充分的专业知识,也可以在阅读专业文献的同时随时补充。问题出现在那些跨专业考研、跨专业读博的写作者身上。他们要么是跨了一级学科,如经济学跨学科到法学;要么跨了二级学科,如刑法学跨到了国际法学;甚至是跨了三级学科,如国际私法学跨到了国际公法学。无论是哪种情形,只要涉及跨学科就需要将跨入学科的基础知识补全,阅读教科书、用常规试卷考查自己的学习效果是一个不错的选择。难就难在这些跨学科的学生不愿意补充基本知识,只愿意直接阅读文献,感觉看教科书比较低级并且耗费时间。其实不然,我们在看专业文献的时候,涉及四种阅读①,其中基础性阅读就是考查你的学科基础知识的,教科书上的知识不过关,专业文献也是读不懂的。还有一种情况是,写作者只愿意捧着教科书看,不愿意阅读专业文献,这样也是不行的。如前所述,教科书太基础,无法提供体系性的思考,也没法提供该领域的一些前期研究成果。所以,所谓专业基础实际上是由上文所说的两部分构成的,缺一不可。由于本书是一本通识写作指导用书,没有办法帮助写作者检验自己的专业知识是否完备,是否充分到能够为一个专业问题提供解决方案。本书只能提醒写作者,书本上的知识在论文写作的过程中是非常重要的,是基础。这也是为什么很多用人单位在招聘的时候要看你的成绩单,尽量招聘那些学习成绩好的学生,原因就在于知识是解决问题的必要条件。此外,本书在后文还会提供一种专业阅读学术文献的方法,帮助写作者更好地获取文献的信息和内容。也即,本书只能提供认识论和方法论上的一些提示,至于能积累到什么程度,全凭写作者个人努力和韧性。

(二)较强的逻辑能力

论文写作需要有较强的逻辑能力,其主要目的是满足论文对于论证的需要。由于写作者通常并不具备专业的逻辑学知识,再加上中国的学校也没有大规模开设批判性思维通识的课程,写作者逻辑能力这部分相对比较弱,这也是在中国教授学生写作面临的最大问题。由于本书也不是讲授逻辑的专门教材,想要了解逻辑方面的知

---

① 分别是基础性阅读、检视性阅读、批判性阅读和主题性阅读。基础性阅读需要具有教科书上的知识体系,否则是看不懂的。

识,写作者可以通过自学,或者到所在学校开设逻辑学的专业蹭听课程;再者,现在线上课程都很发达,写作者也可以在网上选择一些相关的课程进行学习,目的就是提升自己的逻辑能力。本书在后文会着重介绍逻辑能力是怎样影响写作和塑造写作的,为了便于写作者更好地理解后文的内容,本部分围绕一些基本的逻辑概念和技能展开介绍。但是这种介绍是很克制的,请有深入需求的同学单独展开学习。

1. 论证的类型

论证有很多种类型,如根据思维进程的方向,可分为演绎论证、归纳论证、类比论证。这也是写作者在写作过程中最常见的论证类型。

(1)演绎论证

演绎论证(Deductive Reasoning)是一种由一般到特殊的论证方法,是指论证的前提与结论之间的联系是必然的,是一种确实性论证。演绎论证的逻辑形式对于理性的重要意义在于,它对人的思维保持严密性、一贯性有着不可替代的校正作用。这是因为演绎论证保证论证有效的根据并不在于它的内容,而在于它的形式。演绎论证的最典型、最重要的应用,通常存在于逻辑和数学证明中。演绎论证最典型的例子是亚里士多德的三段论的学说,即:

> 凡人都会死。
> 苏格拉底是人。
> 苏格拉底会死。

(2)归纳论证

归纳论证(Inductive Reasoning)是一种由个别到一般的论证,是由一定程度的关于个别事物的观点过渡到范围较大的观点,由特殊具体的事例推导出一般原理、原则的论证方法。传统上，根据前提所考查对象范围的不同，归纳论证分为完全归纳论证和不完全归纳论证。完全归纳论证考查了某类事物的全部对象，不完全归纳论证则仅仅考查了某类事物的部分对象。并且，进一步根据前提是否揭示对象与其属性间的因果联系，不完全归纳论证又分为简单枚举归纳论证和科学归纳论证。现代归纳逻辑则主要研究概率论证和统计论证。归纳论证的前提是其结论的必要条件。

此外，与演绎论证不同，归纳论证的前提是真实的，但结论却未必真实，可能为假。如果某天有一只兔子撞到树上死了，据此推出每天都会有兔子撞到树上死掉，这一结论很可能是假的。

我们可以用归纳强度来说明归纳论证中前提对结论的支持度。支持度小于 50% 的，则称该论证是归纳弱的；支持度小于 100% 但大于 50% 的，称该论证是归纳强的；归纳论证中只有完全归纳论证的前提对结论的支持度达到 100%，支持度达到 100% 的是必然性支持。

演绎论证和归纳论证是人们最常用的两种论证类型，它们之间既存在区别又存在联系。两者的区别主要表现在：

首先，两者思维进程不同。演绎论证是从一般到个别，结论是一个具体情况，不能超过前提的范围。正是因为结论没有超过前提的范围，因此演绎论证的结论是可靠的。归纳论证则相反，是从个别到一般的情况，是根据某一事物的不同研究对象呈现出来的特征，进而推导出某类事物具有的共同特征。

其次，两者对前提真实性的要求不同。演绎论证要求大前提、小前提必须为真，大前提、小前提有顺序并且有层次。相比较而言，归纳论证的前提有可能为真，也有可能不为真，可以通过演绎论证进行验证。归纳论证的前提来源于演绎论证，但是归纳论证本身的前提是并列的,是通过列举的方式呈现出来的,归纳论证的前提有完全和不完全两种类型。

再次,结论所断定的知识范围不同。演绎论证的结论没有超出前提所断定的知识范围。归纳论证除完全归纳论证外,结论都超出了前提所断定的知识范围。因此归纳论证又是新知识产生的一种方式。

最后,前提与结论间的联系程度不同。演绎论证的前提与结论间的联系是必然的,也就是说,前提真实,论证形式正确,结论就必然是真的。归纳论证除完全归纳论证的前提与结论间的联系是必然的外,其余类型的归纳论证的前提和结论间的联系都是或然的,也就是说,前提真实,论证形式也正确,但不能必然推出真实的结论。

两者也存在联系:

首先,演绎论证的出发点是一般性知识、一般性原理,是一条人们都普遍接受的规则;归纳论证一般都是由个别情况推导出一般的知识,但是个别情况的前提也是一般性知识,而且归纳论证最后的结果是形成一般性知识,又会被作为演绎论证的前提。也就是说,演绎论证通常要依赖归纳论证来为其提供一般性知识。

其次,归纳论证离不开演绎论证。其一,为了提高归纳论证的可靠程度,我们需要运用已有的理论知识,对归纳论证的个别性前提进行分析,把握其中的因果性、必然性,这就要用到演绎论证。其二,归纳论证依靠演绎论证来验证自己的结论。例如,俄国化学家门捷列夫通过归纳发现元素周期律。他指出,元素的性质随元素原子量的增加而呈周期性变化。后用演绎论证发现,原来测量的一些元素的原子量是错的。于是,他重新安排了它们在周期表中的位置,并预言了一些尚未发现的元素,指出周期表中应留出空白位置给未发现的新元素。

(3) 类比论证

类比论证(Analogical Reasoning)亦称"类推",它也是论证的一种形式,是指根据两个对象在某些属性上的相同或相似之处,通过比较而推断出它们在其他属性上也相同的论证过程。它是从观察个别现象开始的,因而近似归纳论证。但它又不是由特殊到一般,而是由特殊到特殊,因而又不同于归纳论证。类比论证分为完全类推和不完全类推两种形式:完全类推是两个或两类事物在进行比较的方面完全相同时的类推;不完全类推是两个或两类事物在进行比较的方面不完全相同时的类推。这种论证被广泛运用于科学研究中,在人文社科领域中也有运用。比如在法学领域——如果一个规则适用于甲案件,而乙案件在实质上与甲案件类似,那么适用于甲案件的规则也可以适用于乙案件,这在古代罗马有一个经典的案例。古代罗马的法律规定,如果四脚动物伤人,动物的主人则要承担责任。这条规则一直运行良好没有受到挑战,直到有一天,有人从非洲带回来一只鸵鸟,而正是这只两只脚的动物伤到了别人。于是伤者将这只鸵鸟的主人告到了法庭,法庭针对该四脚动物伤人的规则是否能适用于鸵鸟伤人展开了激烈的论辩,最终法庭支持了原告一方的主张,鸵鸟的主人应当承担赔偿责任。原告一方在此案中使用的就是类比论证:既然四脚动物伤人,其主人要承担责任,这样的规则也可以类推适用于两脚动物伤人的情况。这起案件被认为是法律领域中类比论证的来源。后来,在美国历史上也发生了一起类比论证的典型案件。美国海关对进口水果和进口蔬菜规定了不同的关税,进口水果的关税要低于进口蔬菜的关税,两者差距还很大。有一家美国著名的食品供应商从非洲进口了一批西红柿,在报关的过程中,他们将西红柿按照水果的品类申报关税,但是海关方面却认为西红柿应该按照蔬菜的品类申报关税。于是双方吵得不可开交,将案子提交到了美国联邦法庭。双方律师围绕西红柿是否属于水果提供了大量的类比论证。这是美国历史上关于类比论证最为著名的案件,你若是感兴趣,可以把它找出来并详细阅读,它可以帮助你很好地了解,在什么样的情况下我们会使用类比论证这种形式以及怎样使用。

关于论证,还有语言和逻辑上的要求,由于本书并不是全面系统介绍论证的书籍,对于论证的类型描述得极为简单,这两部分也被省略了,但其实这两部分是非常重要的,论证在语言上必须使用断言,在词语上要避免情感色彩过重、引发歧义、语言模糊、晦涩难懂、偷换概念等现象;在逻辑上要避免诸如滑坡谬误、稻草人谬误、诉诸权威谬误、诉诸情感谬误、虚假两难谬误以及乱贴标签谬误,等等。

2. 常用逻辑方法

本部分继续介绍几个常用的、具体的逻辑方法①,这些方法在写作者的阅读、思考、表达中都会用得到,请写作者在理解这些概念的基础上,配合下文的阅读范例细细体会这些逻辑技能。

(1) 概括

概括是指针对事物内涵和外延进行操作的一种逻辑方法,它的

---

① 运用比较、分类、分析综合等逻辑方法,借助概念、判断、推理等思维形式,写作者可以对事物进行归纳和演绎,进而揭示和挖掘认识对象的本质或规律。换句话说,在思维的框架中,如果想对问题形成正确的结论就必须依据客观真实,可是客观真实并不是现成的,有时候需要我们借助比较、分类、分析、综合等逻辑方法整理出来适合作为"前提"的客观真实。最典型的例子是法律案件中,前提一般都是抽象的法律规定,法律规定并不适合直接拿出来放在前提中去推导结论,需要将法条重新抽象、概括、对竞合的法条进行比较、分类等呈现出最为核心本质的、适合案情的"客观真实",最终才可以作为前提去推导结论。

目的是确定概念的上下属种之间的关系。比如牙齿这个概念与智齿、犬齿这两个概念是既相关又不同的,是一个概念上的伸缩,是上下位关系。正是因为概念不同,表达的内容也不同。概括需要针对一段文字准确地概括出它的主要内容,这个主要内容是概念在范围上的差别,而非本质上的差别。比方说一段文字涉及了犬齿、智齿等下位概念,你在概括的时候可能需要使用它们共同的上位概念"牙齿"才能将它们都覆盖住。概括要求写作者紧紧贴着文章的主题进行概括,层面不能太高,否则就会过于抽象,离主题有点远;但也不能过低,否则就会有很多内容概括不进去。比如智齿、犬齿、舌头、牙槽……这些概念的上位概念就是口腔,而不是牙齿了,牙齿概括不住它们。但你也不能直接概括成器官,这个概念太大了。所以,概括要求写作者使用概念的层面既要涵盖住所有内容,又不能太高。

（2）抽象

通常我们会把抽象和概括放在一起使用,但是这其实是两个不同的能力。针对阅读而言,概括是指将这段文字的主要内容整理出来,客观呈现主要内容即可,把一些细节整合到共同的上位概念之中。而抽象也是一种整合,但是这种整合要求写作者直接"get"到本质层面。比如,智齿、犬齿等牙齿是人体的骨骼,这就是一个本质化的抽象。如果说概括还仅是在事物的表象层面进行上位概念的总结的话,那么抽象就是在事物本质属性上的总结,两者不一样。但是,从某种程度来说,概括也是一种抽象本质的行为,只不过层面相对低,只要求停留在被概括的信息的共同上位概念这个层面。但是如果被概括的对象本身层面就很高,比如自由主义、保守主义……它们共同的上位概念就是"政治哲学思想"。像追求发展、相信人类善良本性、拥护个人自治权、主张保护个人思想自由、限制政府对权力的运用、保障自由贸易、支持市场经济等关键词,它们共同的上位概念就是"自由主义"。概括所处的层面取决于被概括的对象所处的层面。同样,抽象也一样,我们能对同一组事物抽象出不同层面的本质,抽象到哪一层取决于我们抽象的目的。比如智齿、犬齿等牙齿的本质是人体的骨骼,也是器官,也是钙化组织……至于需要在哪个层面揭示它的本质,取决于你的"抽象"思维活动的背景和目的是什么。

(3) 分析

上文已经提及什么是分析,分是指拆分,析是指考查。分析是把一个事物的整体分解为各个部分,并把该事物的各个属性都单独地分离的过程。值得注意的是,这种拆分是按照一定的原理和逻辑进行的,而不是依据主观的想象进行的。如果对这个部分理解上有困难,可以回头看一下上文对于分析的详细解释。

(4) 综合

综合就是分析的逆向过程,它是把事件里的各个部分、各个属性都结合起来,形成一个整体的事件。综合是在分析的基础上进行的,它的基本特点就是探求研究对象的各个部分、方面、因素和层次之间相互联系的方式,即结构的机理与功能,由此而形成一种新的整体性的认识。所以,综合不是关于对象各个构成要素的认识的简单相加,综合后的整体性认识具有关于对象的机理和功能的新知识。比如本书在上文对于写作能力三要素的认识就是一个综合的思维过程。传统上,有很多人认为只要多看书就会写论文;后来发现光看书不行,还需要具备一定的逻辑水平,否则无法组织起论证;再后来发现没有语言表达的载体也不行。于是人们就形成了对论文写作能力的综合认识。同样,写作者在文献阅读的过程中也需要用到综合的能力,才能呈现出某一主题的国内外研究现状。要想更生动地了解综合的思维过程,我们可以想一下破案活动是怎样进行的。相传福尔摩斯每次都是基于现场的一些痕迹来判断凶手的状况,比如男性、中年、中等身材、文化层次偏低、左撇子、熟悉车辆修理,这个思维过程也是综合。

(5)比较

比较是在头脑中确定对象之间差异点和共同点的思维过程,也是认识对象间的相同点或相异点的逻辑方法。它可以在异类对象之间进行,也可以在同类对象之间进行,还可以在同一对象的不同方面、不同部分之间进行。例如1749年11月,富兰克林曾将天上的闪电与地面的电火花这两个长期被人们认为是毫无联系并且截然不同的客观对象做了比较。他在笔记中写下这样一段话:

"电流跟闪电在这些特征方面是一致的:①发光;②光的颜色;③弯曲的方向;④快速运动;⑤被金属传导;⑥在爆发时发出霹雳声或噪声;⑦在水中或冰里存在;⑧劈裂了它所通过的物体;⑨杀死动物;⑩熔化金属;⑪使易燃物着火;⑫含硫黄气味。"[①]

富兰克林通过比较认识到两者有十二个方面的相同点,并写了《论天空闪电与地下电火相同》一文,送交英国皇家学会。1752年夏,一个雷电交加、大雨倾盆的下午,富兰克林做了著名的风筝实验,检验了他的发现。富兰克林对电学的发展做出了重要的贡献。同样在文献阅读和文献综述的过程中,写作者时常会用到比较的思维方法,从而达到将不同性质和类别的信息进行区别并做不同分类的目的。

---

① 〔美〕弗·卡约里:《物理学史》,戴念祖译、范岱年校,内蒙古人民出版社1981年版,第125、126页。

(6) 分类

分类是根据对象的共同点和差异点,把它们区分为不同类别的思维方式。分类和比较经常"纠缠"在一起,经过比较之后可以将具有共性的事物放在一起,也可以将不同的事物进行更进一步的性质上的比较,从而开展科学研究。分类是文献阅读和文献综述经常用到的比较重要的思维方法,在阅读过程中,写作者随时要注意对相关的信息在比较的基础上分类,进而对信息进行整理。但是比较和分类本身都是为进一步的科学研究提供初步整理的信息的思维活动。

以上是写作者经常会用到的六种逻辑方法,无论是在写作、构思还是在阅读中,只有通过这些逻辑技能,写作者才能准确提取和整合信息、理解文字、形成断言、构成论证。我们用一个简单的、阅读的例子来说明,在这段非常短小的文字中,如果想要准确理解文字的内涵,需要动用很多逻辑方法。

例1:

动物园中的一只猩猩,在游人的逗引和示范下,学会了向人吐唾沫的"本领"。为了把它从"人""进化"成原本的猩猩,动物园想尽了"威胁利诱"的教育方式,但收效甚微。

这段话说明了:

A.教育要采取正确的方法

B.揠苗助长往往会适得其反

C.坏习惯的改正比养成更困难

D.好的道德风尚要靠公德心的培养

这个短小的阅读题考查写作者对该段文字作者观点的抓取能

力,要想抓住作者的观点,先要识别出这段文字最核心的关键词,然后总结出作者围绕该关键词想表达的核心思想。这里涉及抽象、概括、比较、分类等大脑的思维活动,请你在上文对这些思维活动的具体描述的基础上对这个问题做出选择。

这道题的正确答案是 A,你选对了吗?具体分析如下:这段文字分成上下两句,第 1 句说的是猩猩们学会了向游人吐唾沫的本领,原因是游人使用了"逗引"和"示范"的方式。第 2 句说的是动物园想让猩猩们改掉这个"本领"但是没成功,原因是动物园采用的是"威胁利诱"的教育方式。综合上下两句我们能够发现,这两句有一个共同的关注点——教育方式,游人采取的教育方式和动物园采取的教育方式不同,进而导致了猩猩们的学习效果是不同的。因此,本段文字核心关键词是教育方式,采用不同的教育方式会有不同的效果,进而引申出答案 A 的结论——教育要采用正确的方法。

即便你不能像书中所说的那样,从正面分析这段文字的核心关键词、概括每句话的意思,对游人和动物园的行为方式和结果进行对比和分类,进而选择出正确的答案,从排除法的角度,只要你能判断出这段文字的核心关键词是教育方式,你也应该能够看出 BCD 完全是错误的,因为它们都偏离了最核心的关键词——教育方式。

这段文字主要考核的是写作者能不能抓住作者的观点,而抓住作者的观点,往往需要伴随很多的大脑思维活动。我们用图 1-3 呈现这段文字的逻辑关系,方便写作者更好地理解这段文字的核心意思和逻辑架构。

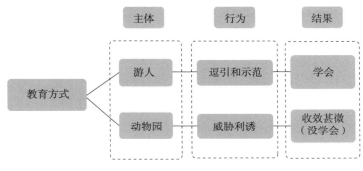

图 1-3　例 1 的逻辑关系图

这是我在实际教学中使用的一个阅读范例,目的是考查学生阅读能力,也就是写作者是否能够准确掌握所阅读文字的意思。但令人遗憾的是,能够做对并准确画出思维导图的人非常少,连上课人数的 1/10 都不到。大多数同学抓住的是无关紧要的词汇,或者把次级关键词当成核心关键词,画的思维导图完全没有逻辑,五花八门。我们再次强调一下,在上述这个阅读片段中,教育方式是核心关键词,我们使用了分类、比较、综合等思维方式确定"游人"和"动物园"是教育方式的主体,"逗引和示范"和"威胁利诱"是行为,"学会"和"没学会"是结果。

例 2：
历史是个好老师,如果你一次没学会,她会不断地重复。
这句话说明的道理是：
A.历史总会重演
B.历史永不间断
C.学习是个不断重复的过程
D.应该从历史中汲取经验教训

要想做对这道题,我们需要分析一下题干部分——历史是个好老师,如果你一次没学会,她会不断地重复——到底说的是一个什么事情。我们来看这里面的关键词:历史、老师、你、学会、重复……这说的是什么?这就需要运用概括的思维技能,总结出历史、老师、你、学会、重复……这些词汇的共同上位概念,我们试着用图1-4来展示一下这里面的关系。

图1-4　例2的逻辑关系图

通过上图,我们就能发现,历史是老师,你是学生,如果你学不会,老师就会用重复的方式教你。综合以上关键词(词),我们发现这里面讲的是(也是这些词汇的共同上位概念)——学习的事情。学习在这个题的题干里是没有出现的,是需要你用思维推导出来的,这个过程你可能要用到概括和抽象。所谓的概括就是概念上下位的移动,上文已经对此进行了细致的阐述,如门牙、犬齿、智齿……它们共同的上位概念是"牙齿";而门牙、犬齿、智齿、口腔黏膜……它们共同的上位概念是"口腔"。得出牙齿和口腔这些结论的思考过程就叫概括。而抽象是指将事物的本质提取出来的思维活动,比如门牙、犬齿、智齿……它们的本质既可以是"骨头",也可以是"器官"。事物的本质可以是很多层面的,就看你需要抽象到哪个层面。我们回过头来看题干部分——历史是个好老师,如果你一次没学会,她会不断地重复,这里面的老师、学生、学不会、重复(教)……这些词汇的共同上位概念是什么?其实是学习,这也是这些概念的共同属性。一旦你锁定了这些词汇的共同上位概念——学习,你就能排除 A 和 B,因为这两个选项说的是历史,而不是学习。在我的教学中,还有很多同学会在 C 和 D 中犹豫,C 和 D 说的都是学习,我们还是用概括的方式来观察它们,C 说的是学习的过程;D 说的是学习的结果。那我们再回头看题干,题干强调的是如果你学不会,历史就会反复地教你,目的是让你学会。所以,题干强调的是历史这个"老师"会一直教你直到你学会为止,是结果。所以,本题的正确选项是 D。

3. 分析论证和评论论证

这是最为核心的逻辑能力,可以毫不客气地说,之前关于论证类型、论证要求、逻辑技能的介绍都是为了使写作者能够具备分析论证和评论论证的能力。随着对本书阅读的不断推进,写作者会发现,论文写作最终考核的就是在专业能力的加持之下对事物进行分析论证和评论论证的能力。文献的阅读是如此,文献综述是如此,问题的形成是如此,构思过程是如此,答辩过程也是如此。在上述的每个环节中,写作者表面上在处理一些专业问题,使用的是专业理论,但实际上在这些问题、理论以及专业表达的底层是分析论证和评论论证。任何不能遵循分析论证、评论论证的阅读、写作都不能被称作真正的思考。如图 1-5 所示,本书在此处可以将写作的第五层本质进行揭示——分析论证和评论论证。但凡是在文献综述中感到困惑,不明白什么叫作叙议结合、述评结合的;但凡在问题的寻找中不能描述出问题、感到迷茫的;但凡在写作中不能顺利展开、在开题中模棱两可的,都是在分析论证和评论论证的环节上出了问题。可以说,分析论证和评论论证贯穿论文从阅读到写作、从输入到输出的全过程,是论证的核心所在。

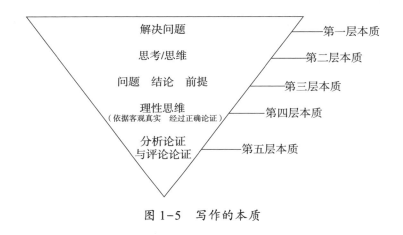

图 1-5 写作的本质

（1）分析论证和评论论证的定义

分析论证是指将一段文字、对话或观点等进行拆解，将隐藏在文字之下的问题、结论、前提以及未表达前提（即论证框架）呈现出来的过程。用简单的语言来说，分析论证指的是当面对一个观点、立场、行为时，你将其内部蕴含的思维要素准确拆解出来的过程。分析论证非常考查人的逻辑能力，不仅要用到我们之前提及的基本逻辑技能如概括、抽象、分析、综合、比较、分类；还要熟悉论证类型、厘清前提和结论之间的关系①；最后还要用符合论证要求的语言将其准确描述出来。

评论论证是指在分析论证的基础上审视以下三个方面的内容：①问题中定义是否成立；②前提是否为真；以及③前提能否推出结

---

① 前提和结论的关系通常有：前提是结论的充分条件、必要条件、充分必要条件和既不充分又不必要条件。

论。评论论证的底层逻辑就是审视上述三项内容,但是论证不是单独存在的,它都是结合具体的生活、工作和专业领域的问题出现,所以在进行评论论证的时候,还需要具有相应领域的知识才能判断定义是否成立、前提是否为真、前提是否能够推出结论。

我们先用一个生活中的例子来呈现分析论证和评论论证这个复杂而重要的思维过程。

> 一位妈妈跟三岁的孩子说,如果你再淘气我就决定不要你了,我到外面再捡一个听话的。这个三岁的宝宝沉思片刻说,你再捡回来的也是不听话的,因为他们也是别的妈妈不要的。

这样的一个对话,我们先对妈妈的观点做一个分析论证。分析论证就是识别出妈妈表达中的问题、结论和得出结论的前提。值得注意的是,妈妈在这里只给出了结论,并没有给出前提,但是有未表达的前提(没有被表达出来的前提都是未表达前提)。① 妈妈面临的问题是——孩子淘气;妈妈的结论有三个:①不要你了,②到外面再捡回来一个,③捡回来一个听话的。一般情况下,我们识别出这些内容的困难不大,关键是妈妈得出这三个结论的未表达前提对学生来讲是比较难识别的。未表达前提必须是能直接推出结论的,那么在这个情况下,针对结论①不要你了,其未表达前提是妈妈认为孩子是可以不要的;针对结论②到外面再捡回来一个,其未表达前提是孩子是外面捡的,而不是妈妈生的;针对结论③捡回来一个听话的,其未表达前提是外面有听话的孩子。我们用表 1-8 呈现一下,这样看起

---

① 这个例子相对特殊,前提就是未表达前提。而在通常的例子里,表达者会表达出来前提,然后我们再分析出未表达前提。在这个例子中,表达者即妈妈没有说出任何前提,所以没有被表达出来的前提就都是未表达前提。

来会更加明了。平时做分析论证的时候,同学们也可以尝试用表格的方式呈现出来。

表 1-8　对妈妈的分析论证

问题	结论	未表达前提
孩子淘气	①不要你了	孩子可以不要
	②到外面再捡回来一个	孩子是从外面捡的,不是生的
	③捡回来一个听话的	还能捡到个听话的

这个表格显示的就是妈妈思维的要素和得出结论的过程。现在我们再来看看三岁宝宝的反应。相对于妈妈的观点,宝宝给了一个反馈(俗称"回怼")如表 1-9 所示,这就是我们今天要介绍给大家的评论论证。我们在上文提及,评论论证主要是从三方面进行评论——①问题中定义是否成立;②前提是否为真;以及③前提能否推出结论。我们看一下这个三岁的宝宝是从哪个方面怎样进行评论的。

表 1-9　对妈妈的评论论证

问题	分析论证			评论论证
	问题	结论	未表达前提	①问题中定义是否成立 ②前提是否为真 ③前提能否推出结论
孩子淘气		①不要你了	孩子可以不要	
		②到外面再捡回来一个	孩子是从外面捡的,不是生的	
		③捡回来一个听话的	还能捡到个听话的	三岁宝宝:你再捡回来的也是不听话的,因为他们也是别的妈妈不要的

从三岁宝宝的反馈来看,三岁宝宝针对的是妈妈的第三个未表达前提,采取的方式是——评论该前提是否为真。我在课堂授课使用这个例子的过程中,很多同学认为这位三岁的宝宝采取的方式是前提推不出结论。这里需要区分一下,在前提不为真的情况下,前提是一定推不出结论的。所以,当前提不为真时就不用考虑前提是否能推出结论这个评论论证的方式了。而前提推不出结论是指前提为真的情况下,前提与结论没有关联性,推不出结论。所以,请同学们仔细识别这两种不同的评论论证的切入点的区别。回到这个例子中,三岁宝宝使用的评论论证的方式是——评论妈妈的前提是否为真。三岁宝宝针对的是妈妈的第三个前提(未表达前提),三岁宝宝认为妈妈的第三个未表达前提是不为真的,理由是街上没有听话的孩子,因为他们也是其他妈妈不要的,既然都是不要的,就都是不听话的。至此,我们分析了妈妈的论证框架,把宝宝进行评论论证的方式用表格呈现出来。你是不是觉得这个宝宝很聪明呢?

以上的情景是发生在妈妈和三岁宝宝之间,如果这个对话是发生在妈妈和十岁宝宝、青春期宝宝之间,可能就又有不同。比如,如果我跟我的十岁的二宝说:"你要是再淘气,我就不要你了,我到外面再捡一个听话的回来。"这时候十岁的二宝会说:"妈妈你骗人,宝宝根本不是捡的,是妈妈生的。"如果我跟我的十四岁的大宝说:"你要是再淘气,我就不要你了,我到外面再捡一个听话的回来。"这时候十四岁也就是青春期的大宝会面露鄙夷之色且不屑一顾地说:"田女士,抛弃是罪。"结合表1-10,我们再分析一下十岁的宝宝和十四岁的宝宝是怎样进行评论论证的。

表 1-10　不同的人评论论证存在不同

分析论证			评论论证
问题	结论	未表达前提	①问题中定义是否成立 ②前提是否为真 ③前提能否推出结论
孩子淘气	①不要你了	孩子可以不要	十四岁宝宝:抛弃是罪
	②到外面再捡回来一个	孩子是从外面捡的,不是生的	十岁宝宝:宝宝是妈妈生的,不是大街上捡的
	③捡回来一个听话的	还能捡到个听话的	三岁宝宝:你再捡回来的也是不听话的,因为他们也是别的妈妈不要的

我们能够从这张表格中发现,十岁的宝宝、十四岁的宝宝和三岁的宝宝一样,都选择了同一个评论论证的切入点——前提是否为真。只不过十岁宝宝攻击的是妈妈的第二个前提;十四岁的宝宝攻击的是妈妈的第一个前提。那么接下来,请同学们思考一下,是什么造成了这三个年龄段不同的宝宝攻击的前提不一样呢?有的同学回答是年龄,但这不是根本原因,真正的答案是随着年龄的增长,孩子们接触到的知识(也就是得出结论的依据——客观真实)丰富了,所以十四岁的孩子能够对第一个前提的真假作出判断;十岁的孩子能够对第二个前提的真假作出判断;而三岁的孩子只能对第三个前提的真假作出判断。从这个意义上来看,你是不是觉得知识越是丰富,就越是具有较强的判断能力。十岁宝宝不屑于对第三个前提做出攻击,觉得幼稚;十四岁宝宝也不屑于攻击第二个前提,也觉得幼稚。他们都选择了接近他们认知水平的前提进行攻击(评论)。换个角度看问题,如果一个青春期的孩子攻击的是第三个前提,那你是不是会觉得这个孩子的认知(知识,作出判断的依据)是有问题的,与他所处

的年龄段应当达到的认知水平是不相符的?

说到认知水平,我们刚才分析的是妈妈的论证框架,现在我们分析一下三岁宝宝的论证框架,然后对宝宝的观点进行评论论证。

三岁宝宝面临的问题是由于他的"淘气",引发了妈妈决定不要他,进而要在大街上再捡回来一个听话的宝宝的结果。注意,此处具体的问题是妈妈要再捡回来一个听话的宝宝,而引发捡"听话宝宝"的原因——淘气,其实在这里是一个背景,你也可以将这个问题理解成多层次问题,分别是淘气—捡—听话的宝宝,三岁宝宝回应的是第三层次的问题,如表 1-11 所示。

表 1-11 对三岁宝宝的分析论证

问题	结论	前提
外面有听话的宝宝吗?	没有	外面的宝宝都是妈妈不要的
		妈妈不要的是不听话的

以上就是对三岁宝宝观点的分析论证,在这里可以看出,宝宝的论证是很完整的,有问题、有结论还有明确的前提。与妈妈的论证不同,妈妈只给出了结论,没有给出前提,前提是我们分析论证的时候补充上去的,所以是未表达前提。那么宝宝这里会不会有未表达前提?——有的,如表 1-12 所示,将未表达前提呈现出来也是分析论证的一个部分,所以上述表格还不完整,我们还需要进行补全。

表 1-12 对三岁宝宝的分析论证中的未表达前提

问题	结论	前提	未表达前提(结合语境)
外面有听话的宝宝吗?	没有	外面的宝宝都是妈妈不要的	外面是有宝宝的(即妈妈是可以扔孩子的)
		妈妈不要的是不听话的	外面的宝宝是可以被捡回来的(即孩子是捡的不是生的)

这样,我们就将三岁宝宝的分析论证做得比较充分和完整了。值得一提的是,未表达前提的挖掘要根据语境,结合宝宝和妈妈的对话,我们可以发现,宝宝没有攻击妈妈的第一、第二个未表达前提,那就说明宝宝认为妈妈的第一、第二个未表达前提是真的(成立的)。而且,也只有在承认第一、第二个未表达前提的情况下才能认为外面有宝宝,只不过捡不回来一个"听话"的宝宝而已。

当我们将这张完整的分析论证的表格呈现出来之后,我们就能发现这个三岁宝宝的认知短板了,因为宝宝在这个对话语境下的两个未表达前提不为真,而这个时候,我们再对宝宝的分析论证做评论论证。

表 1-13 对三岁宝宝的评论论证

问题	分析论证			评论论证
	结论	前提	未表达前提（结合语境）	①问题中定义是否成立 ②前提是否为真 ③前提能否推出结论
外面有听话的宝宝吗？	没有	外面的宝宝都是妈妈不要的	外面是有宝宝的(即妈妈是可以扔孩子的)	未表达前提不为真,外面没有宝宝,妈妈也不可以扔孩子
		妈妈不要的是不听话的	外面的宝宝是可以被捡回来的(即孩子捡的不是生的)	未表达前提不为真,外面没有宝宝可以捡,宝宝是妈妈生的

这样,我们就对妈妈和宝宝的对话进行了全面的分析论证和评论论证。在这个过程中,我们能发现妈妈是一个非理性思维者,因为妈妈得出结论的前提是错误的,是不为真的;宝宝是一个理性思维者,但是认知有限,只能针对第三个未表达前提进行真伪判断。那么我们对这个例子的分析是否就结束了呢？其实不然,这个例子还有一个可以进行评论论证的点——问题是否成立？在这个问题中涉

一个定义——淘气,任何争论都是对定义权的争夺。我们对妈妈、宝宝进行的分析论证和评论论证都没有触碰到问题本身是否成立这一层次,而问题本身是否成立则需要界定什么是"淘气"。在例子中,妈妈想当然地认为宝宝就是在淘气,但是"淘气"其实是有一个不以人的意志为转移的客观界定标准的。很有可能妈妈的判断标准是主观的,如果妈妈就宝宝的表现与一位专门从事幼儿教育的专家进行交流,专家很有可能会从专业、客观和中立的角度分析得出孩子的表现可能不是淘气(只是有可能)。本书在此处并不想探讨孩子是不是真的淘气,只是提醒写作者,问题是需要被界定的,界定问题中的定义只能依据客观的标准,而不应该依据某个人的感受和主观标准。如果妈妈在这里对于淘气的认识存在主观的判断,那么这个淘气的问题是否成立便值得商榷。

综上,我们就对这个例子中的方方面面进行了探讨,相信读者朋友们已经对分析论证和评论论证有了初步的了解。实际上,当你掌握了分析论证和评论论证的方法的时候,你就可以在常识、经验和专业知识的基础上将任何人的观点进行拆分、观察和评论,这是一件非常有意思的脑力活动,但也非常烧脑。值得注意的是,分析论证、评论论证是在逻辑的框架中观察一个人的观点、立场,但是这种分析和评论必须结合相应的知识,否则分析和评论是很空洞的、不成立的。接下来我还是会用几组生活中的例子向你呈现分析论证和评论论证发生的不同场景,思维的要素之间不同的互动关系,以及在相应的场景下给我们的启示。

(2)分析论证和评论论证的不同运用场景

本书在这里会继续使用生活中的一些能够被读者广泛理解而且又十分简单的例子展示分析论证和评论论证的不同运用场景,以及在相应的情况下给我们带来的启示。现实中的例子恐怕要难很多,需要读者具备更多的知识、经验、信息和技能才能作出正确的判断。论文写作则是更为专业和困难的事情,写作者在写作过程中需要用上文提及的逻辑方法,借助概念、判断、推理等方式对事物进行归纳、演绎才能形成本质的认识,才能解决问题。写作者需要深刻而广泛的专业知识、经验,还需要有强大的逻辑能力才能整合这些知识,还原事物的本质。写论文就是解决问题,解决问题就是追寻事物本质的过程,追寻事物本质就是思维运作的过程。

例1:自我反省,提升认知

这个例子发生在我和我的学生之间,这是一个场景,有冲突的地方就会有问题。

大概是两年前的初冬,东北的天气是很冷的,零下十摄氏度左右,已经下雪了。有一天,下课休息的时候,这位女同学跟我说,最近她跟妈妈吵架。

于是我问她:"因为什么吵架?"

女同学说:"老师,你知道有一种冷叫作妈妈觉得你冷吗?我妈让我穿秋裤,我不穿,就这么点事,我俩最近在冷战。"

我继续问:"那你为什么不穿?"

女同学继续说:"我不觉得冷啊,如果冷我就会穿的啊!"

在这样的一场对话中,我们发现了母女之间的矛盾,这场矛盾旷日持久,每年入冬都会发生,妈妈会头痛,女儿会嫌烦。但是真相到底是怎样的呢?总是在表面上争来争去是没有结果的,事实上母女两人已经争论了很多年,谁也没有说服谁。我们试着用分析论证和评论论证来探寻这场对话的本质,以及试图解决两人之间的矛盾。

首先,对女孩进行分析论证,女孩面临的问题是"妈妈让我穿秋裤"(注意,大的场景是东北的初冬);女孩的结论是"我不穿";女孩得出结论"我不穿"的原因(也即她给出的前提)是"我不觉得冷,如果我觉得冷我就会穿"。这样,我们对于女孩的分析论证中的问题、结论、前提就已经梳理完了。比较困难的是,女孩在"我不觉得冷我就不穿"的这种论证结构里的未表达前提是什么,这个需要大家动脑思考一下。这也是我在日常教学中使用这个例子时最难的一点。什么样的未表达前提能够让女孩作出"我不冷我就不穿"这种论证?这个未表达前提是"我能感知我的冷热"。只有在这个未表达前提(也被称为假设、观念和潜意识)作用下,女孩才会认为"我不冷我就不穿"是成立的。那么我们用表1-14呈现一下这个分析论证的内容。

表 1-14 例 1 中的分析论证

问题	结论	前提	未表达前提(观念、假设、潜意识)
妈妈让我穿秋裤	我不穿	我不觉得冷	我能感知我的冷热

其次,分析论证做出来之后,我们需要进行评论论证。评论论证有三个切入点,分别是:问题是否成立(尤其是被讨论事物的定义),前提是否为真以及前提能否推出结论。在此处的例子中,我们需要讨论的是该名女同学的未表达前提——"我能感知我的冷热"是否为"真"。

为了验证这个未表达前提,也为了能让女同学一点一点地接受真相,于是我问了一个问题:"你能感知你的冷热吗?"

女同学说:"我能啊。"

我又问道:"你感冒过吗?冻得瑟瑟发抖的那种?"

女同学说:"感冒过啊,前几天还着凉了。"

我问她:"着凉是什么意思?"

她说:"冻着了。"

我说:"你不是能感知你的冷热吗?你怎么会被冻着呢?"

女同学:……

我在这里给她解释了一下,人的感觉和人的身体是两套系统,感觉相对于身体是有滞后性的,并且程度上也比较浅。所以,汉语中会有一个词叫作"不知不觉"。光是这样说教效果还是不好的,于是,我又让这位女同学自己检索了一下数据,人的感觉到底能够"感觉"到人的身体的"多少"。结果,数据是惊人的,而且是这位女同学自己提供的,人的感觉只能感受人身体的所有的反应的5%,这是有医学数据支撑的。至此,如表1-15所示,女同学自己完成了对自己的评论论证。评论论证的切入点是未表达前提不为真。

表1-15 例1中的评论论证

问题	分析论证			评论论证
	结论	前提	未表达前提（观念、假设、潜意识）	①问题是否成立;②前提是否为真;③前提能否推出结论
妈妈让我穿秋裤	我不穿	我不觉得冷	我能感知我的冷热	人是不能准确感知自己的冷热的

对话到这里还没有结束,女同学虽然意识到自己的想法(未表达前提)不对,但是她又问了我一个问题:"老师,那您的意思就是我妈是对的呗,我应该听我妈的呗?"我反问她:"我们应该依据什么作出判断?"女同学说:"老师上课的时候说过,应该依据客观真实。"我又问她:"那么什么是客观真实?"女同学想了一下说:"应该是天气预报,我们应该根据天气预报也就是温度来穿衣服。我穿秋裤是因为

温度到了穿秋裤的温度,也是因为我妈说的是符合客观事实的。"最后,女同学向我反馈,她好像有点明白什么叫作独立思考了。独立思考不是个性,不是随心随意主观上的"自以为是",而是不受外界(如妈妈)的影响,对事物有独立的判断,而这种独立的判断来自——"依据"(客观事实)和"经过"(论证)。

最后,让我们总结一下。在这个例子中,我们是用分析论证和评论论证帮助这个女孩解决了她和她妈妈之间的矛盾。分析论证和评论论证在这个例子中固然是非常重要的,但更为重要的是为了能够评论论证,我们必须要验证一些事物的真伪。在此处,我们需要验证的是女孩的观念(未表达前提)——"我能感知我的冷热"。所以,从这个角度来看,拥有分析论证和评论论证能力的人是拥有自我反省能力的,他们为了能够评估自己的思考过程,必须考虑自己的前提未表达前提是否为真,自己的论证过程是否成立。所以,我把这个应用到分析论证和评论论证的例子命名为——自我反省,提升认知。

例2:别说谎,说谎会穿帮

有一天我去上课,收到了一个请假条,大意是我们班的一位男同学生病了,今天的课上不了了。这种情况时有发生,而且我的课堂还是很多人愿意听的,所以我并没有多想,继续上课。中午下课的时候,正好遇到别的同事邀请我一同去体育馆打羽毛球,就一起随性子去了。结果在羽毛球馆发现了那位"生病"的男生。

很显然,他如果生病了,应该是躺着休息或者我们相遇的场合是在医院,而不应该是在球场。这个判断其实很好作出,但是我们从来没有考虑过我们是"怎样"判断出一个人在说谎,即这个判断过程是怎样的。这里还是用分析论证和评论论证来呈现一下我们大脑思考的过程。

我们还是先进行分析论证,结合表1-16来呈现这个男孩的行为背后的逻辑链条。表面上,男孩面临的问题是生病了;结论是需要请假;请假的理由是要么休息,要么去医院。背后的未表达前提是一个人类共同的认知常识——疾病需要治疗和休息。

表1-16 例2中的分析论证

问题	结论	前提	未表达前提(观念、假设、潜意识)
生病了	需要请假	休息或者去医院看病	疾病需要治疗和休息

但是,我作为老师发现了新情况,我在羽毛球馆遇到了这名生病的学生,那么就说明在表1-16的分析论证的框架里有东西是不为真的。如表1-17,最先受到冲击的是前提——休息或者看病,实际情况是——在羽毛球馆打球,这是两个相互矛盾的前提。学生在羽毛球馆打球这是客观真实,是为"真"的,所以上文论证框架里的前提——休息或者看病是不为真的。前提不为真直接导致其推不出结论,而结论又是针对问题的。所以最后只能是问题——生病了——出了问题。该名同学根本没生病。

表1-17 例2中的评论论证

分析论证				评论论证
问题	结论	前提	未表达前提	①问题是否成立 ②前提是否为真 ③前提能否推出结论
生病了	需要请假	休息或者去医院看病	疾病需要治疗和休息	前提不为真,前提推不出结论,该生不需要请假,但是实际上却请假了,只能是问题不为真

这是一个生活中的小例子，不难理解，但是要想清晰呈现出在这个过程中的思维要素及其互动并不容易。同时，这个例子也再次从论证、逻辑的角度向我们证明了那句至理名言：当你说了一个谎言，你就要用 100 个谎言去圆。谎言在逻辑面前是无处遁形的，这也是侦查机关在办案的时候经常用到的思维技能。

我们在此处再举一个例子来说明谎言是怎样被戳破的，这是一个真实的案例，经验丰富且专业能力过硬的侦查人员在办案的时候就确定了这起案件的性质，依靠的依旧是分析论证和评论论证。

例 3：犯罪现场不说话，违反逻辑也穿帮

派出所接到报警，辖区内有一户人家发生了火灾，好像有人被烧死了。刑警（侦查人员）赶到现场，发现了一具烧焦了的尸体，这位经验丰富的侦查人员经过短暂观察就马上封锁了现场，并宣称这不是一场普通的火灾这么简单，而是——故意杀人。

原因是，该名刑警发现受害人的鼻孔是干净的，这证明受害人在着火之前就已经死了，通常，被烧死的人鼻孔和肺部都应该充满烟尘，至少从表面上看，鼻孔里面不会是干净的。

那好了，我们还原一下这里面的分析论证和评论论证过程。还是从对罪犯的分析论证开始，刑警做的是评论论证。在这里，罪犯没有出现，也没有说一句话，但是现场的情况就可以被用来分析。

现场有火灾、有烧焦的尸体，是罪犯想给人们造成的假象。这里比较困难的仍然是罪犯的未表达前提的梳理和挖掘，罪犯肯定是在一定的认知、观念、假设的支配下才用火灾掩饰了故意杀人现场，这个时候，通过现场的情况我们能够推断出，罪犯的想法——尸体被烧焦，人就是被烧死的。用表 1-18 的形式呈现如下：

表 1-18　例 3 中的分析论证

问题	结论	前提	未表达前提(观念、假设、潜意识)
人是怎么死的？	烧死的	有火灾,有烧焦的尸体	尸体被烧焦,人就是被烧死的

我们的侦查人员使用的就是评论论证,在这个案件中,问题、前提都是客观事实,但是结论未必。结论是不是"烧死的"要考查未表达前提——尸体被烧焦,人就是被烧死的吗？根据更为精细的刑侦知识——鼻孔不干净+尸体被烧焦这两个条件才能推出是被烧死的;而现场尸体是被烧焦的不假,但是这一个条件只是"人是被烧死"的必要条件而不是充分条件,还必须具备另外一个条件——鼻孔不干净。① 因此,侦查人员对案发现场的评论论证是从未表达前提不为真入手的。而至于为什么未表达前提不为真,是因为人被烧死的需要满足两个条件——烧焦的尸体+鼻孔不干净。具体用表 1-19 呈现一下:

表 1-19　例 3 中的评论论证

分析论证				评论论证
问题	结论	前提	未表达前提	①问题是否成立 ②前提是否为真 ③前提能否推出结论
人是怎么死的？	烧死的	有火灾,有烧焦的尸体	尸体被烧焦,人就是被烧死的	仅有火灾、烧焦的尸体不能推出人是被烧死的结论,这两个前提是必要但不充分条件

所以,在未表达前提不为真的情况下②,前提——有火灾、有烧焦的尸体是推不出结论的,它们只是必要条件,不是充分条件。前提推

---

① 实践中更为严谨,侦查机关还会检查肺部,因为无论是鼻孔还是肺部都是呼吸道的组成部分。在此处只是为了说明问题,不细究专业知识。

② 未表达前提是前提能够推出结论的保证,如果未表达前提不为真,那么前提就一定推不出结论。

不出结论,那就说明结论是有问题的。这个案件不能光看现场就匆忙得出结论,要仔细呈现所有的细节,考虑逻辑的闭环。所以说,侦查人员也是逻辑的高手,也必须是擅长分析论证和评论论证的。

例4:认知不同,对事物的看法也不同

大概在2019年年底的时候,网上兴起了一场关于"小罐茶"的讨论,很多网友认为小罐茶纯系炒作,卖得那么贵就是智商税。还有很多人认为,小罐茶经过这次声势浩大的声讨就可能口碑暴跌、一蹶不振、退出市场。事实上,到了2022年,小罐茶依然在,我身边喝小罐茶的人也依然在。我曾经就这个问题听取了某个专家的意见。他指出,小罐茶价格是高一些,也可能有炒作,但是它的品质的确比普通的茶叶要好一点,也好识别,省去了消费者的筛选成本。而且不可否认的是,它满足了一些细分人群消费升级的需求。

我们还是结合表1-20对网友的观点做一个分析论证,然后再看看专家是怎么评论论证的。

表1-20 例4中的分析论证和评论论证

分析论证				评论论证
问题	结论	前提	未表达前提	①问题是否成立 ②前提是否为真 ③前提能否推出结论
小罐茶会一蹶不振吗?	会	价格高 涉嫌炒作	产品的前途是由价格决定的	小罐茶不会一蹶不振,虽然价格高,但是有一部分消费者宁愿付出高价格来获取品质稳定和品质稍好的产品,这就是消费升级

通过上面的表格不难看出,普通的消费者(网友)对小罐茶的感知和认知只是停留在价格的层面,所以得出的结论只是小罐茶这种

东西这么贵、涉嫌炒作,最终会被消费者抛弃。但是事实上,消费者选择一样商品还是抛弃一样商品不仅取决于价格,还取决于商品是否满足了消费者的其他需求。随着物质生活水平的提高,有一些消费者已经不满足于消费一些普通的、品质一般或者品质不稳定、没有辨识度的商品,他们宁愿多花一些钱去选择那些品质好一点并且稳定的产品,也好过在信息不对称的情况下一直尝试搜寻哪款产品适合自己,这样对自己来说搜寻成本太高。专门研究消费的学者或者对这方面有深刻认知的人就能敏锐地洞察小罐茶锁定的细分市场,而随着中国人消费水平越来越高,这个市场可能会划分得越来越细。可以说,小罐茶准确地抓住了市场的发展趋势,从这个角度来看,小罐茶的营销是成功的。至于是不是炒作,不是网友说是炒作就是炒作,需要专门的机构来认定,如果涉及不实宣传,那就由相关部门作出处罚。除此之外,正常的"炒作"在商业上被称为"营销"。

  我们通过这个例子能够感受到,不同人的认知其实是不在一个平面的,普通人的认知和专家的认知有着明显的差别,这个差别就是依据"客观真实"的能力,能否依据客观真实是区分专业人士和非专业人士的重要衡量标准,也是感性认识和理性认识的重要识别标准。专业人士由于接受过专业培训,积累了大量的专业知识和理论,对同样一个问题考查的深度就不一样。从这个角度来说,学习是一件非常有意义的事情,因为它能帮助我们提升依据"客观真实"作判断的能力,因为知识在某种程度上就是客观真实,在实践中运用知识的过程也正是我们将知识作为"客观真实"(也就是依据),从而获得结论的过程。

  此外,客观真实是有层次的,在这个例子中,你会发现每个人的观点可能都对,但是他们停留的层次是不一样的,这也是我们经常说的认识的深度不一样。我们通过一个例子来体会一下人们的认知是具有怎样的多层次性,进而认识一下我们所处的丰富立体的世界。

例5:真相的层次以及要努力成为一个思想深刻的人

有一次上课,一名学生跟我说了这样一件事情。她说,她妈妈问她(法学院的学生),如果一个人脑袋里经常想着杀人、放火这些事情,警察是不是可以把他抓走,法律可以制裁他吗?我觉得这个问题很有意思,于是就在课堂发起了一场讨论,结果答案是五花八门的,什么都有。因为讨论的学生都是法科生,所以结论还是相对一致的,就是不可以让警察把他抓走,法律是不会制裁他的。原因有很多种,有的认为法律没有规定就不能制裁;有的认为法律不制裁思想犯;有的认为这是人的自由……

同学们的观点都对,但都只是揭示了真相的一个层次,并没有到达最为本质的层面,我们还是用分析论证来一层一层地揭示对这个问题的认识……但请注意,表1-21中的每一个上下层次都是互为因果关系的,也就是说下一层本质其实就是上一层本质的前提,而对上一层前提的提问又可以形成新的问题。

表1-21 例5中真相的层次

问题	人在脑袋里想着杀人、放火,法律是不是可以制裁他?
结论	不可以
前提	法律没有规定
前提的前提	法律不制裁思想犯
前提的前提的前提	这是人的自由,有些自由法律是不能干涉的
……的前提	这是人的自由中的思想自由,法律不应该干涉人的思想自由

(续表)

……的前提	法律不能干涉人的思想自由
……的前提	思想自由是一种绝对自由
……的前提	绝对自由是天赋人权
……的前提	天赋人权……

我们一起来总结一下，在表 1-21 中，我们要回答的问题是人在脑袋里想着杀人、放火，法律可不可以制裁他？结论是不可以。但是前提分成好多层次，最为低层次的是从现行法律没有规定入手，这个回答是对的——法无明文规定不为罪。但是这个回答不根本，我们还可以继续问——为什么法律不明文规定这种情况，也就是不认为这种情况是犯罪（注意，这里围绕着前提形成了新的问题）？回答是（也就是前提的前提）——法律不制裁思想犯。这个回答依旧不本质，我们还可以继续追问——为什么法律不制裁思想犯（这里再一次围绕着前提形成了新的问题）？回答是——这是人的自由，有些自由法律是不能干涉的。这个回答依旧不本质，我们还可以继续追问——为什么有些自由法律不能干涉（这里再一次围绕着前提形成了新的问题）？回答是——自由分成两类，行动自由和思想自由。思想自由是绝对自由，行动自由是相对自由，相对自由可以由法律规制。好了，这个回答很清晰，但是依然不本质，我们还可以继续提问——为什么思想自由不能由法律规制？回答是——因为思想自由是天赋人权。还可以继续问——为什么思想自由是天赋人权？回答是——……

这就是著名的苏格拉底式提问，也就是刨根问底，刨根问底不是随便提问，而是遵循一定的逻辑脉络进行提问，直至问到事物的本质。对例 5 的追溯中，你能发现，对于任何问题的追溯最后到根儿上都是哲学问题，也就是哲学的那几个终极追问——你是谁？你从哪来?到哪去?……所有问题最终都是要追溯到哲学的根源上的。但是,同时我们也发现,不同的人停留的层次是不一样的,那些能够上升到终极(哲学)层面看待问题的人是很智慧、通透而又深刻的。从上文的表格和我们追问的过程中,我们可以反思的是,我们自己对这个问题的认识停留在哪个层次?与最终的本质性的思考还有多远的距离?我们是否感受到了认知处于不同层次会对事物形成深浅不一的看法?我们为什么欣赏那些看问题深邃而又充满智慧的人?那真的是因为他们看问题的层面很接近本质,思考得很深邃。通过对这个例子的讨论,你是否期待自己成为那个一眼能够看透问题最深层次本质的人呢?这就是学无止境的含义吧。电影《教父》里有这样一句经典的台词:那些花半秒钟就看透事物本质的人,和花一辈子都看不清事物本质的人,注定是截然不同的命运。

图 1-6　要努力成为一个能看透事物本质的人

例6:不同人的不同观察视角以及要学会包容

　　超市里的鸡蛋降价了,很多老百姓蜂拥购买,从普通消费者的角度来看,目前鸡蛋的价格便宜,这是一个入手的好时机。但是,同样一个信号——鸡蛋降价,研究市场周期的专家就会作出不同的判断——蛋鸡的生产周期是四年,目前处于价格的波谷,属于低潮期。未来受到鸡蛋价格的影响,农户会削减鸡的数量,这会导致数个月之后鸡蛋的价格开始上涨,涨到最高点也即波峰的时候,农户会认为加大产量会有更多的收益,于是会增加鸡的数量,这会导致鸡蛋的数量超过实际市场的需求,最后导致鸡蛋价格开始新一轮的下跌。同样,一个研究宏观经济的人可能通过鸡蛋价格的持续走低和相关产品价格的一蹶不振判断出通货紧缩的先兆。

我们还是围绕表1-22通过分析论证来呈现出不同人思考的过程,以及看问题的角度是不同的。

表1-22 例6中不同人对同一问题的不同看法

不同人	问题	结论	前提
消费者	鸡蛋价格下跌	蜂拥购买	价格便宜是买东西的好时机
市场周期专家		鸡蛋的生产周期处于波谷	鸡蛋的四年生产周期理论
宏观经济专家		通货紧缩(结合其他商品一同判断)	宏观经济学关于通货紧缩的理论

用这个表格来说明,不同的人看问题的角度是不一样的,这些角度无所谓好坏、正确与否,只是表明社会的复杂性,人们处于不同的角色、位置和社会层面可能看问题的角度是不一样的。这就提示我们,看问题的时候要多听听别人的意见,看到不同的意见也很正常,因为每个人的角度是不一样的。

例7:不同学科怎样看待同一问题

我们以抢劫行为为例。在法学人的眼中,抢劫行为是犯罪行为,结论是要进行法律制裁。可是在经济学人的眼中,抢劫行为是理性行为,实施抢劫的人是经过计算的,抢劫的成本低于抢劫的收益,结论可能是要提高抢劫的成本。在社会学人的眼中,抢劫行为是社会行为,受到社会整体环境的影响,结论可能是社会安抚和释放善意。在心理学人的眼中,抢劫是心理行为,受到心理因素的干扰,可能要进行心理干预。

通过对抢劫行为的分析论证,结合表 1-23,你会发现不同学科的人对同一事物的看法是不一样的,这也就是为什么针对一个复杂事物,我们需要各个部门"会诊"。

表 1-23　例 7 中不同学科的人的不同视角

不同人	问题	结论	前提
法学人	抢劫行为的性质	法律制裁	犯罪行为受法律规制
经济学人		提升犯罪成本	经济行为受理性支配
社会学人		社会安抚和释放善意	社会行为受社会环境影响
心理学人		心理干预	心理行为受心理因素干扰

例 8:信息不充分对结论的重要影响

有一天,我的儿子给我讲述了一个悲惨的故事。大意是这个主人公很惨,他很小的时候父亲就有外遇,然后父母就离婚了。离婚不久之后母亲车祸过世,主人公和他的弟弟只能住到奶奶家,一家人靠奶奶的积蓄维持生活。前几天奶奶也过世了,主人公 73 岁的老爸不得不出去工作养活全家。听完这个故事之后,大家都会觉得这个孩子好惨,然后我问了一下,这是谁家的孩子? 儿子跟我说,这故事的主人公是英国的威廉王子,而他的父亲就是英国的新国王查尔斯三世。看到这里,你还会觉得这个主人公是一个很惨很惨的人吗?

结合表 1-24，我们通过分析论证和评论论证的方式呈现出这个过程以及反思新补充的信息对结论的影响。

表 1-24　例 8 中的分析论证

问题	结论	前提	未表达前提	补充信息
故事里的主人公的命运是不是悲惨的？	是的	①老爸外遇 ②老妈车祸死亡 ③全家人依靠奶奶 ④奶奶也死了 ⑤73 岁老爸出来工作养活全家	故事的主人公是个普通人 普通人拥有这样的人生也算是挺悲惨的	主人公是威廉王子 老妈是戴安娜王妃 奶奶是伊丽莎白二世 老爸是查尔斯三世

由于补充信息，你在脑袋里"脑补"的那些"普通人家"的奶奶养活全家以及 73 岁老爸出来工作养活全家的情况全都不成立了。尽管从威廉王子本身来看，故事中叙述的这些信息都是事实，但是信息不够全面，不全面的信息就会导致依据不够客观，进而导致结论是错误的。

这个例子还说明了一些客观真实是知识，你可能学到了就知道了，但是还有一些客观真实是信息，需要收集。这也是为什么很多行业要有职业调查，调查一些现实的数据、信息、情况等，为的是给结论寻找更多的支撑。

还有一个例子能从侧面说明信息的重要性。我身边的人（包括小区里的大爷们）特别愿意谈论国际局势，如什么中美贸易摩擦、俄乌冲突、普京、特朗普……我从不参与。作为一个国际法学科出身的人，我深知，如果想对这么复杂的国际局势作出判断，不仅要懂专业的国际关系理论，更重要的是要获得足够的信息。而获取足够且正确充分的信息实在太难了，不仅是因为有些信息我们这个层面看不到（涉密），还因为有些信息的真伪无法辨别。所以，正因为我是从事这个领域的,我发表言论就更加谨慎。大宝问我:"为什么小区里的大爷们特别爱谈这些事?"我说:"因为你如果问他们什么是函数、导数、数列、向量等数学问题,他们可能真的知道自己是不会的——数学不会就是不会。"数学进行日常聊天的门槛特别高,所以,没听过谁在茶余饭后谈论数学问题的。但是像国际局势等话题进入门槛特别低,所以很多人都觉得自己可以说两句。但是这一类话题专业评论的门槛特别高,原因就是我上面说的:①要具备专业知识+丰富且正确的信息(依据客观真实);②要经过论证,也就是要懂逻辑。如果你仔细听大爷们的聊天,你会发现他们通常直接给出结论,没有推理过程。我举这个例子不是想说普通老百姓不能谈论这些事情,我是想表达他们的谈论属于日常谈论,不是学术探讨,日常谈论不用负责,学术探讨必须严谨。区分一下,别把笑谈当认真,也别把学术当儿戏。

例9:职业经验的重要性

我和一位做律师的朋友居住在同一个小区,时不时地我们会一同下楼在小区内遛弯。有一天晚上,这个律师朋友指着我们小区的一栋楼的一个单元(西侧)说:"这一侧没有一家是亮灯的。"其实,我并没有留意这个楼以及这一侧从1—18楼都不亮灯的单元。我的这位律师朋友第一次说的时候,我也没当回事就过去了。第二天、第三天,我们依旧在晚上的时候遛弯,每次路过这栋楼都发现这一侧1—18楼没有一个亮灯的。于是,第三天,我的这位律师朋友告诉我,这一侧应该是抵账房,目前没有出手。

我的直觉认为她是对的,但我们还是用分析论证和评论论证来分析一下这场对话,表 1-25 揭示了我的这位朋友得出结论的过程。

表 1-25 例 9 中的分析论证

问题	结论	前提	未表达前提
小区里的一栋楼一个单元从 1,18 楼一直没有亮灯,什么情况?	抵账房	①这个小区已经快 10 年了 ②正常买卖的情况下,出现一侧 1—18 层楼都卖不出去的情况很少 ③持续几天观察都不亮灯,事实上直到写本书的时候还不亮	实践中,开发商经常欠钱,以房抵债,用一整个单元楼抵债

从我的角度,我个人认为这个论证是成立的,但是我也是凭直觉,因为我没有充分的证据,也不了解行业内部的操作规律。我虽然出身法律专业,但是一直从事法学理论的研究,并不踏入实务,尤其是房地产实务。我的朋友也出身法律专业,虽然没有像我一样读完博士,最后还成了博导,但是她在实务界摸爬滚打多年,有很多经验。关键的时候,经验会帮助她作出判断。只要未表达前提是成立的,这个论证就是成立的,它的推理是个闭环。所以,要想验证这个论证是否成立,就要去调查两件事情:其一,开发商是否经常这样操作;其二,这栋楼的开发商是否也是这样操作的。后来有一次,我遇到了一个物业的管理人员,和他聊起了这栋楼的情况,证实了这栋楼西侧单元确实是抵账房。这个过程也印证了胡适先生所说的"大胆假设,小心求证"①。有些事情你不知道原因,或者别人也只是推测,你可以先假设着,然后找机会验证。

所以,同为法律专业的我和我的朋友,一个从事理论工作,一个从事实务工作,我们对一件事情的敏感度和判断都是不一样的。这

---

① 胡适:《清代学者的治学方法》,载耿云志编:《中国近代思想家文库:胡适卷》,中国人民大学出版社 2015 年版。

个案例向我们说明，很多知识是在书本之外的，是以经验的形式存在的。我们仅凭在书本上学习到的东西恐怕是不够的，这就是要了解书本上的知识在实践如何应用的原因。这也完美地向我们展现了知识体系和知识图谱之间的关系。

但是，经验和经验之间也存在很大不同。稳定的、经过大规模测试的经验和不稳定的、仅经过小规模测试的经验是不同的。在上文中提及的开发商以房抵债的情况几乎是行业的常态，因此是一条相对稳定的经验。但是有些经验是个别的、小众的，不具有普遍性。用经验作判断的时候，我们一定要谨记，经验有可能不是"客观真实"，经验不稳定，经验很有可能随着时代和大环境的改变而改变。所以，要清楚地知道自己作出判断的依据是经验，它不一定为真。但不可否认的是，经验又很重要，有时候又很宝贵。比如一个外科医生最成熟的年龄段是 40—55 岁，因为经验丰富和操作熟练。40 岁之前，见过的病例少，虽然身强体壮，但是其实很多疑难的病例处理不了，很多日常的病例虽然能处理但完成度可能不会太高。40—55 岁之间，外科医生见过的病例多，身体依然强健，手术也很稳，日常的病例处理得得心应手。55 岁之后虽然经验超级丰富（也可以叫作阅历），但是身体的控制力逐渐减弱，手就会抖，操作起来就不像年轻的时候那样精准，心到力不到。同理，一个导师最成熟的年龄段也是 40 岁以后。以我本人为例，我十年前开始带研究生，最开始并不会带，所以最初几届研究生都指导得不是很到位。现在，我见过各种各样的学生，阅读过几千篇学位论文，指导过近百个研究生，帮助很多高校开设论文写作课程，辅导青年教师写作，具有了丰富的经验。可以毫不客气地说，绝大多数论文摆在我的面前，我都能识别出这篇文章的问题在哪里并给出准确的修改意见。那么如今到我门下学习的学生就能获得比最初几届学生丰富得多的指导。现在我从事的工作就是将论文写作的经验认识上升到本质,写成书让更多的人对这个领域有更深的理解,而不必像我本人这样花了十几年才从实践、经验中一点一点总结出来。最后总结一句话,那些对某一事物较为本质的经验认识,经过无数次的检验,其实就变成了知识。

例10:平衡心态,从容生活

我今年身体一直有恙,需要持续吃中药。有一天去中药铺抓药,等待的时候,一位顾客抱怨中药现在越来越贵,老板也很无奈,摇摇头没说什么。这位顾客走了之后,老板向我抱怨:"现在顾客都嫌药贵,我也没有办法,我们进价就贵。"我说:"现在国际国内局势都在那摆着,国际上俄乌冲突,国内防疫防控,油价和物价都上涨,中药的上下游都在涨价,药店不涨价也是不现实的。不涨价就得降低质量,要是这样,还是价格高一点吧,治病这事跟别的事情还不一样。别的地方精打细算都没事,但是药不行。"老板听我说完这一通之后问我:"你是从事什么职业的?心态特别好,也特别懂我们行业的辛苦。"我笑一笑说:"哪个行业都不容易。"

我们还是用分析论证的方式对顾客买药的行为和观点进行分析,看看这里面哪个环节是有问题的,然后通过评论论证看看我们能得出什么结论。这位顾客的分析论证可以通过表1-26呈现如下:

表1-26 例10中顾客的分析论证

问题	结论	前提	未表达前提
中药铺子里的药材持续涨价	老板自己决定涨价	药价是老板自己能说了算的事情	药材涨价跟大环境没有什么关系

这就是具有朴实认识的消费者的心态,今年的药材确实在持续涨价,但认为只要是涨价就是老板的问题,就是中药铺的问题,这里蕴含着的前提就是药价是老板自己能说了算的事情,跟外部的环境没有太大的关系。但只要深入想一下就知道这是消费者的感性认识,没有任何一个行业不受外部环境的制约。所以,我和老板之间的对话算是对上述顾客分析论证的评论论证,我们同样用表1-27呈现一下,请大家仔细观察。

表 1-27 对例 10 中顾客的评论论证

分析论证				评论论证
问题	结论	前提	未表达前提	①问题是否成立 ②前提是否为真 ③前提能否推出结论
中药铺子里的药材持续涨价	老板自己决定涨价	药价是老板自己能说了算的事情	药材涨价跟大环境没有什么关系	药价是综合作用的结果,并不仅仅是由老板自己说了算的;而且不涨价就只能降低质量,否则店铺就亏本

虽然这是个生活中的例子,但是只要有观点,涉及对问题的看法和行动,我们就可以用分析论证和评论论证的方式将其层层剥开,让我们看到是哪个部分的问题,去查验结论的真伪。通过这个例子,我们能够看到,问题是没有办法改变的,结论怎样取决于人们怎样认识问题。当你认为药价是老板决定的,药材涨价就会抱怨。当你把自己的格局打开,将很多问题放在大的环境里,你就能够理解个体的行为有时候自己也决定不了,心态就会好一些。因为,客观事实只能接受,抱怨表明自己其实是不接受客观事实的,这种对客观事实的排斥是无济于事的。这也是认知心理学帮助人们转变观念的一种方法,因为只有转变了自己的观念才会转变结论,在问题、结论、前提

中,问题不变,结论很大程度上取决于人的认知(前提)。所以,了解一些思维运作的规律,学会分析论证和评论论证,增强对事物的认知,这在一定程度上能够培养自己良好的心态。

(3)分析论证和评论论证与论文写作的关系

我们在上文用了10个例子向读者说明分析论证和评论论证在拆解人的观点、立场和行为方面所展现出来的强大功能。但是上面的例子都是生活中或者是我们专业中的例子,与论文写作这种专业、理论的研究工作略有不同。但不可否认的是,两者底层的规律都是一样的,即但凡涉及人的观点、立场、态度、结论、看法……都是思维的过程,需要处理好论证的问题,而其中分析论证和评论论证是最为核心的能力。可以毫不客气地说,生活中的例子和论文写作在底层本质上都是分析论证和评论论证,只不过发生的场景、依据的客观真实(一个是生活常识和经验;一个是专业理论)不同而已,在思维上并没有什么差异。由于读者们的专业并不相同,本书为了让读者更加清晰地了解什么是分析论证和评论论证,才选择用生活中的例子作为展示的对象。

我们在本部分会详细介绍一下论文写作与分析论证和评论论证之间的关系。论文写作大概会经历阅读文献、文献综述、问题形成、构思以及写作几个环节,其中,看别人写的文献也就是文献阅读是解构论证,包含着分析论证和评论论证。我们看别人的文献的时候必须将文献阅读到如下的程度,即作者提了什么问题,作者的结论是什么,作者得出结论的前提是什么,这就是分析论证。同时,作为一个有独立思考能力且为后续输出(写作是一种输出,阅读是一种输入)做准备的人,我们还必须进行评论论证,分析作者的前提是否为真、前提能否推出结论、问题是否成立,等等。某种意义上,文献综述就是对同一主题文献阅读进行的分析论证和评论论证。我们阅读文献和制作文献综述是为了输出,也就是为了写自己的论文。论文必须有其自身的论证框架,也即我们在具体动笔之前必须有一个自己的论证框架,将自己要解决的问题、结论以及得出结论的前提呈现出来,这对我们自己来说是建构论证,但在我们的读者眼中就是解构论证中的分析论证。同样,我们建构的论证也要经得起别人的评价,也就是别人在读到我们写的文章的时候也会进行解构论证,解构论证也会包含分析论证和评论论证;别人解构我们写的文章也是为了建构他们自己的论证……这个过程不断地推进下去,就是我们不断认识、不断接近真相、接近事物本质的过程,也是科学研究的过程。人类也是在这样的基础上发现了很多知识,积累了很多对自然界和人类社会的认识。

图 1-7 分析论证和评论论证的基础

我们在下文论文写作的全过程中会呈现出解构论证、建构论证、分析论证、评论论证是怎样贯穿始终的,最终去印证本书在开头确立的观点:论文写作的第五层本质是分析论证和评论论证。但是在开始这部分之前,我们还有一个事情需要交代。虽然本书认为分析论证和评论论证是写作的本质,也会贯穿本书写作的始终,但是,分析论证和评论论证是处于较为中观层面的概念,不会单独存在,其上面有理性思维、思维、解决问题的能力,其下必须有对论证的理解和思维的基本方法做支撑,才能完成分析论证和评论论证的工作。也就是说,分析论证和评论论证是在对论证的类型、论证的要求有深刻了解以及熟练掌握具体的抽象、概括、分析、综合、比较、分类等逻辑方法的基础上才能开展的工作。缺乏这些基础,写作者是不可能完成分析论证和评论论证的工作的,进而也就无法完成整个论文写作——建构论证的工作。

我们用一个例子来说明,要想进行分析论证和评论论证,写作者必须具备一些基础的逻辑知识。王振华一案曾经在网络上被炒得沸沸扬扬,最引发争议的一段对话莫过于王振华的律师陈有西在接受某报社记者采访时说道:"王振华当然有错,他嫖娼的'主观故意性'是有的,但他16周岁以下的少女绝对不碰,这是他的底线。"[①]陈有西的谈话引发非常大的争议,现在你能说说为什么陈有西的谈话引发了这么大的争议吗?

要想谈论和评价陈有西的观点,我们还是需要依据上文提及的分析论证和评论论证。我们先用分析论证的方法将陈有西的观点进行拆解,然后再用评论论证的方法看看陈有西的观点中哪个层面出现了错误。注意,在评论论证中,我们还要借助一些具体的逻辑方

---

① 参见 https://news.sina.com.cn/s/2020-06-21/doc-iirczymk8195382.shtml,2023 年 5 月 29 日最后访问。

法——抽象、概括、分析、综合、比较、分类。

陈有西并没有交代问题,但是从对话中我们能发现,记者和陈有西之间围绕的问题大概涉及王振华的底线有无等。陈有西的结论是——王振华是有底线的;陈有西的前提是——他嫖娼是嫖了,但是16周岁以下的少女是绝对不碰的;未表达前提是——陈有西认为16周岁就是嫖娼的底线。我们仍然用表1-28来呈现一下:

表1-28 陈有西的分析论证

问题	结论	前提	未表达前提
王振华有无底线?	王振华是有底线的	16周岁以下的少女是不碰的	16周岁就是嫖娼的底线

评论论证要从问题是否成立、前提是否为真以及前提是否能够推出结论三个层面来看。在该案中,即便是在前提为真的情况下①,前提能否推出结论呢?也即,未表达前提是否成立呢?(还记得未表达前提是前提能够推出结论的保证吧?)

判断未表达前提是否成立需要依据客观真实,而不是陈有西怎么认为。这是一起法律案件,我们要看看法律对于嫖娼以及嫖娼的底线是怎样规定的。通过查询相关法律,我们能够得到如下的信息:嫖娼是指一种非法的性交易,指两人及两人以上以金钱财物为媒介发生不正当性关系的行为。嫖娼并不是刑事犯罪,但在我国为法律所禁止,属于一种行政违法行为,会受到行政拘留或罚款等处罚,但不会受到刑事处罚。根据《中华人民共和国治安管理处罚法》第六十六条规定:卖淫、嫖娼的,处十日以上十五日以下拘留,可以并处五千

---

① 我们不去探讨具体案件中证据的真伪,这个案件的具体内容不是我们探讨的重点,只是当作一个分析论证和评论论证的例子,请同学们理解这里的逻辑过程即可,不用过多纠结于案件的实际情况。

元以下罚款;情节较轻的,处五日以下拘留或者五百元以下罚款。在公共场所拉客招嫖的,处五日以下拘留或者五百元以下罚款。

以上是现行法律中关于嫖娼的规定,你需要从法律的规定中自己提炼出适合该案(陈有西)的未表达前提是什么。也就是说,你需要从上述众多的信息中整理出一条适合充当本次分析论证和评论论证未表达前提的表述,而这个整理的过程就是你动用抽象、概括、分析、综合、比较和分类的逻辑方法的过程。我们在上文介绍这些逻辑方法的过程中已经用小例子说明这些方法在实际中是如何被使用的;在下文的专业文献阅读中,我们还会继续向读者展示这些比较具体的逻辑方法,在此我们不过多分析,只是想让读者知道我们需要从上述比较复杂的法律表述中,抽象出一条适合充当本次分析论证和评论论证未表达前提的"断言"①。

首先读者需要明白的是,我们要在上述法律规定中抽象出来一条断言来回答嫖娼的底线是什么,只有找到"嫖娼的底线是什么"这一客观真实,才能判断陈有西对于嫖娼底线的观点是正确的还是错误的。经过对上述条款的仔细阅读,我们会发现法律对于嫖娼的规定并没有区分年龄,只是对行为性质和处罚进行了规定。在这基础之上,我们就要动用抽象和概括的能力得出我们对嫖娼的底线的认识——嫖娼的底线是"嫖"了即违法,不涉及年龄问题,而违法就是触及底线。

经过对法律条文的抽象概括,我们就能发现,陈有西对于嫖娼底线的理解是错误的,不符合现行法律(也即客观真实)的规定,如表

---

① 断言是论证的特有概念,它是指在论证中充当前提和结论的句子的属性,它应该是包含判断的句子,表达一定的观点。从这个意义上来说,论证是一个或一些为真的断言推出另一个为真的断言的过程。本书并没有太多的篇幅具体介绍断言的概念,相关知识请读者自行补充阅读,也可以阅读我的另一本书《批判性思维与写作》,那里有对断言(包括论证以及论证的要求)较为详细的介绍。

1-29 所示,这也是陈有西的观点一出,舆论哗然的原因。大多数人也能感觉到陈有西观点的不妥当,甚至会觉得这人的想法很"恶心"。但是不具备思维能力的人无法运用分析论证对陈的观点进行拆解;更无法对法律的规定进行抽象概括进而提炼出客观真实,再在客观真实的基础上去评价陈有西的观点的正误。然而,本书在这里使用这个例子并不是想像上文一样向读者呈现分析论证和评论论证,而是想将读者的注意力放在评论论证的那个未表达前提(客观真实)的梳理过程上,这个梳理过程离不开我们上文所讲的抽象、概括、分析、综合、比较、分类等思维方法,进而使读者明白,分析论证和评论论证不是独立存在的,它们是建构在我们上文提及的论证、逻辑方法等基本知识和基本技能基础上的。此外,读者朋友们也不要忘记了,我们在上文就提到,写作对于写作者的要求除了逻辑能力还有专业基础,还需要有专业知识。在上文陈有西的例子中,法律的条文就是法律专业的知识,这是个简单的案件,专业知识不是很难,甚至是常识。但是,在复杂的论文写作中,我们需要的专业知识就很深和很广了。总之,分析论证和评论论证是个非常强大而有力的思维工具,也是论文写作的核心本质,但是需要依托基础的逻辑知识和逻辑技能,还需要依靠专业知识进行判断,否则你没有办法分析,也没有办法评论。

表 1-29 陈有西的评论论证

分析论证				评论论证
问题	结论	前提	未表达前提	①问题是否成立 ②前提是否为真 ③前提能否推出结论
王振华 有无底线?	王振华 是有底线的	16周岁以下的少女是不碰的	16周岁就是嫖娼的底线	嫖娼不区分年龄,嫖了即违法,即触碰底线

综上,亲爱的读者们,我们就把写作的本质介绍完了,同时也在认识写作的本质的基础上指出写作者应当具备的能力——扎实的专业基础和较强的逻辑能力。由于专业基础属于专业培养的范畴,以及本书是一本通识的、面向多学科的写作参考用书,所以不会过多涉及专业基础(但会涉及怎样阅读专业文献)。更多的对于写作本质的认识则是从思维的角度、从论证的角度指出分析论证和评论论证对于论文写作的重要意义。

接下来,本书就会从论文写作的全过程来揭示分析论证和评论论证怎样贯穿这个过程,也即完成本书的第二个任务——论文写作的过程控制。而且本书还"扬言"希望能够分享一个让读者朋友在100天之内写出一篇差不多(或合格)的论文的方法。但不得不承认,这样一个雄心壮志是需要前提的,那就是读者朋友们需要满足本书在上文所提及的专业基础的要求和逻辑能力的要求。如果不具备这些能力,读者可能还需要多加积累,而不是想着尽快动笔完成论文。你也可以通过多阅读几遍本书关于论文本质以及分析论证和评论论证的介绍来增强你对论证和思维能力的把握。如果,你觉得你在这方面都已经差不多了①,那么就可以跟随本书的脚步来到下一部分——论文写作的过程控制。

- 要点提示一:
  ①从教育学的角度,论文写作是为了培养学生运用知识解决问题的能力。

---

① 但无论如何,下一部分——论文写作的过程控制都是值得阅读的,它既可以作为写作实操者的行动指南,又可以作为写作学习者增强认识的理论依据。

②写作者需要了解人是怎样解决问题的,这是一个思考的过程也是思维过程。

③思维包含四个要素:问题、结论、前提以及未表达前提(或者论证)。

④正确地解决问题需要人们依据客观真实、经过正确论证得出结论(也即理性思维)。

⑤写作者必须审视自己的前提是不是正确的,前提能否推出结论。

⑥写作就是提出问题并针对这个问题给出正确的结论,必须满足思维的要求。

⑦写作需要写作者具备扎实的专业基础和较强的逻辑能力。

⑧在逻辑能力中最重要的是分析论证和评论论证的能力,这也是写作最深层次的本质。

⑨分析论证和评论论证是建立在一些逻辑知识和逻辑技能基础上的。

行动篇
论文写作的过程控制

文献

问题的形成

构思——建构自己的论证框架和论证体系

开始写作

笔者曾对论文写作"外观"过程做过全面的解读。什么叫"外观"过程呢？就是如果你是一名在校学生，你在撰写毕业论文的时候经过的所有的写作环节，如表2-0-1所示，包括撰写环节、师生互动的教学环节和教学管理环节。

表 2-0-1 论文写作的所有环节

所处阶段	序号	写作过程	教学过程	管理过程
论文的准备阶段	1	确定选题所在研究领域	需要导师确认方向及论域	录入系统
	2	文献检索	需要确认参考文献"四性"	录入系统
	3	文献阅读	文献阅读的四个层次确保学生掌握批判性阅读的方法	
	4	补充检索文献和补充阅读（可重复多次）	同2、3	
	5	知识整理类文献综述形成	文献综述类型及制作方法	录入系统
	6	问题的形成	需导师确认	
	7	论证式文献综述形成	文献综述类型及制作方法	中期考核可能需要填写相关材料

(续表)

所处阶段	序号	写作过程	教学过程	管理过程
论文的构思阶段	8	形成论证框架	需要导师确认论证及理论框架	
	9	形成写作框架	需要导师确认文章结构及各级标题	开题,撰写开题报告
论文的写作阶段	10	标题写作	需要围绕各部分写作展开教学	
	11	摘要写作		
	12	引言写作		
	13	正文写作		
	14	注释及参考文献		
论文的修改阶段	15	初稿提交	注意遵守提交时间和方式,需要导师收到并反馈	最终截止期限之前2个月
	16	论文修改(重复多次)	按照导师意见进行修改	
	17	论文定稿	必须导师同意	注意截止期限并查重
论文的答辩与提交	18	论文装订		按学院要求
	19	论文预答辩	必须导师同意	提交预答辩申请并填写相关文件材料
	20	论文修改	按照答辩组意见并与导师商量	

（续表）

所处阶段	序号	写作过程	教学过程	管理过程
	21	论文盲审及答辩	必须导师同意	提交答辩申请,填写相关文件材料
	22	答辩后修改	按照答辩组意见并与导师商量	
	23	论文审查	答辩组、学院学位委员会、学校学位委员会三级审查	配合要求提交材料及完成相应程序
	24	论文提交		按要求完成网络提交和材料报送

这个表格将论文写作的必经过程非常详细地分为五个模块24个步骤,并且照顾到了写作过程、教学过程和管理过程三个维度。本书对于论文写作的过程拆解是围绕分析论证和评论论证展开的,上表中的"外观"过程将不会过多涉及。但是读者还是可以参照上述表格,对本书略掉的、没有详细展开的部分做到心中有数,毕竟任何一个流程都是写作的必经过程,只不过不是本书的核心关切。

本书将注意力集中在分析论证和评论论证上,同时分析论证和评论论证又被嵌套在解构论证和建构论证中。具体说来,文献阅读(分析性阅读)、文献综述、问题的形成和构思环节等过程的底层规律都是分析论证和评论论证,这也是本书着力要揭示的论文写作的本质。但同时,我们面临着阅读别人的文章(输入)和产出自己的文章(输出)的不同情景,前者更多的是一种解构论证,也就是将别人建构好的论证进行拆解,观察它们内部的结构是否完整、是否正确。在此基础上,我们还要建构我们自己的论证(虽然主要本质工作依旧是分析论证和评论论证，但这个环节属于建构论证），在我们建构论证的基础上形成自己的文章。而我们的文章后续还会被其他读者阅读，从而又变成别人解构论证的对象。所以从大的层面来说，分析论证和评论论证是嵌套在解构论证和建构论证之中的。它们的分水岭是问题的形成，如图 2-0-1 所示。

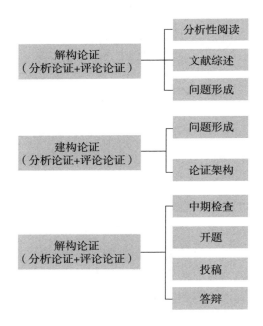

图 2-0-1　论文写作与分析论证、评论论证/解构论证、建构论证的关系

上述所有的环节都伴随着分析论证和评论论证，只不过以问题的形成作为分水岭，之前的过程是解构论证，属于输入环节；之后的过程是建构论证，属于输出环节。当写作者建构论证且将其用文字

表达出来之后,包含写作者建构论证的论文将会进一步被别人①阅读,即重新进入新一轮的解构论证,这个解构论证又包含别人对你的论文所做的分析论证和评论论证。如此循环往复,真相才能被一点一点呈现,科学研究才能一点一点进步。

此外,我们不得不说的是,解构论证和建构论证也并不是那么泾渭分明——在问题形成之前就都是解构论证,在问题形成之后就都是建构论证。如图2-0-2所示,随着我们对文献阅读的加深、对文献综述的制作,你都会发现里面伴随着一些分散的建构论证,也就是说,你每次阅读文章的时候其实都在帮你日后的建构论证积攒一些素材,你的建构论证不是一下子发生在问题形成之后,而是在每个环节中都形成了一点,最终汇集到问题形成和构思的时候就被描绘成一个整体。你自己建构论证的时候会发现,你也不断地对自己进行着审视,这也是一个自我解构论证的过程,解构论证和建构论证一直都纠结在一起,贯穿从文献阅读到落笔写作的始终。只不过,在宏观层面上我们能够区分出读别人的文章是解构论证;构思和写作自己的文章是建构论证这样的模糊说法。事实上,解构论证和建构论证在微观上都是纠结在一起的,只不过是何时发生量变、何时发生质变的问题,写作者对这一点也要有清醒的认识。在接下来的论文写作过程中,我们会详细介绍每个环节的分析论证和评论论证及其嵌套的解构论证和建构论证,请读者朋友们细细体会。

---

① 这些人包括你的导师、审稿人、开题组、答辩组等,他们某种程度上也是从分析论证和评论论证角度指出你的论文可以进一步提升和改进的地方。这些人之所以能够分析论证和评论论证,是因为他们不仅有着和你一样的专业背景,还知道撰写论文的底层逻辑。当然,你的论文也会被新的写作者当作文献来进行分析性阅读,并将其纳入主题性阅读范畴之内,并最终成为新写作者文献综述的一部分。

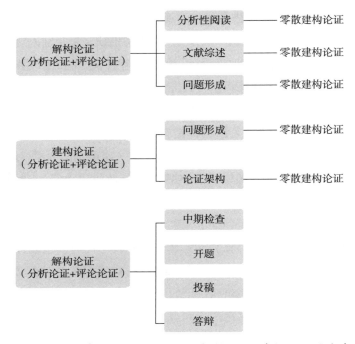

图 2-0-2 分析论证、评论论证与解构论证、建构论证的嵌套

如果只是写一篇 1 万字左右容量的论文的话,一个拥有良好的专业知识和较强的逻辑能力的写作者是有可能将这些工作控制在 100 天完成的。但如果是写硕士或博士论文,它们的字数通常在 3 万或者 10 万以上,那在输入的环节需要耗费的时间会增加很多,因为你需要输入的内容(文献)会很多,同样在构思的环节需要厘清的论证关系也多很多,所以相应的总时长也会增加。但是不管怎样,先让我们试着从一篇小论文写起,感受一下这个带有时间和节奏控制的写作过程。本书在文后会附一个写作时间表,其中的时间分配可以供写作者参考,也可以独立打印出来并在上面打卡自己每天的工作

量,以便帮助自己管理这个比较漫长又比较辛苦且具有挑战性的过程。至于本书为什么会制作这样的一份时间表,不仅是因为写作者通常没有意识到写作过程是一个思维的过程,具体到本书是每个环节其实都是一个分析论证和评论论证的过程;还因为写作的过程漫长且艰难,很多写作者不是不具备写作能力,而是缺乏相应的管理能力和意志力来完成这项艰巨的任务。通过这样的分解、管理,希望能从工具层面帮助写作者理顺整个写作过程。

第一章 文献

一、文献的重要意义

这部分主要是为了帮助写作者提升对于文献重要性的认识,缺乏这种认识,后续的工作开展得就会不尽如人意。从我们上文所讲的思维要素以及理性思维和非理性思维的角度来看,文献是我们写作的基础,没有文献的积累,写作便无从谈起。

首先,从图 2-1-1 论证的要素来看,文献与论证的各个要素均有关系。没有文献就发现不了问题;没有文献也无法为论证提供前提依据;没有文献也就没有办法构建前提和结论之间的推理关系;没有文献也就没有未表达前提。

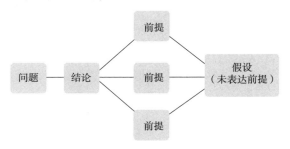

图 2-1-1 论证的要素

其次,从表 2-1-1 来看,文献的阅读一方面能够提供理性思维中的"客观真实",另一方面也能提供别人的"论证过程"。理论上说,文献就是别人建构论证的载体,可以帮助我们观察别人在建构论证的时候依据的是什么,又是怎样论证的;同时,我们可以在别人的论证中吸取到我们需要的正确知识、正确的逻辑推理,并对我们不认同的"依据"和"推理[1]关系"保持怀疑的态度。

表 2-1-1 理性思维与非理性思维

	理性思维(批判性思维)	非理性思维
依据	客观真实	主观因素
过程	论证并且正确	不论证或者谬误
结论	良好的决策	坏的决策

再次,我们之所以要阅读文献,是因为在建构自己的论证的时候需要大量的"客观真实"——扎实的专业基础(还记得本书在上文提及的写作者需要具备扎实的专业基础和较强的逻辑能力吧),而这种客观真实(或者称之为专业基础)很大程度上来源于文献阅读。我们获取"客观真实"的方式有两种:其一是课堂学习,主要载体是教科书。上文也提及过,教科书采取的是围绕学科的逻辑将知识点整合并呈现的方式,优点在于体系化和完整性,缺点在于其呈现的是学科的逻辑而不是现实中问题导向的逻辑,是一套知识体系,而不是知识图谱。其二是文献,它能弥补教科书的缺陷。文献是某个特定领域中其他研究者针对某个问题而建构的知识图谱,而他(其他写作者)要解决的问题恰巧在你的研究方向里,所以你需要阅读他写的文章

---

[1] 从严格意义上来讲,推理和论证可以混用,是指前提和结论之间的关系。但是有两点不同:其一,推理是指从前提到结论的过程,而论证是指结论到前提的过程。也就是说,推理是先给出前提,一点一点再得出结论;而论证是先给出结论,然后再一点一点呈现前提(也就是论据)的过程。其二,推理是一个微观概念,仅强调前提和结论的关系;论证是宏观概念,不仅可以用于描述前提和结论的关系,还可以指代整个从问题到结论的逻辑过程。所以,本书会尽量统一使用论证概念,但是偶尔也确实需要使用推理的概念来区别细节的不同。

(文献)。通过阅读此类文献,你可以弥补教科书知识体系的不足;了解该领域现实研究的状况和进展(文献综述);补充自己的专业知识(增强自己对"客观真实"的认识);观察别人的论证(为后续分析论证和评论论证做准备)。

最后,在很多领域,尤其是人文社会科学领域中都有这样的描述——文献为王,用于强调文献对于研究和写作的重要性。文献的搜集、整理和阅读都有一定的章法,这将在后文进行详细的介绍,文献的任何一个环节做得不到位都会影响最后输出(构思和写作)的效果。我们在论文审查环节发现的很多问题,其实都与文献工作做得不到位有非常大的关系。从时间分配上,与文献相关的工作几乎占据了所有写作的一半以上的时间。越是大型的写作,文献环节所占的时间比重就会越高,对于这一点,写作者还是需要做到心中有数的。

二、文献检索

你可能需要花几天的时间去检索你的文献,确保你的文献是满足"四性"的,即全面性、权威性、及时性和针对性。全面性是指理论上,你要从事的研究方向①的所有文献都需要被检索到并且存储在你自己的电脑上,使之特定化和个人化;权威性是指写作者必须保证自己的文献中包含了所有权威学者、权威文献的权威见解;及时性是指

---

① 在正式决定开始写作以及检索文献之前其实还有个过程就是确定研究方向。这个过程是个人选择和与导师互动的过程,有些情况也不需要个人选择,比如导师直接指定了你的研究方向,或者跟导师的研究方向相同,或者你在之前已经选择了一个研究方向并投入了一定的精力,比如阅读了一些文献,从事了一些练笔工作。研究方向其实是很重要的话题,重要到不花大的篇幅去描述都突出不了这个问题的重要性,但是对于本书而言,我们不会对这个问题过多描述,因为它会冲淡本书的主题——分析论证和评论论证。

写作者必须关注到自己所从事的研究领域(方向)的一些新近的研究成果;针对性是指写作者必须保证自己所收集到的文献与自己的研究对象、研究问题甚至是研究结论是有关联的,不能离题太远。文献检索在信息化的今天已经与个人信息素养密不可分并成为其中一个重要组成部分,同时文献检索已经发展成为一门独立的课程,这些课程很多都是在高大庄严的图书馆内讲授的。这一切都提示着写作者文献检索的重要性以及便捷性。本书并不是专门从事文献检索讲解的书籍,文献检索的能力是需要写作者个人培养的或者通过其他方式学习获得的。本书仅从论文写作质量的角度提出对文献检索的要求,即要满足上文所指出的"四性"。至于写作者如何达成上述目标,不是本书关注的内容。

此外,在文献检索方面需要注意的是,我们恐怕没有办法一下子将所需要的文献都搜集齐。这一方面是因为,无论是地毯式检索还是按图索骥式检索①都有各自的优缺点,你不可能一下子用这些方式完成所有文献的检索。另一方面是因为,文献检索是一个持续性工作,随着写作者的认识的不断提升,你发现你可能需要更多的文献,或者随着阅读的文献增加,你可能从这些文献中又发现了新的文献。但是不管怎么样,请在 1~2 天之内整理好论文写作的 80%~90% 的文献,其余的文献可以在阅读、构思乃至写作的过程中随时补充。所以,本书此处强调的文献检索是指大规模的、占到整体文献检索 80% 以上的文献搜集工作,这是我们开启研究工作的基础。

---

① 地毯式检索是指在数据库中采用关键词的方式进行检索,全面、高效,但是有时候针对性会差,也有可能由于关键词的选择会遗漏一些文献。按图索骥式检索是指在论文阅读过程中发现了别人论文中引用的文献而你没有检索到,你从而关注到这篇文献并将它收入麾下的检索方式。这种方式低效,但能起到很好的补充作用。

就1~2天的时间,看看自己能不能完成,如果实在不能,比如博士论文的资料搜集量很大,那请写作者结合书后的时间安排自行增加天数。

文献检索就介绍到这里,如果写作者缺乏相应的检索知识和技能,那需要自己去训练,现在就开始在自己的电脑上建一个文件夹,里面设计好子文件夹(可以根据下文的文献管理设置),然后去相应的数据库检索文献吧。

三、文献管理

文献检索之后,写作者会拥有数量庞大的文献,它们以多种形式存在,如果不对它们加以管理,写作者很有可能会淹溺于文献的海洋,不要说写作效果不可能保证,就连一篇文献读过还是没读过可能都分辨不清。这时候,写作者需要对文献进行分类管理。

(一)文献分类

1. 根据类型对文献进行分类管理

这么说也许不太严谨,因为最后检索的结果可能还有数据、信息等,姑且先这么区分。文献的类型可能是专著、文章、报纸、调研报告、官方公报、协议范本、案例、统计数据、信息等,也需要将中文文献、外文文献进行分类管理。无论怎样进行分类和管理都是为了在后面使用的时候方便筛查和寻找。

2. 根据关键词对文献进行分类管理

举例说明,如果写作者想要撰写《"一带一路"背景下中国视角的国际投资规则创新研究》(虚构)一文,这里可以拆解出来的关键词有国际投资规则、国际投资规则创新、中国视角、西方视角、"一带一路"、传统背景等。如果涉及的文献数量特别多,建议按照关键词分门别类进行管理。再比如,写作者想要围绕外国判决的承认与执行进行写作,既可以围绕关键词——中国、美国、欧盟、海牙进行文献分类管理;也可以按照关键词——管辖权、承认、执行等进行文献分类管理。

3. 根据时间要素对文献进行分类管理

还有一种分类方式是按照时间因素(或时间顺序)对文献进行分类管理,比如《红筹上市的法律问题再研究》(虚构),这一主题就非常适合按照时间顺序进行文献的分类管理,因为红筹上市是受国家政策调整影响的,国家政策调整是有时间周期的,每个时期都有不同的关注点、形式和趋势。如此一来,时间因素就变成了最为妥当的分类因素。

究竟按照什么标准来进行文献分类管理,取决于你的研究对象发展变化的底层规律是什么,如在《"一带一路"背景下中国视角的国际投资规则创新研究》的研究中,引发作者对国际投资规则进行创新研究的动机是因为"一带一路"背景是一个宏观环境的变化,以前的研究视角都是西方范式,所以现在要从我国的视角来研究怎么创新的问题。这个底层的逻辑背景是中西方差异和对既有的国际投资规则提出的挑战。而《红筹上市的法律问题再研究》的底层规律则是政策调整,而政策调整是分时间周期的。所以,要想做到对文献进行科学的分类管理,其实还是要求写作者对这个问题有较高的学术洞察力。

一位成熟的指导教师,或者评议人,从写作者对文献的分类管理就能判断出写作者对这个问题的本质掌握到什么程度。所以,不要觉得文献管理是一个不重要的、细枝末节的工作,论文写作无小事,处处都体现出写作者的专业素养和专业精神。写作者应当按照其所研究对象本身所固有的逻辑对文献进行分类,而不是按照自己的主观理解将其硬性划分,这会给后续的研究带来麻烦。此外,本书列举的文献分类管理的依据只是最为通常的方法,写作者也可以结合研究领域的特质和研究习惯按照其他的方法进行文献分类管理,只要能方便写作者进行文献管理就行。

(二) 文献列表

写作者可以利用 Excel 等工具将自己收集的文献做一个统一的列表,这样可以一目了然地掌握自己文献的基本信息、基本数量和基本类型。在制作文献列表的时候可以对文献进行排序,每一种类别的文献可以用字母 A、B、C 等加上数字进行标注,本书以中英文文献列表(如图 2-1-2,图 2-1-3)为例来说明这种文献列表的制作方式。读者朋友们可以按照自己所从事学科、研究领域的特殊性进行分类和标记,但是不管怎样,制作文献列表是一个可以帮助我们对手头的文献形成整体认识的有效途径。

编号	题目	作者	期刊	年份	是否SSCI
A1	《美国判决承认法的持续复兴》	Ronald A.Brand	《匹兹堡大学外国法律评论》(University of Pittsburgh Law Review)	2017年第2期	是
A2	《联邦法》与"二国际法法院法：外国判决的承认与执行》	Ronald A.Brand	《匹兹堡大学外国法律评论》(University of Pittsburgh Law Review)	2013年第3期	否
A3	《对判决承认的管辖》	Ronald A.Brand	《北罗克纳州国际法和正规范综合》	2015年第4期	否
A4	《管辖权的持续发展和海牙判决的研制过程》	Ronald A.Brand	《匹兹堡大学外国法律评论》(University of Pittsburgh Law Review)	2013年	否
A5	《新判决公约和美国当事人的价值》	Sarah E.Coco	《纽约大学法律评论》	2019年第04	是
A6	《海牙选择法院公约：法当事人思想政治生成和健康保护义之外的选择》	Louise Ellen Teitz	《美国比较法杂志》	2005年卷53	是
A7	《另一项海牙判决公约？不确定、冷光淡的定义》	Louise Ellen Teitz	《社史比较与国际法杂志》	2019年卷29	否
A8	《国外判决在中国的承认：判别意与"一带一路的启示》	Ronald A.Brand	《法律与商法论》	2018年卷37	否
A9	《新2019年《海牙公约》关于中国的判决的承认与执行：背景、减法与方案》	Ilija Rumenov	《EU & Comparative Law Issues & Challenges Series》	2019年	否
A10	《五类型国判决在中国的承认与执行的法理》	Jie (Jeanne) Huang	(Nordic Journal of International Law)	2019年第2期	是
A11	《外国国判决在中国的执行》	King Fung Tsang	《国际法杂志》	2018年第2期	ESCI
A12	《外国判决在中国的承认与执行：特利设处正当适法和互惠原则》	Wenliang Zhang	《中国国际法评论》	2013年第12	是
A13	《中国跨境诉讼的未来、互惠型外国判决承认执行》	Bin Sun	(New York University Journal of International Law & Politics)	2018年卷50	是
A14	《在中国执行什么之美国律师的过渡的？》	Ramon E. Reyes	(Brook. J. Int'l L.)	1997年卷23	否
A15	《一项拉复：海牙判决公约》的国内使用：如何伴十上揭示过近、流、不可标榜变交互惠》	Eric Porterfield	《社比较法和国际法》	2014年第1期	否
A16	《2019年海牙判决公约——从夫戒则成功？》	Peter Amt Nielsen	《国际和法杂志》	2020年	ESCI
A17	《北京声承认与执行中国判决规则正解解析——运追》	Adeline Chong	《国际和法杂志》	2020年第1期	ESCI
A18	《2005年海牙选择法院协议公约》与《2019年海牙判决公约》：《旧的公约》：变更、替换成变其他？	Lucas Clover Alcolea	《纽约仲裁解决判刊》	2019-2020年第8期	否
A19	《海牙会议上的管辖权和判决承认：作出的经清、已完成的结果的阶段的重要》	Ronald A.Brand	《国际国际法杂志》	2020年	否
A20	《中国和我国的司法协作：互比较判决承认与执行》	Justyna Regan	(Richmond Journal of Global Law and Business)	2015年第1期	否
A21	《海牙智能斗判——海牙国际会议上的第二次公议？》	Eva Jueptner	《国际国际法杂志》	2020年第2期	否
A22	《中外判决承认与执行：一种智能智的"限流"模式》	Wenliang Zhang	《中国国际法杂志》	2017年	是
A23	《我国2005年海牙选择法院公约》的执行》	Ronald A.Brand	《西盘法大学法律研究》	2018年	否
A24	《判决承认与执行中的新挑战》	Kluwer Arbitration Blog	《弈乡仲裁博客》	2021年7月21日	否
A25	《比较法与国际法》	Ronald A.Brand	《弈法国际杂志》	2016年第2期	否
A26	美国2005年《海牙判决选择法院协议公约》	Ronald A.Brand	(Annals of the Faculty of Law of the University of Zenica)	2016年	否
A27	《认识到中的条件——《海牙判决公约》选择法和墨尔哥斯州判决的执行程序》	Elias M Medina	《贸易安律律论坛》	2020年第3期	否
A28	《中国国际公约》下的国际影响》	Wenliang Zhang	《中国法律评论》	2018年第2期	否
A29	《1971年和2019年的海牙公约》以及其何此利判》	WEIXIA GU	《纠裁解决法刊》	2020年第2期	否
A30	《海牙承认与执行的司法司法审判外互判决》	Qisheng He	《清华中国法律评论》	2015年第4期	ESCI
A31	《中美判决选择选法官公约》：《SANJIAN V. ROBINSON方向》	Matthew H. Adler & Michele Crimaldi Zarychta	(Northwestern Journal of International Law & Business)	2006年卷26	是
A32	《海牙选择法院公约》对美国法院不可受法院、地方法院、据判和选择法院公约的影响》	WALTER W. HEISER	(University of Pennsylvania Journal of International Law)	2018年卷31	是
A33	2005年《海牙选择法院公约》下的国际非鉴权：对中国的影响	Huang Zhang	《法律法律评论》	2017年卷47	否
A34	《1971年和2019年的海牙公约》：比较中国是否会如此其他事项利判	Wenliang Zhang&Guangjian Tu	《中国法律评论》	2021年第11卷第4期	否
A35	《海牙判决公约》以及其何此利判》	SUN Jin&WU Qiong	《中国国际法刊》	2020年第6卷第3期	是
A36	《在国家书务判决之下，中国的海牙选择法院协议公约的光阶界》	Wei Cai&Jonathan Kolieb	《比较法审判刊》	2020年第12卷第3期	是
A37	《纸盘判决公约》和海牙协议：重申举办中国法院的国际》	AUDREY FELDMAN	《纽约大学法律评论》	2014年卷89	是
A38	《能过《海牙选择法院公约》和一带一路意愿之BHS事务》的判断第三的判断执行协议的精神治》	Boriana Musseva	(Anali Pravnog Fakulteta Univerziteta u Zenici)	2016年卷12第18期	是
A39	国际协同《一带一路》的大宗事路》：概议的《海牙判决公约》对被调用?	Linda Silberman	《DePaul Law Review》	2014年卷62第2期	否
A40	《"我们这是一冷么路走了重启」？——对个的判决承认和执行继承规能审执的监督的》	YOAV OESTREICHER	《国际法评论》	2008年卷42第1期	否
A41	《判决公约》——一些思虑中未决的问题	Francisco Garcimartin	《纽之国际法评论》	2020年卷67第1期	ESCI
A42	《规则的角度：十年的中外诉论和国商国外的法律中国判决执行》	Louise Ellen Teitz	(ROGER WILLIAMS UNIVERSITY LAW REVIEW)	2004年第1卷第1期	否

图2-1-2 英文文献列表

编号	题目	作者	期刊	年份	是否cssci
B1	再论海牙《民商事零辖权协议判决的承认与执行公约》草案及中国的考量	沈涓	《国际法研究》	2016年第6期	是
B2	间接管辖权规则的新发展及中国的接武选择	何其生	《法律科学（西北政法大学学报）》	2020年第5期	是
B3	奚蛟博士论《选择法院协议公约》的民诉法适用	田洪鋆	《吉林大学社会科学学报》	2019年第2期	是
B4	"一带一路"框架下互惠原则在中国承认与执行外国判决领域的适用	刘加藻、陈格林	《新疆大学学报（哲学·人文社会科学版）》	2020年第4期	否
B5	《承认与执行外国民事判决公约》及对我国的影响	宋建立	《人民司法》	2020年第1期	否
B6	国际私法核心机制之探研	徐伟功	《汕头大学学报（人文社会科学版）》	2019年第2期第35卷	是
B7	同域异辖权规则下外国民事判决承认执行的困境问题探究	沈红雨	《法律适用》	2018年第5期	是
B8	论承认和执行外国法院判决的司法审查——以中美两国法院的典型司法判例问题研究	秦瑞亭、赵千喜	《法律适用》	2018年第5期	是
B9	"一带一路"倡议下外国商事判决承认与执行的网络管辖机制构筑	乔雄兵	《武大国际法评论》	2017年第34卷	是
B10	论我国民事判决的外国承认与执行——兼评首部承认与执行中国判决的美国判决案例	祝文献	《华中科技大学学报（社会科学版）》	2020年第6期,第34卷	是
B11	我国民事判决的外国法问题与立法完善	郭玉军	《山东社会科学》	2020年第8期	是
B12	论承认与执行外国法院判决的持续分析	何其生,保宽光	《法律科学（西北政法大学学报）》	2019年第5期	是
B13	承认与执行外国法院判决的增多分析	张文亮	《武大国际法评论》	2017年第1期	是
B14	欧美承认执行外国民事判决制度的历史发展及对我国的启示	李志娟,王涌	《法律科学（西北政法大学学报）》	2009年第5期,第62卷	是
B15	论国家间同判决的主权原则比较	袁曾婷	《政治与法律》	2009年第3期	是
B16	国际民商事判决承认与执行的主权原则透视	王玉武	《比较法研究》	2005年第3期	是
B17	双边条约中外国民商事判决承认与执行标准比较研究	陈曦琳	《西南政法大学学报》	2010年第4期	否
B18	我国承认和执行外国民事判决的工具分析与完善	李旺	《济南大学学报》	2020年第5期	是
B19	我国承认和执行外国法院判决的基本前提	卞峰	《法律适用》	2020年第1期	是
B20	2005年《选择法院协议公约》与我国承认承执行外国判决制度对接	邓云云	《华东政法大学学报》	2009年第4期,第1期	是
B21	中外国际民商事判决承认与执行的基础——最惠国待遇原则的视角	叶朗	《法学》	2020·第1卷	是
B22	海牙民商事判决承认与执行公约之约束	杨弘磊	《中国国际法与比较法年刊》	2020年第1期	是
B23	构建东亚共同体判决互认制度之范式	郭玉军,徐锦	《长江学刊》	2003年第1期	是
B24	论涉东互对民商事件判决的承认与执行	黄进,刘林	《人民司法》	2006年第5期	否
B25	最涉东事判决承认与执行——欧盟经验借鉴与启示	孟瑜文	《黑龙江欧盟管理干部学院学报》	2010年	否
B26	海牙国际法律研究会昆明年会会议纪要			2016年第5期,第69卷	是
B27	外国判决承认与执行的实行	杜涛	《江海法学评论》	2020年第3期	是
B28	海牙新区判决公约的项目论与协调	卢涛,乔雄	《环球法律评论》	2020年第3期	是
B29	《海牙判决公约》判决承认和执行机制概述	王葵岭	《环球法律评论》	2021年9月第3期	是
B30	2019年《判决公约》中判决可执行性的判定标准	王瑞桥	《中国国际法评论》	2020年第4期	否
B31	"一带一路"背景下外国判决承认与执行中的"连接原则"	张春良	《人民司法》	2007年第1期	否
B32	中国为推进知商事件判决全球通行——互惠原则的重塑与适用	朱玫	《中国国际法评论》	2019年第2期	是
B33	涉外商事判决承认和执行中的互惠原则	王瑞彬	《晋中学报》	2018年第6期	是
B34	外国判决承认和执行中的终局性问题	乔雄兵	《国际法研究》	2021年第6期	是
B35	我国判决承认与执行的理论基础与规制	杜力	《政法论丛》	2018年第5期	是
B36	一带一路 国家间承认与执行外国民商事判决的现状与思考	刘力	《政治论丛》	2020年第5期	否
B37	2019年《判决公约》体制下的"连接点选"	王葵岭,陈碧	《法律评论》	2020年第3期	是
B38	《海牙判决公约》中判决承认与执行的"连接点选"研究	王萧	《江海法学评论》	2020年第4期	是
B39	《海牙判决公约》（草案）中判决承认与执行的"连接点选"	樊璇	《中国国际法评论》	2020年第4期	否
B40	2019年《判决公约》（草案）中判决承认与执行的"连接点选"	王雪玉,星于毅	《人民法律》	2021年第5期	是
B41	海牙国际公约《草案》"直接管辖权"项目的发展与未来	何其生	《中国法律评论》	2018年第5期	是
B42	论外国人《海牙管辖规定公约》中判决承认与执行的正当性原则及其问题	何其生	《法律研究》	2019年第1期,第27卷	是
B43	《海牙判决公约》的通程回顾与分析	马明, 蔡新伟	《河北国际评论》	2009年第1期第14卷	是
B44	外国判决承认与执行与司运送费原则：理论基础	刘明,钩培松	《法律评论》	2019年第1期	是
B45	《海牙判决公约》项目的发展与未来	钱晓成,刘娜	《法律研究》	2020年第6期	是
B46	我国加入《海牙判决公约》的可能性与挑战	徐国明	《中国应用法评论》	2020年第4期	是
B47	—— 2019年《承认与执行外国判决研究公约》的运用范围评析	胡明,清	《国际法评论》	2019年第1期	是
B48	论法院判决公约制度基础与判决，国际合作——东亚协同海法	张凤辰,贡超	《河南师范大学学报》	2020年第5期	是
B49	东亚公约判决承认与执行公约化的必要性与可行性	张淑芝	《中国国际法与比较法年刊》	2019·第一十四卷	是
B50	论海牙《判决公约》中判决公约制度的为视角	张淑芝	《法学评论》	2018·第一十四卷	是
B51	《海牙判决公约》（草案）中判决承认与执行的"未来"	樊璇	《武大国际法评论》	2021年第5期	是
B52	海牙国际私法公约《草案》研究——我国的机遇与挑战	乔玉文,梁于强	《人民法律》	2018年第5期	是
B53	我国涉外商事判决承认与执行的实体问题	何其生	《国际法评论》	2020年第5期	是
B54	中国国际利益法运行中的机构互通原则，执行现状	徐国建	《中国应用法评论》	2019年第5期	是
B55	《海牙判决公约》的出台：对未来国际民事判决承认执行的影响	张春良,黄奕	《河南师范大学学报》	2017年第1期,第14卷	是
B56	论海牙《海牙公约》（草案）中对《海牙公约》正当化为基础	张春良,陈梁	《中国国际法评论》	2019·第一十四卷	是
B57	东亚、亚太国际民事商事判决承认与执行公约化为基础——以《海牙判决公约》为例	张淑芝	《法学评论》	2018·第一十四卷	是
B58	海牙国际私法协议《判决公约》（草案）中判决承认与执行的未来	樊璇	《武大国际法评论》	2021年第5期	是
B59	2019年《判决公约》（草案）"直接管辖权"项目的正式关系问题	黄玉文,星于毅	《中国应用法评论》	2018年第5期	是
B60	我国涉外商事协议促成执行的《判决公约》的问题	何其生	《河南师范大学学报》	2016年第4期,第9卷	是
B61	—— 2019年《承认与执行外国判决研究公约》的内容效率评析	徐国明	《中国国际法与比较法年刊》	2020年第5期	是
B62	海牙判决公约（草案）的完善与我国	肖永平	《中国国际法与比较法年刊》	2019·第一十四卷	是
B63	论法院判决全域运通的通途机构——《承认与执行判决公约》的判决承认原则对我国的启示	肖永平	《武大国际法评论》	2017年第5期	否

图2-1-3 中文文献列表

同时，请写作者注意，在文献列表中除分类、序号等信息外，你还可以将作者、期刊、期刊的性质以及相关的备注信息列入。以上列表只是笔者经验的分享，写作者完全可以根据自己的需要进行表格设计和信息整理。这样的文献列表从管理学角度来看是意义重大的，尤其是指导老师在前期检查你的资料准备情况和你在后期形成参考文献的时候。但本书并不将主要精力放在文献管理这些与思维关联不大的方面，仅从写作流程完整性的角度进行提醒。同时写作者从本书的内容详略安排上也应该能知道，有些东西是需要写作者自己处理的，有些东西比如逻辑、思维、论证则是需要指导的。老师和来自外围的一些指导应该围绕这些核心的思维领域展开，而不是围绕文献检索、管理等技术层面展开。

四、文献阅读

文献阅读需要花费大量的时间，每个人阅读的数量不一样，阅读的效率也不同，而且最为主要的是每个人撰写的内容难度、篇幅也不同，这就导致了文献阅读的时间肯定是因人而异的。我们能够达成一致认识的是，文献阅读将会至少占据你一半以上的写作时间，这也凸显了文献的重要地位。

阅读文献的过程也是需要进行细分管理的，我个人的经验是一天阅读一篇英文文献，再多我也消化不了。中文文献可能数量就会多一些，毕竟是母语。文献阅读其实分成四个层次，如表 2-1-2 所示，我在很多之前撰写的著作中也提及过，我们简单回顾一下四个阅读层次，然后从我们关注的论文写作的本质角度去解读不同层次的阅读对于思维的要求以及最终要达成的目标。

表 2-1-2　阅读的层次

阅读层次	名称	内涵	思维状态	目标
第一层	基础性阅读	扫清术语和背景知识障碍	文字阅读	理解全部背景和专业术语
第二层	检视性阅读	准确理解并能复述段落和全文的内容	需要利用抽象、概括、分析、综合、比较、分类等逻辑工具	能够拥有分析论证和评论论证所需要的全部"客观真实"
第三层	批判性阅读	准确呈现一篇文章的论证框架	分析论证和评论论证	能够在专业理论和逻辑能力的帮助下准确分析一篇文章的论证框架并对它进行评论
第四层	主题阅读	准确呈现同一主题所有文章的论证框架体系	分析论证和评论论证	能够在专业理论和逻辑能力的帮助下准确分析同一主题所有文章的论证框架体系并对它进行评论

(一) 基础性阅读

基础性阅读难度较低，读者可以自行完成。但是我在吉林大学开设阅读课的时候，明明交代了学生要自行完成基础性阅读，但是当我在课上检查基础性阅读效果的时候，依然不令人满意。原因就是学生自己看到很多词汇不求甚解，比如欧盟、欧共体，这两个术语在阅读文字的过程中没有任何障碍，但是很多学生其实对欧盟、欧共体这两个概念的内涵并不清晰，他们只是认识"欧盟""欧共体"这几个字，他们以为自己知道。所以，最为简单的基础性阅读其实也很挑战学生的深度阅读习惯，要求学生时刻都要审视自己对相关术语、背景的掌握情况，而不是仅在字面上认识这几个汉字。但无论如何，这部分都应当由读者自己来完成，如果连这点自主学习的意愿都没有，那也没办法面对后续比较难的工作了。

(二)检视性阅读——利用六种逻辑工具提炼文章的"客观真实"

检视性阅读其实就是要将学术文献中的文字背后蕴含的"客观真实"读出来并且读懂。很多情况下,我们貌似在读文献,但是一带而过根本就没有读懂。当你读完一篇文献,如果有人考核你让你说出这篇文献每个部分、每个段落、部分之间、段落之间的主要内容,恐怕你是说不全面、说不出来,甚至是说不正确的。在阅读文献的过程中,还有人认为应当"不求甚解",不要读那么明白。这不行,读科研文献就是要秉承科研求真的精神,要弄懂弄明白。

普通的线性阅读①肯定是不行的,效果太差,阅读完一篇文章可能连10%的留存率都没有。那么,想要提升文献阅读的质量,就必须动用逻辑工具来帮自己深度阅读。检视性阅读是指在阅读的过程中使用抽象、概括、分析、综合、比较、分类等逻辑工具,缕清并准确呈现句与句、段与段、部分与部分之间关系和全文整体内容的阅读方法。我在吉林大学专门开设了英文文献的检视性阅读和分析性阅读课程,在开设这门课程之前,很多学生都觉得自己的阅读没有问题,开设这门课程之后,我们使学生意识到他们的阅读能力是存在很大提升空间的。学生经常在概括段落大意、总结中心思想的时候跑偏,不准确甚至夹带私货,阅读的质量堪忧。这不是个别现象,事实上论文写作是一个输出的过程,输出质量不好,很大程度上与输入的质量不高有关系。检视性阅读就是一个非常重要的输入过程,但长期以来,我们并没有关注学生阅读的质量和方法,还有很多老师认为,阅读就应该是由学生自己攻克完成,无须老师教,让老师教阅读纯粹是浪费

---

① 是指机械式从头读到尾,基本不思考,或者偶尔做眉批,但是对上下文,整篇文章到底说的是什么缺乏把握,读完就忘,效率很低。

资源并且会滋生学生的学习惰性。本书并不想介入这样的争论,只是面对目前学生阅读存在困难、需要方法论的指导这一事实,将阅读分为四个层次,并指出每个层次应该达到的目标和应该使用的方法,尽量缩短学生低效探索的学习时间和降低学生自学的难度。

本书用一个例子来解读一下文献的检视性阅读应该达到的效果,这是节选自罗纳德(Ronald A. Brand)教授发表于2013年的文章《联邦司法中心国际诉讼指南:外国判决的承认与执行》①的第28—31段。② 原文如下:

4. Further Comparisons of Current State Law Sources

28　　The 2005 Recognition Act adds new grounds for non-recognition of a foreign money judgment, providing some of the most important differences between it and the 1962 Recognition Act. The chart in Appendix C offers a full comparison of the grounds for non-recognition under the Restatement, the 1962 Recognition Act, and the 2005 Recognition Act, and also indicates the grounds stated in the 2005 ALI Proposed Federal Statute.③

29　　The Restatement and the Recognition Acts differ in the categorization of mandatory and discretionary grounds for non-recognition. Unlike the Restatement, the Recognition Acts include lack of subject matter jurisdiction in the originating court as a ground for mandatory non-recogni-

---

　① Ronald A. Brand, "Federal Judicial Center International Litigation Guide: Recognition and Enforcement of Foreign Judgments", 74 *U. Pitt. L. Rev.*491(2013).
　② 这篇文章很长,考虑到篇幅以及文章的专业性,本书仅就其中的几个自然段进行演示,请读者们注意其中使用的方法即可。
　③ Foreign Judgments Recognition and Enforcement Act §9(b)(Proposed Federal Statute 2005).

tion. Both Recognition Acts also add a discretionary ground for non-recognition based on a combination of tag jurisdiction (which would otherwise satisfy the personal jurisdiction requirement contained in the mandatory grounds) and a "seriously inconvenient forum."① This presents an interesting combination of a *forum non conveniens* analysis and an implied mistrust of tag jurisdiction, despite the U. S. Supreme Court's clear confirmation that tag jurisdiction comports with requirements of due process in the domestic context.

The 2005 Recognition Act adds three discretionary non-recognition grounds not found in the 1962 Recognition Act. First, the 2005 Recognition Act changes the public policy basis for non-recognition in two ways. Under the 1962 Act, recognition could be denied if the cause of action was contrary to the public policy of the state. Under the 2005 Act, non-recognition is possible if (1) either the judgment or the cause of action is contrary to the public policy of (2) either the state or the United States. This is consistent with the Restatement position.

Section 4(c) of the 2005 Recognition Act also adds the following two new grounds for discretionary non-recognition:

> (7)the judgment was rendered in circumstances that raise substantial doubt about the integrity of the rendering court with respect to the judgment;or

---

① See Burnham v. Superior Court of Cal., County of Marin, 495 U. S. 604, 623−25 (1990) (plurality opinion of Scalia, J.) (explaining history of jurisdiction based solely on service of process in the United States).

(8) the specific proceeding in the foreign court leading to the judgment was not compatible with the requirements of due process of law.①

The section 4(c)(7) basis for non-recognition "requires a showing of corruption in the particular case that had an impact on the judgment that was rendered."② Section4(c)(8) effectively expands the section 4(b)(1) mandatory ground for non-recognition when the judicial system of the originating court does not provide impartial tribunals or due process. Thus, a court need not consider only the full judicial system, but may also inquire about the proceedings in the particular case.

翻译成中文,大致如下:

4. 对现行州法渊源的进一步比较

2005年《承认法案》为拒绝承认外国金钱判决增加了新的理由,规定了其与1962年《承认法案》之间的一些最重要的区别。附录C中的图表提供了《重述》、1962年《承认法案》和2005年《承认法案》拒绝承认外国判决理由的全面比较,同时指出了2005年美国法学会《联邦法提案》中不予承认的理由。

《重述》和两个《承认法案》在拒绝承认的强制性理由和任意性理由的分类上有所不同。与《重述》不同的是,《承认法案》将原法院没有标的物管辖权作为拒绝承认的强制性理由。这两个《承认法案》也基于接触的管辖权(否则将满足强制性理由中所包含的属人管辖权要求)和"严重不方便的法庭"的结合,增加了一项拒绝承认的任

---

① 2005 Recognition Act §4(c).
② Id. §4 cmt. 11.

意性理由。这体现了一个有趣的结合,即对不方便法院的分析和对接触管辖权隐含的不信任,尽管美国最高法院明确确认接触管辖权符合国内正当程序要求。

2005年《承认法案》相较于1962年《承认法案》增加了三个拒绝承认的任意性理由。首先,2005年《承认法案》从两个方面改变了拒绝承认的公共政策基础。根据1962年《承认法案》,如果诉因违反州的公共政策,可以拒绝承认。根据2005年法案,如果(1)判决或诉因违反(2)州或美国的公共政策,则不能承认判决。这与《重述》的立场是一致的。

2005年《承认法案》4条(c)款还增加了以下两个新的拒绝承认的任意性理由:

  (7)作出判决的情况使人们对作出判决的法院的公正性产生重大怀疑;

  (8)作出判决的外国法院的具体程序不符合正当法律程序的要求。

第4条(c)款(7)项不承认的依据"要求在特定案件中有腐败的情况,并对其所作出的判决产生了影响"。第4条(c)款(8)项有效地扩展了第4条(b)款(1)项在原法院的司法系统没有提供公正的法庭或正当程序时拒绝承认的强制性理由。因此,法院不仅需要考虑整个司法系统,还可以调查具体案件的诉讼程序。

这段文字虽然不长,但是涉及的内容和关系,以及相互之间的比较很多,可以很好地考查学生的抽象、概括、比较、分类等能力。请读者朋友们先自行阅读这篇文献,然后跟着作者一起拆解。你有可能会因为这段文字超出你的专业范畴而感到吃力,但是请参透这里面的方法。首先,我们需要读出来的信息——在这段文字中涉及四个法律文件,分别是 1962 年《承认法案》、2005 年《承认法案》、《重述》以及《联邦法提案》;其次,我们需要读出来这段的目的——比较这四个文件的拒绝承认外国判决的理由(还可以细分为强制性的和任意性的);最后,我们需要读出来这四个文件中最重要的——两个法案,作者的主要注意力集中在两个法案之间的比较、两个法案与《重述》的比较,至于《联邦法提案》,作者连比较都没有,直接让我们看文后的附录 C。我们首先要能将四个文件和作者要比较的内容——拒绝承认外国判决的理由读出来,然后深刻理解这四个文件在拒绝承认外国判决的理由上的差别。我们用图 2-1-4 来呈现它们的关系,一旦你能用一个简洁明了并且准确的图呈现出它们之间的关系,就说明你读懂了。画图的方法我们在之前关于抽象、概括、分析、综合、比较、分类的例子中介绍过,这里我们将这种方法应用于学术文献的检视性阅读上。

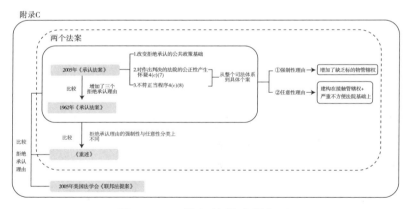

图 2-1-4　检视性阅读图(一)

在图 2-1-4 中,我们能够清晰地发现,作者的重心先是落在两个《承认法案》以及它们之间的比较上;然后是两个《承认法案》作为整体与《重述》进行比较;最后捎带着指出附录 C 同时还将两部《承认法案》、《重述》和美国法学会《联邦法提案》关于拒绝承认外国判决的理由列举了出来。比较的内容是拒绝承认外国判决的理由。在这幅图的制作过程中,我们能够清晰地看到阅读中使用的逻辑工具,其中两个《承认法案》以及它们与《重述》之间用的是比较和分类;两个《承认法案》在拒绝承认理由上的不同,以及它们与《重述》之间的不同使用的是抽象和概括;将图的布局分为两个《承认法案》《重述》《联邦法提案》三个部分,又将它们整合在附录 C 的框架下使用的是分析和综合。如果用 X-mind 制作思维导图的话,可以制作成图 2-1-5 的状态:

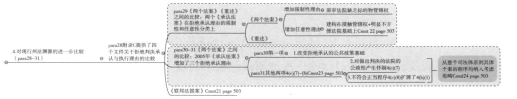

图 2-1-5　检视性阅读图(二)

这幅思维导图不仅包含了必要的文章的内容,还将注释、页码、段落等信息整理了进去,是一份比较完整和令人满意的思维导图。这还只是文章的一个部分,但是请同学们感受一下检视性阅读应该达到的效果以及对写作者的要求。呈现检视性阅读的过程和展示思维导图的目的就是想说明:①检视性阅读是非常重要的,它通常比我们的感性认识要难很多;②在对文献进行检视性阅读的过程中需要调动很多逻辑工具,比如抽象概括、分析综合与比较分类;③在进行检视性阅读的过程中建议制作思维导图(好记性不如烂笔头）；④检视性思维导图制作完毕之后，写作者应该能够从宏观到微观、整体而全面地把握文章的内容，而且最为重要的是，检视性阅读通过抽象概括、分析综合与比较分类等逻辑工具的帮助就能提供给写作者"客观真实"；⑤客观真实就是人们得出结论的依据，在阅读别人文章的过程中，尤其是检视性阅读，既要了解文章的架构，又要了解别人在这篇文章中呈现的信息（也就是依据，在理性思维中被称为"客观真实"）。当然，对于别人文章中的"客观真实"（也就是依据），写作者需要批判地接受，那些"为真"的依据或信息接受下来，那些"不为真"的依据或信息就要扬弃。现在，读者朋友们可以问自己一个问题，自己以往对于文章的检视性阅读有没有达到这个程度呢？如果没有，那我们在检视性阅读这一阶段是不过关的。

最后再强调一下，虽然笔者也在其他著作中强调和展示过检视性阅读，但是本书展示的检视性阅读侧重的角度不同，是从六种逻辑工具入手，通过一段节选的范文向读者呈现出在检视性阅读的过程中，抽象概括、分析综合以及比较分类是如何帮助我们更加深刻地理解文章的内容的。同时，本书强调，如图2-1-6所示，检视性阅读是获取别人建构论证中的那个"客观真实"的重要来源。如果写作者要想在文献综述、后续写作中对现有的研究进行评论，但却没有获取别人建构论证中的"客观真实"，他就无法评价别人论证中"依据（前提）"的真伪，以及前提是否能够推出结论。所以，检视性阅读这个步骤是非常重要的。

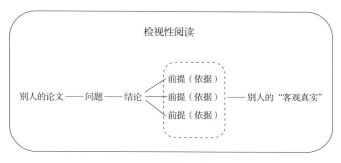

图 2-1-6　检视性阅读的功能

阅读图 2-1-6 的时候需要注意,这是一张比较理想化、简单化的图,让我们误以为别人的"客观真实"也就是得出结论的依据会如此简单、结构完整地呈现在我们面前。事实上,整篇文章关于问题、结论会有很多信息和依据。也即提炼别人的"客观真实(依据)"会发生在论证的很多环节中,比如问题、结论、前提。例如作者(即别人)需要论证自己研究的问题是一个真问题,所以围绕问题会形成一个论证,那里也会有前提需要采用检视性阅读进行提取。总之,如图 2-1-7 所示,每一篇现实中的文章的论证都是一个论证体系,大论证套着小论证,小论证套着小小论证,论证既可以发生在大论证中的问题的环节,又可以发生在大论证中的分析环节(即前提环节),还有可能发生在大论证中的结论环节。实际情况会相对复杂,你可能在问题、结论以及前提每个环节中都需要提取别人的"客观真实"(也即依据)。

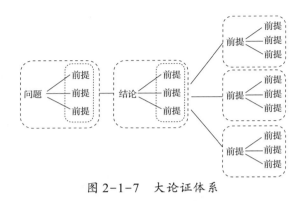

图 2-1-7　大论证体系

(三)批判性阅读——利用分析论证和评论论证呈现一篇文章的论证框架

如果说检视性阅读的主要注意力集中在阅读别人文章中的"客观真实(依据)"部分,那么,批判性阅读①关注的是别人文章的论证过程,如图 2-1-8 所示,也即呈现出别人文章中的论证框架,以及其中包含的必不可少的要素和要素之间的互动。

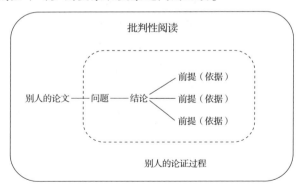

图 2-1-8　批判性阅读的功能

---

① 也被称为分析性阅读。

批判性阅读包含两方面的工作。首先是分析论证,即要呈现出别人论文的论证框架,将文献中的问题、结论以及推出结论的前提都一一梳理出来。其次是评论论证,即在分析论证的基础上评价该论证的质量,即前提是否为真、前提是否能推出结论(未表达前提是否为真)以及问题是否成立。批判性阅读的核心就是分析论证和评论论证,只不过我们在分析论证和评论论证的时候脱离不了我们的专业知识。我们依然用一个例子来说明学术性文献的批判性阅读。

我们以罗纳德教授(Ronald A. Brand)发表的《国外判决在中国的承认:刘利案与"一带一路"的倡议》[①]一文为例,将这篇文章的论证框架识别并展示出来(如图2-1-9)。

图2-1-9 学术文献的论证框架

这篇文章的作者敏锐地发现了中国在判决承认和执行领域中发生了一起标志性的案件,即中国首次承认了美国法院作出的判决并使其在中国境内获得执行,这就是引起业内广泛关注的刘利案。由此作者思考了一个问题,这个案件是否标志着中国未来在判决承认

---

① Ronald A. Brand, "Recognition of Foreign Judgments in China: The Liu Case and the 'Belt and Road' Initiative", 37 *Journal of Law and Commerce* 29 (2018).

执行领域中要改变以往保守的做法？作者对此的结论是——在刘利案之后，中国的判决承认执行领域会发生松动，不会再像以前那样非常保守。作者得出这个结论的前提主要有 5 个，分别是：

前提 1：刘利案是中国承认美国判决的第一个案件，之前美国法院的判决从未获得过中国法院的承认。

前提 2：刘利案引发了各方的关注，相关领域的专家对中国的变化很兴奋。

前提 3：刘利案是中国推行"一带一路"倡议的必然结果，刘利案发生的背景是"一带一路"倡议，中国在积极推行相关涉外法律的改革。

前提 4：除刘利案外，中国还成立了商事法庭，推进"一带一路"倡议，这点也能够证明中国在积极地推进相关涉外法律的改革。

前提 5：最高人民法院即将针对外国判决的承认与执行推出相关司法解释。

这篇文章比较专业，对于非专业的读者来说可能比较难懂，我简单地将这篇文章的未表达前提提炼出来，提供一个可以参考的思路。这篇文章的未表达前提是：

未表达前提 1：中国与美国一样在判决承认与执行领域是立法控制模式（这是专业知识）。

未表达前提 2：刘利案带来的六项突破都会被立法所固定然后被用于指导未来的案件。

未表达前提 3：中国的"一带一路"倡议会在判决承认和执行领域中产生进行法律调整的需求。

未表达前提 4：中国围绕"一带一路"倡议已经做了一些法律上的调整。

未表达前提的梳理是非常重要的，因为有的时候写作者要想反驳作者的观点或者评论作者的观点，除围绕他的结论、前提和论证过程展开外，一个最重要的环节是找到作者的未表达前提，对未表达前提进行考查，这也是一个非常常见的评论论证的手段。所以对于任何一篇文章的阅读，未表达前提的梳理都是至关重要的，它能帮助写作者发现很多潜在的信息。

这样我们就获得了一个完整的论证框架，这个过程就是分析论证，我们把上述信息汇总，用表2-1-3清晰地呈现如下：

表2-1-3　学术文献的分析论证

问题	结论	前提	未表达前提
中国未来在判决承认执行领域中要改变以往保守的做法吗？	在刘利案之后，中国的判决承认执行领域会发生松动，不会再像以前那样非常保守	1.刘利案是中国承认美国判决的第一个案件，之前美国法院的判决从未获得过中国法院的承认	1.中国与美国一样在判决承认与执行领域是立法控制模式（这是专业知识）
		2.刘利案引发了各方的关注，相关领域的专家对中国的变化很兴奋	2.刘利案带来的六项突破都会被立法所固定然后被用于指导未来的案件
		3.刘利案是中国推行"一带一路"倡议的必然结果，刘利案发生的背景是"一带一路"倡议，中国在积极推行相关涉外法律的改革	3.中国的"一带一路"倡议会在判决承认和执行领域中产生进行法律调整的需求
		4.除刘利案外，中国还成立了商事法庭，推进"一带一路"倡议，这点也能够证明中国在积极地推进相关涉外法律的改革	4.中国围绕"一带一路"倡议已经做了一些法律上的调整
		5.最高人民法院即将针对外国判决的承认与执行推出相关司法解释	

接下来,我们要在这篇文献分析论证的基础上进行评论论证。上文指出,评论论证是指对作者的论证状态进行评价,要指出论证的前提(包含未表达前提)是否为真、前提是否能够推导出结论,以及问题是否成立。通过评论论证,写作者能够对文章(包括专业和逻辑两个方面)的质量和水平有一个清晰的认识,同时也容易找到这篇文章的优点和不足,进而为之后的文献综述、问题寻找工作埋下伏笔。

该篇文章的作者为了推出结论列举了五个前提,这五个前提与结论的关系需要看其未表达前提是否成立。作者的未表达前提中前两项是——中国与美国一样在判决承认与执行领域是立法控制模式;刘利案带来的六项突破都会被立法所固定然后被用于指导未来的案件。这是作者假设的情况,而实际情况是中国与美国不一样,中国在判决承认与执行领域是司法控制而非美国的立法控制模式,司法控制相比于立法控制的最大区别是其稳定性相对差,延续性也不好。所以从国内的角度看待刘利案并不像这位国外作者这样乐观。刘利案虽然带来了六项突破,但是这仅属于个别法院在个别案件上的个别做法,从个别案件上升到立法,并且普及全国的法院是需要一个非常漫长的过程的,甚至有可能陷入就停留在个案做法的局面。所以,作者的这两项未表达前提其实是不成立的(不为真)。这篇文章发表于2018年,经过近五年的观察,我们更加确信,中国在外国判决承认与执行领域中的模式变革(从司法模式过渡到立法模式)、法律制定等工作推进得相当缓慢。作者在前提5中指出最高人民法院即将针对外国判决的承认与执行推出相关司法解释,这在当时看起来是非常有希望的。但是后来,最高人民法院叫停了这项司法解释工作,具体原因还是考虑了当时国际、国内的综合形势。此外,还有海牙国际私法会议相关的国际公约推进得也并不是十分顺利,于是国内也采取暂缓推进的原则。整个过程可以用表2-1-4呈现如下:

表2-1-4 学术文献的评论论证和解构论证

解构论证					
分析论证					评论论证
问题	结论	前提		未表达前提	
中国未来在判决承认执行领域中要改变以往保守的做法吗?	在刘利案之后,中国的判决承认执行领域会发生松动,不会再像以前那样非常保守	1.刘利案是中国承认美国判决的第一个案件,之前美国法院的判决从未获得过中国法院的承认		1.中国与美国一样在判决承认与执行领域是立法控制模式(这是专业知识)	这个未表达前提(假设)不成立
		2.刘利案引发了各方的关注,相关领域的专家对中国的变化很兴奋		2.刘利案带来的六项突破都会被立法所固定然后被用于指导未来的案件	这个未表达前提(假设)不成立
		3.刘利案是中国推行"一带一路"倡议的必然结果,刘利案发生的背景是"一带一路"倡议,中国在积极推行相关涉外法律的改革		3.中国的"一带一路"倡议会在判决承认和执行领域产生进行法律调整的需求	
		4.除刘利案外,中国还成立了商事法庭,推进"一带一路"倡议,这点也能够证明中国在积极地推进相关涉外法律的改革		4.中国围绕"一带一路"倡议已经做了一些法律上的调整	会,但没有那么乐观。前提5也有待验证
		5.最高人民法院即将针对外国判决的承认与执行推出相关司法解释			

通过对本篇文章作者的未表达前提的分析,我们能够发现这篇文章的作者对中国的相关法律领域相对比较了解,甚至掌握了一些司法的动态和前沿的信息。但由于缺乏对中国判决承认与执行领域基本模式的洞察,围绕新近出现的一个案件作出了过于乐观的判断。应该说,中国对外国判决的承认与执行领域进行立法的改革是迟早的事情,尤其在"一带一路"倡议的大背景之下,所以作者对这一点的判断还是相对准确的。但是,作者对刘利案的判断就显得相对乐观,因为就中国目前的判决承认与执行领域的操作模式而言,一个案件对整个操作模式的影响比较有限,而且作者没有准确地掌握中国的判决承认与执行领域的司法控制模式,而是认为中国同美国一样采取的是立法控制模式。这一点直接导致作者对中国的判决承认与执行领域的前景判断得过于乐观。中国想要进行立法改革,必须首先将目前判决承认与执行领域的司法控制模式转化成立法控制模式,这是一个国家法律传统的问题,改变起来并没有那么容易。

原则上,批判性阅读进行到这里就已经结束了,但是写作者作为一个具有主观能动性的主体,读完了论文不免会对这篇论文产生自己的想法,这就涉及每一篇论文的建构论证。也即,之前我们围绕该篇论文做的分析论证和评论论证属于解构论证,属于分析和评论别人的论文;但是分析和评论之后,我们还可以做建构论证,也即围绕这篇论文构建一下自己的观点体系。所以在一篇论文中,你既可以解构论证又可以建构论证。那我们来看一下,我在阅读完整篇文章、分析完这篇文章的论证框架之后,我对这篇文章的判断是什么样的:

①这篇文章的作者对中国判决承认与执行领域非常感兴趣并且掌握了相关的信息;

②作者能够从一个较大的背景("一带一路"倡议)中去观察中国

的判决承认与执行领域的变革;

③单从作者对案件的分析、六项特点的概括以及作者列举的五项前提来看,作者的结论貌似很可靠;

④但是从未表达前提就可以分析出作者的论证所依赖的两个未表达前提是值得商榷的;

⑤本文的作者对于中国判决承认和执行领域未来状态的判断过于乐观。

我们也可以用表 2-1-5 来进行呈现:

表 2-1-5　建构论证

问题	结论	前提
作者对中国的判决承认执行情况的研究如何?	①这篇文章的作者对中国判决承认与执行领域非常感兴趣并且掌握了相关的信息	①能够追踪中国最新案例 ②能够深入解剖案件 ③结合一部分中国实际情况进行分析
	②作者能够从一个较大的背景("一带一路"倡议)中去观察中国的判决承认与执行领域的变革	①能够考虑到中国的"一带一路"这个宏观背景 ②格局很大,关注的角度不仅是微观
	③单从作者对案件的分析、六项特点的概括以及作者列举的五项前提来看,作者的结论貌似很可靠	①作者的分析中有一部分是对的 ②分析的理由很充足
	④但是从未表达前提就可以分析出作者的论证所依赖的两个未表达前提是值得商榷的	①作者的两个未表达前提不为真 ②经过五年左右的实践也能证明作者的判断过于乐观
	⑤本文的作者对于中国判决承认和执行领域未来状态的判断过于乐观	①理论和实践都能看出作者的判断偏乐观 ②事实上多年之后中国在外国判决承认与执行领域中的模式变革还没有太大的进展

这样，我们才算真正意义上完成了一篇文献的高质量阅读。其中我们站在论文(或者作者)的角度呈现了该篇文章的论证框架以及对这个论证框架中的前提是否为真、前提是否能够推出结论等问题进行了评论论证，这个过程就是我们在上文一直强调的分析论证和评论论证。但是，此时这个过程仍然属于解构论证，工作对象是原文章作者的观点。我们的另外一项工作是——阅读完这篇文章(解构论证)之后，围绕这篇文章谈谈我们自己的认识，这部分就涉及建构论证了。建构论证就是你对该篇文章作者的研究问题、研究观点、研究进展进行一个判断，它比解构论证中的评论论证更为深刻，因为在解构论证的评论论证中，你还是在评论别人文章的前提或者推理；但是在建构论证中，你呈现的是自己的论证框架，是你自己对这篇文章的总体看法。

如图2-1-10所示，一篇文章的分析性阅读包含解构论证和建构论证两个部分，其中解构论证包含对原文章的分析论证和评论论证；建构论证就包含你对这篇文章作者研究问题的观点的呈现，也是一个论证框架，这个过程其实也是一个分析论证的过程，但对你在建构论证中形成的分析论证的评论论证可能在后续的学习和写作过程中需要自己不断地纠正和调整，这也是一种评论论证；同时，如果你将这篇文章的建构论证融入后续的文献综述和论文写作之中，那么你的读者采用分析性阅读就可以看到你的整个分析论证的过程，也会对你的整个分析论证的过程进行评论论证。这里面细微的过程和差别希望读者朋友能掌握清楚，这部分对于后续写作非常重要，很多初级写作者写不好文献综述、没有办法形成自己的观点和看法、撰写不好论文的根本原因都在于对文献的批判性阅读做得不到位。写作者必须时刻提醒自己，不能将一篇文献推进到批判性阅读，那么这篇文献的阅读对于写作来讲就是无效的，因为不能为写作这种输出性工作做贡献。论文写作的本质就是在解构论证和建构论证及其所包含的分析论证和评论论证的基础上输出观点,一篇文章有很多观点,并由此构成了观点体系,这就是文章的灵魂,也被称为思想。

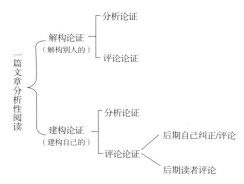

图 2-1-10　一篇文章分析性阅读中包含的论证类型及关系

(四)主题性阅读——利用分析论证和评论论证呈现全部文章的论证框架体系

主题性阅读比较复杂,包含很多相互勾连的环节,主题性阅读最终的目的是形成文献综述,所以虽然仍然属于阅读环节(输入),但是已经涉及输出(制作文献综述)。

第一,主题性阅读是指写作者将文献检索阶段检索到的所有同主题的文献一一进行分析性阅读,呈现出每一篇文献的论证框架①,然后将众多文章的论证框架整合成论证框架体系,这个部分被称为主题性阅读的分析论证环节。

第二,主题性阅读需要写作者在分析论证环节制作的论证框架

---

① 论证框架就是一篇文章的论证结构,通常是分析论证的结果,分析论证就是呈现出一篇文章的论证框架。

体系的基础上进行评论论证，在这里写作者需要从整体和局部分别指出目前的论证框架体系存在什么问题，比如前提不为真、前提推不出结论或者未表达前提不为真。但需要注意的是，由于在主题性阅读过程中，写作者面对的是一个由众多文章组成的论证框架体系，这个体系会由若干个论证组成并且互相嵌套，写作者从事评论论证的时候，既要照顾到宏观的论证体系，又要照顾到微观层面的最小论证单元，因此前提是否为真、前提是否能够推出结论以及定义是否准确可能发生在任何论证的环节中。这个过程相对于之前的分析论证更为复杂，这也是文献综述最为重要的部分。经常有同学会在我的公众号后台问什么是文献综述的述评结合？也经常在开题或者答辩的过程中，有专家指出学生的文献综述仅有"述"，没有"评"，甚至有些连"述"也没做好。文献综述要求述评结合，其中"述"的基础就是分析论证；"评"的基础就是评论论证。如果在主题性阅读部分，写作者没有将分析论证和评论论证做好，后期在输出文献综述的时候，也一定做不好"述评结合"。

第三，在评论论证基础上，写作者还可以综合分析论证和评论论证发表自己对于主题性阅读的看法，这部分就属于建构论证了，只不过是发生在文献综述部分的建构论证，写作者发表的是对文献的总体看法。你也可以将本书所描述的上述主题性阅读的三个步骤和上文分析性阅读介绍的一篇文献的阅读步骤（分析论证、评论论证和建构论证）对照来看，它们的区别就在于，主题性阅读是针对同一主题的所有文献展开的，而分析性阅读只针对其中的一篇文献。还有一个区别，也就是在此处要强调的主题性阅读的最后一点（也是第四点）。

第四，主题性阅读最后需要输出文献综述。与之前所有的阅读环节不同，主题性阅读的目标是形成文献综述，文献综述本身就是一篇独立的论文①,是需要进行文字输出的。这就导致"主题性阅读——文献综述制作"这个环节其实包含两个方面:一方面,写作者既需要像上文指出的那样去将每一篇文章的论证框架整合成论证框架体系(分析论证),又需要围绕论证框架体系进行评论论证,还需要挖掘自己对于文献综述的看法并在此基础上建构论证,这三个论证步骤是文献综述制作的底层逻辑和筋骨。另一方面,仅有这三个论证框架是不够的,写作者还需要用文字将这些框架表达出来,这些被表达出来的、以文字形式存在的内容(而非以框架形式存在)就是文献综述。所以在主题性阅读环节,阅读是输入,综述是输出,最终能够做出文献综述是因为我们围绕所有的文献进行了分析论证、评论论证以及建构论证。

以上是对主题性阅读和文献综述的总体介绍,接下来我们用一个例子将这个环节尽量展示出来,帮助写作者更加深入地了解这个过程。

1. 一个完整的阅读范例

我们先看一个例子,这是我为写一本书做的文献综述,比较能够体现分析论证和评论论证的过程,也能看到解构论证和建构论证的过程。理论上,文献综述的成稿是写作者对同一主题的所有文献做完分析论证和评论论证之后才写出来的,但是本书为了示范,现将这份文献综述的成稿呈现出来,然后一点一点分析这里面的分析论证和评论论证、解构论证和建构论证。需要指出的是,这篇文献综述是关于课程思政建设方面的,在写作之前,我通过文献检索获得了大约

---

① 论文有很多种类型,比如普通议论文(regular paper)、综述类文章(review)、调查报告(survey)等,常规上,写作者写的文章类型都属于普通议论文,综述类文章一般是由本领域的权威学者进行撰写,也会被发表。本书介绍的论文写作是指普通议论文,也就是常规论文撰写。

2000篇文献,权威且有价值的文献在300篇左右,本文献综述就是在针对这些文献展开阅读的基础上形成的。

一、课程思政建设的界定

2020年5月份教育部印发的《指导纲要》对高校课程思政的建设细则作出明确指示。该纲要不仅指出所有高校、所有教师、所有课程都应当承担好育人责任;更重要的是明确指出要将课程思政融入课堂教学的各个环节。

"课程思政"关键在教师,重点在课程。课程思政如何融入课堂教学是课程思政建设的核心环节,只有明确课程思政融入教学的原理、环节、步骤、操作等基本问题,我们才能够围绕其设计管理机制、评估机制、激励机制,进而能更好地组织实施课程思政并为其提供条件保障。虽然《指导纲要》明确要求课程思政要贯穿于课堂讲授、教学研讨、实验实训等各个环节,但如何将指导纲要的具体要求落实在教师的课堂教学过程中,实现课程思政建设的"最后一公里"则需要依靠一线教师的理论研究和实践探索。

二、课程思政的文献综述

一方面,《指导纲要》对课程思政融入课堂教学提出了明确而具体的要求;另一方面,学界对课程思政的理论研究和各高校对课程思政的实践摸索还处于一个相对初步的阶段,相对于《指导纲要》的要求还有一定的距离,这表现在:

课程思政建设在理论上的研究主要集中在以下几个方面:

第一,关于课程思政的基本内涵。有学者围绕"课程思政"的本质对其内涵进行阐释,强调"课程思政"是高校思想政治教育教学改革的内在要求,其核心在于挖掘不同学科和专业课程的思想政治教育资源,建立有机统一的课程体系,形成全学科、全方位、全功效的思想政治教育课程体系。①有学者结合育人目标和课程建设的内在要求来解析"课程思政"的基本内涵,认为"课程是泛化的概念,即学校育人的所有教学科目和教育活动,都渗透和贯穿着思政教育,其特点是以课程为载体,思政教育是灵魂,课程的育人功能和价值取向鲜明,而传统的课程边际淡化"②。有学者从理念上分析,将课程思政归结为以培养"整全的人"为旨归,立足于人的思想道德养成的系统性特征,从一开始就将教书和育人视为一体,赋予课程以整体育人的功能,使专业教育和中国特色社会主义大学的价值取向有机结合起来,真正地体现了马克思主义关于人的全面发展的理念,实现了高校人才培养理念的顶层设计。③无论学者们从哪个角度对课程思政进行界定,课程思政都包含以下五个方面的内容:①课程思政的目的。课程思政的目的是实现德育的目标,是在教会学生专业知识的同时培养学生的素质和能力,并最终使其成长成为国家发展需要的合格人才。②课程思政的范围。《指导纲要》已经明确指出,课程思政要在所有高校、所有专业开展。课程思政是思政课程相对应的概念,也即,课程思政针对的课程范围是除思想政治理论课之外的所有课程。③课程思政中的"思政"的内涵。弄清"思政"二字的含义是为了解决我们到底融入的是什么。对此学者们的观点并不一致,有的认为传递的是价值;有的认为塑造的是思想意识;有的认为倡导的是道德规范;有的认为是对人生的理解和政治的观念。对于这个问题,《指导

---

① 闵辉:《课程思政与高校哲学社会科学育人功能》,载《思想理论教育》2017年第7期。
② 钱欣、曾宁:《高校推进"课程思政"研究述评》,载《思想理论教育导刊》2019年第6期。
③ 张鲲:《高校"课程思政"的时代命题与建设路向》,载《北方民族大学学报(哲学社会科学版)》2019年第2期。

纲要》已经有了明确的指示，课程思政不仅要围绕政治认同、家国情怀、宪法法治意识；还包括文化素养、道德修养、心理健康、职业伦理和职业道德等多方面的内容。同时，《指导纲要》还针对不同的专业特点，做了进一步的、分门别类的指导。例如，人文专业的核心在于结合专业知识教育，引导学生深刻理解社会主义核心价值观，弘扬中华优秀传统文化；经济、法学等社会科学专业要帮助学生了解相关专业和行业领域的国家战略法律法规，引导学生深入地进行社会实践、关注现实问题、提高学生的职业素养等。以上可以看出，"思政"的内涵非常广泛，不仅包含宏观上的政治认同和家国情怀，还包括微观上的职业素养、道德伦理以及心理健康。④融入的对象。学者们较为一致地认为，课程思政需要融入课堂教学的全过程，不仅包括课程目标、教学大纲、教材等，还应当贯穿课堂教学的各个环节，如教学研讨、课堂讲授、实践教学和作业论文等。⑤融入的手段。通过重新设计教学环节，营造教育氛围，以间接内隐的方式实现课程思政的目标是多数学者的主要观点，此外还需要注重教学方法的选择、教学手段的应用以及教学载体的考量。在教学之外的支撑环节，有学者主张从管理运行和评价等多方面统筹教学资源，从而为课程思政提供多方面的条件保障。

第二，关于课程思政的价值和本质。有的学者从宏观角度切入，阐述了课程思政和新时代中国特色社会主义现代化强国的战略需要之间的关系，强调课程思政是坚持社会主义办学方向的重要举措。①有的学者从较为中观的层面切入，指出课程思政是思想政治教育内在的本质要求，是实现高等教育内涵式发展、高等学校教育理念

---

① 韩宪洲：《深化"课程思政"建设需要着力把握的几个关键问题》，载《北京联合大学学报（人文社会科学版）》2019年第2期。

变革的内在需求。①还有的学者从微观的角度切入,指明课程思政在引导学生树立独立人格、提升道德品质以及培育公共精神方面发挥着重要的作用。②以上研究表明,课程思政建设具有多维度、多层次的价值和意义,无论是一线的教育工作者,还是从事教育管理的工作人员都要对课程思政的价值和意义有深刻的理解。

第三,关于课程思政与思政课程的关系。学者们总体上认为课程思政与思政课程是同向同行的,课程思政与思政课程的核心都是育人,二者都是高校思想政治工作的内在要求,但也同时认为二者又有不同的侧重。有的学者提出,思政课程是思想政治理论教育的课程体系,而课程思政则是教学体系,"课程思政"与"思政课程"的关系也可以理解为教学体系与课程体系的关系;有的学者则认为思政课程是课程思政的理论基础,课程思政是思政课程的具体实践。在这方面,上海高校更是率先提出了"三位一体"的理念,按照思想政治理论课、综合素养课及专业课三类课程的功能定位,从内容建设、教学方法、师资团队乃至互联网手段及载体运用等方面推进改革,通过多维专业以及名人效应等方式吸引学生广泛参与,实现全课程育人。

从总体上来看,关于课程思政的理论研究偏宏观、偏政策解读、偏理论性,对于具体的微观实践操作指导性不强,尽管学界也意识到课程建设是课程思政的关键环节,如张鲲指出应加强"课程思政"课

---

① 田鸿芬、付洪:《课程思政:高校专业课教学融入思想政治教育的实践路径》,载《未来与发展》2018年第4期;徐蓉:《深刻认识全面推进高校课程思政建设的价值目标》,载《马克思主义与现实》2020年第5期。

② 陈华栋、苏镠镠:《课程思政教育内容设计要在六个方面下功夫》,载《中国高等教育》2019年第23期;孙秀丽:《"课程思政"要关注"人"的培养》,载《思想政治课研究》2019年第1期;卢黎歌、吴凯丽:《课程思政中思想政治教育资源挖掘的三重逻辑》,载《思想教育研究》2020年第5期。

程设计;何红娟指出课程开发是课程思政建设的必要前提;沙军指出应探索将现有课程思政成果形成一种模式,从而能够在全国范围内复制和推广;钱欣指出应系统梳理与总结上海"课程思政"的实践经验,形成对"课程思政"新理念的一般性认识并加以推广;成桂英指出要找准"思政内容"与专业知识的契合点,通过系统性的课程设计,以无缝对接和有机互融的方式,建立生成性的内在契合关系,做到"基因式"融合。但对于如何开发课程、如何做到"基因式"的融合、如何形成可以在全国范围内复制和推广的模式则是目前学界的研究盲区。

关于课程思政实践方面的探索集中在以下几个方面:

第一,上海高校的探索。上海高校的《大国系列》思政课选修课程是上海课程思政教育改革的代表性成果,上海各高校立足于本校的办学特色和优势,围绕社会主义核心价值观,聚集校内校外名师大家开设了《大国系列》的通识课程,如复旦大学"治国理政"、华东师范大学"中国智慧"、华东理工大学"绿色中国"、华东政法大学"法治中国"、上海海事大学"大国航路"等。上海高校的课程思政实践是基于如下的理念建设的:按照思想政治理论课、综合素养课及专业课三类课程的功能定位,从内容建设、教学方法、师资团队等方面推进改革。其中,思想政治理论课着重加强社会主义核心价值观的培养和确立;综合素养课则重在通识教育中根植理想信念;专业课程则重在知识传授中强调价值观的同频共振。但值得一提的是,目前上海高校的《大国系列》属于综合素养课这一类型,上海高校在专业课的思政建设方面还没有取得突破性进展。

第二,其他实践探索。除上海高校的实践探索外,其他各高校分别在不同专业、不同课程内进行了一定的摸索。如大学外语教学中课程思政的实践探索;音乐教育专业推进课程思政建设的实践探索;机械制图与课程思政……总体而言,上海高校的课程思政建设具有一定的实践价值,但我们仍需注意到,目前上海高校的课程思政建设仅是围绕综合素养课程进行的,课程思政的主战场也就是专业课的课程思政在上海高校的探索模式中并没有过多的涉及。从方式上讲,上海高校的课程思政探索采用的手段是开设大国系列课程,这属于显性和展示型方式,而非课程思政强调的隐性的、融入课堂教学的方式。因此,尽管上海高校的实践探索取得了较好的思政效果,但不属于《指导纲要》要求的融入式课程思政和隐性教学模式的范畴。而且,上海高校课程思政内容集中在《大国系列》这种涉及国情教育的通识内容,层面很高、较为宏观,主要是开阔学生视野(学生日常涉及很少,头脑中没有预先的观念),可以通过展示的方式推进而且也会取得不错的效果。但是专业课涉及的课程思政内容通常是很微观、层面较低、贴近生活和工作的(学生头脑中的观念很可能已经形成),不太容易通过展示的方式来进行推进或者思政效果并不好。推进课程思政建设的时候,我们需要甄别我们传递的思政内容而选取不同的方式。上海高校之外的关于课程思政的探索集中在不同学科、不同课程上,这些探索为我们了解一线教师在推进课程思政的过程中的所思所想、具体思路、具体操作提供了非常宝贵的经验。但不能否认的是,这些探索目前仍没有形成一套教育学意义上的可以被复制、迁移和全国推广的教学模式,仍然停留在经验型、感受型和初级的摸索阶段。

三、如何推进课程思政建设

如上所述,课程思政建设是一项复杂的工程,需要多措并举,齐头并进,但其中最核心的环节是课堂融入,即课程思政如何融入课堂的实际教学中。只有明确课程思政融入教学的原理、环节、步骤、操作等基本问题,我们才能够围绕其设计管理机制、评估机制、激励机制,进而能更好地组织实施课程思政并为其提供条件保障。模式是主体行为的一般方式,是理论和实践之间的中介环节,具有一般性、简单性、重复性、结构性、稳定性、可操作性的特征。课程思政教学模式是指依据教育教学原理形成的,指导专业课教师将思政元素融入教学过程的具有一般性、简单性、重复性、可操作性等特征的教学组织结构。建构主义教育理论代表人物杰罗姆·S.布鲁纳(Jerome S. Bruner)说:"任何思想都应该能够用足够简单的形式描述,使任何特殊的学习者都能用一种可辨认的形式去理解它。"①课程思政教学模式应该能给一线教师提供一套具有示范性、可视性、可操作性甚至是可测量性的教学步骤,以帮助教师将思政元素融入课堂教学,进而实现课程思政的教学目标。②

但是,目前关于课程思政的理论研究和实践探索并没有形成可以全国推广的教学模式,其原因是比较多样化的。第一个原因在于专业课教师对于课程思政的认识还不到位。不少专业课教师还没有把其从事的专业课程的讲授与国家坚持的社会主义办学方向和建设社会主义现代化强国的战略需要结合起来,不能从国家建设以及培养合格的社会主义接班人的宏观角度看待自己手中的日常教学。还有一部分专业教师认为自己缺乏马克思列宁主义专业系统的理论知识,没有能力从事课程思政工作,也就是说没有办法从自己的日常教学中挖掘其所认为的"思政元素"。这两种认识都是错误的,针对第一种错误认识,只能通过推广课程思政的理念,提高专业课教师对于课程思政价值和意义的认识来纠正。针对第二种错误认识,需要帮助专业课教师认清课程思政中的"思政"的范围。对于这个问题,上文已有所论述。《指导纲要》已经有了明确的指示,课程思政不仅要

---

① 李召存:《课程知识论》,华东师范大学出版社 2009 年版,第 229 页。
② 沙军:《"课程思政"的版本升级与系统化思考》,载《毛泽东邓小平理论研究》2018 年第 10 期。

围绕政治认同、家国情怀、宪法法治意识;还包括文化素养、道德修养、心理健康、职业伦理和职业道德等多方面的内容。所以课程思政中"思政"的范围非常广泛,它可以从以下三个层次来进行理解:第一个层次是马克思主义基本原理;第二个层次是马克思主义基本原理在中国化过程中产生的理论和实践;第三个层次是涉及人生观、价值观、职业观等的塑造。专业课教师不必强求自己从第一、二个层次去挖掘思政元素,可以从自己所熟悉的、所在学科的职业范畴、行业规范、伦理道德入手;也可以从诚实守信、踏实奉献、爱岗敬业、遵纪守法等行为习惯入手;还可以从仁爱、正义、和谐、勤劳等优秀的传统文化入手,从而将其与自己所传授的专业知识紧密结合进而达到"教书育人"的教学效果,这也是课程思政的重要组成内容。

课程思政融入课堂教学的教学模式至今没有形成的第二个原因在于教师在课程思政融入课堂教学的能力方面还有待提升。课程思政的目标是育人,帮助学生形成正确的人生观念,也就是说课程思政课堂教学的作用对象是人头脑中的观念。从批判性思维的角度来看,人头脑中的观念相当于批判性思维中的"假设",这种深植于人头脑中的假设决定人对事物的看法、观点以及采取的行动。对于观念的培养和塑造不能完全采取灌输的方式,而是要遵循思维培养的规律,通过推理论证等理性的方式确立起来。不遵循思维培养的方式而只是单纯地灌输是传统的课程思政教学一直存在"两层皮"现象的原因,遵循思维培养的规律开展课程思政教学又对专业课教师提出了挑战。一方面,中国的高等教育经历上百年的发展,形成的是一套长于知识传递而短于思维培养的教育格局。我们的教科书强调的是知识体系完整,面面俱到;老师上课强调的也都是知识点,强调基本理论;考试考核的绝大部分也是有固定和标准答案的知识类考题。同时,围绕知识传递又构建了庞大的教学管理、服务和支撑体系。因此,我们就会在课程思政的建设中遇到其所需要的"思维培养"与目前高等教育提供的"知识传递"之间的矛盾。另一方面,瓦·阿·苏霍姆林斯基(Василий Александрович Сухомлинский)曾说:"为了使学生获得一点知识的亮光,教师应吸进整个光的海洋。"① 但是,目前在一线从事教学工作的教师绝大部分也是通过中国传统的高等教育模式培育出来的,他们本身也是应试教育的产品和知识传递的对象。有些教师由于传统知识培养的局限,自己也不具备思维能力、实践能力以及综合素养,他们也不知道自己的所在学科、所在专业、所讲授的专业课程的一些本原性问题及其因果链,或者是创设的情境不能解释所要回答的问题。② 因此,从事一线教学的专业课教师往往无法完成课程思政的教学目标。

综上所述,本书的写作是在以上所提及的背景和前提之下展开的。其一,课程思政融入课堂教学是课程思政建设的重要环节,目前我们缺乏一套具有示范性、可视性、可操作性甚至是可测量性的课程思政教学模式。其二,课程思政的关键在于教师。一方面,教师要从国家宏观战略和高等教育内涵式发展的层面看待课程思政的重要性。另一方面,教师要客观理性地看待课程思政的"思政"范围,从自己能够驾驭并且擅长的领域挖掘思政元素并将其融入课堂教学之中。其三,课程思政的教学不能依赖传统的知识灌输式教学模式,原因在于课程思政教学的对象——观念属于思维培养的范畴。所以,任何对课程思政融入课堂教学模式的探索离不开对思维规律的

---

① 许航:《新华网评:让教育者先受教育》,https://baijiahao.baidu.com/s?id=15994 19804195115044&wfr=spider&for=pc,2022年8月20日最后访问。
② 张鲲:《高校"课程思政"的时代命题与建设路向》,载《北方民族大学学报(哲学社会科学版)》2019年第2期。

把握,本书则尝试从思维培养的规律入手总结提炼一套具有示范性、可视性、可操作性甚至是可测量性的教学模式,以帮助教师将思政元素融入课堂教学,进而实现课程思政的目标。

以上是一篇文献综述范文,让我们回顾一下。主题性阅读的第一个步骤就是需要整合同一主题所有文献的论证框架,我们可以用图 2-1-11 来呈现这个框架的大概模样,但是不可否认的是,研究主题的状态不同(比如是否成熟、研究时间长短、国内外的情况等),这个框架的表现状态也不一样。

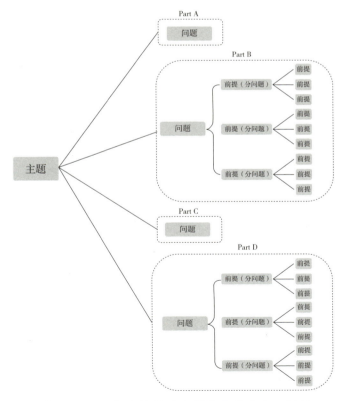

图 2-1-11 主题性阅读中所有文献的论证框架

理论上，当你围绕同一个主题的文献进行主题性阅读的时候，你要解决的问题还没有产生，你所拥有的就是手头的文献都属于同一主题，即一个研究领域。通过阅读，你发现这个研究领域的文献会分成几个部分比如上图中的 Part A、Part B、Part C、Part D……每个部分可能出现哪些文章研究的问题，围绕这些问题可能会有前提，前提还有前提，进而会构成像 Part B 和 Part D 中的推理。也即，你手头的这些同一主题的文献在分析论证的环节就会呈现出大概这样的状态。为了说明这些论证结构来源于你所阅读的文章，我们以 Part B 为例呈现出文章和论证结构之间的关系，如图 2-1-12 所示。

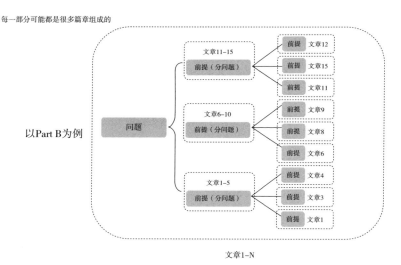

图 2-1-12　文献综述中 Part B 的论证结构与文章之间的关系

有了对文献综述"图文并茂"的讲解，我们来拆解上文范例中的那篇文献综述。需要说明的是，这篇文献综述所处的领域研究时间比较短，研究也不是特别成熟，而且国外也没有文献，所以呈现的内容不是特别饱满,论证也不是太周延,但是我们还是将这里面的分析论证呈现出来,帮助读者理解这个问题。

这篇文献综述的第二部分介绍了目前学界研究(通过文献阅读获取)的情况,并且进行了较为简短的评论,属于分析论证和评论论证,我们通过表2-1-6呈现一下。

表2-1-6 课程思政文献综述中的分析论证和评论论证

主题	分析论证				评论论证
	Part	Subpart	前提	子前提	
课程思政建设情况①	A 理论	课程思政的基本内涵	①课程思政的目的 ②课程思政的范围 ③课程思政中的"思政"内涵 ④融入的对象 ⑤融入的手段	……	①课程思政的理论研究偏宏观、偏政策解读、偏理论性,对于具体的微观实践操作指导性不强 ②尽管学界也意识到课程建设是课程思政的关键环节,但对于如何开发课程、如何做到"基因式"的融合、如何形成可以在全国范围内复制和推广的模式则是目前学界的研究盲区
		课程思政的价值和本质	①宏观上是坚持社会主义办学方向的重要举措 ②中观上是思想政治教育内在的本质要求 ③微观上在学生独立人格树立、道德品质提升以及公共精神培养上发挥重要的作用	……	
		课程思政和思政课程的关系	①相同点是同向同行和育人 ②不同点体现在课程思政是教学体系,思政课程是课程体系	……	

---

① 这篇文献综述有一个非常大的不同之处就在于它的问题已经是很明确的——课程思政要解决如何融入的问题,但现有的研究都不围绕这个问题直接开展,而是在理论上做了一些宏观、政策探讨;实践中做了一些摸索。所以在评论论证的时候,笔者是直接从对这个问题(即融入)的解决角度来评论的,目前关于课程思政的研究都是偏离问题的,都是外围的。在后文关于问题的形成的部分,我们会探讨"问题"的几种表现形式,本篇文献综述的"问题"表现形式是最为根本的,问题是开放的,产生在源头。在后续的写作中,我们会解释一下这个现象。

主题	Part	Subpart	分析论证		评论论证
			前提	子前提	
	B 实践	上海高校的探索	①开设了很多通识课 ②将课程分为思想政治理论课、综合素养课以及专业课 ③上海高校的实践属于综合素养课，不是课程思政强调的专业课	……	①尽管上海高校的实践探索取得了较好的思政效果，但不属于《指导纲要》要求的融入式课程思政和隐性教学模式的范畴 ②上海高校课程思政内容集中在《大国系列》这种涉及国情教育的通识内容，不属于专业内容
		其他实践探索	①不同高校、不同专业进行了一定的摸索 ②研究分散且不成体系	……	上海高校之外的关于课程思政的探索集中在不同学科、不同课程上，这些探索为我们了解一线教师在推进课程思政的过程中的所思所想、具体思路、具体操作提供了非常宝贵的经验。但不能否认的是，这些探索目前仍没有形成一套教育学意义上的可以被复制、迁移和全国推广的教学模式，仍然停留在经验型、感受型和初级的摸索阶段

这就是结合一篇文献综述我们能看到的、底层的、分析论证和评论论证的架构，需要指出的是，这篇文献综述有几个特点：首先，这个领域的研究时间不长，成果不多；其次，这个领域研究不太成体系，论证也不是太完善，因此分析论证中的细小的论证环节并不是太严谨，这是由学术研究现状决定的；最后，笔者对分析论证展开的评论论证是偏宏观的，没有太从微观细节入手，这是由这个领域的问题决

定的。该领域要解决的问题是很明确的——课程思政的融入问题,但是相关研究都是大而化之不落地,无需讨论细节,直接从整体上就能看出是与研究问题背离的。但是在很多比较成熟的研究领域中,中观和微观层面的论证也是很丰满的,评论论证可以开展得更细致和微观一些。总之,读者朋友不用太纠结内容和这篇文献综述的状态,只是从这个过程中体会"主题性阅读——文献综述"这个环节是如何在分析论证和评论论证上进行整合的,又是如何表达出来的就行。

本质上,当写作者把每一篇文献都阅读完之后,手里会有三类东西:每一篇文献的论证框架(分析论证)[1]、每一篇文献的评论论证以及每一篇文献的建构论证。文献综述就是将每一篇文献的分析论证进行整合,形成上文表格所呈现的形式;然后在此基础上进行整体性的评论论证。这两个部分还是你对别人文献的一种解构论证,接下来,你要将手头的第三类东西——你关于建构论证的思考进行整合。我们仍然以上文的文献综述为例展示建构论证的论证框架,这部分属于主题性阅读——文献综述的第三个步骤,如表2-1-7 所示。

---

[1] 这是比较理想的情况,即你能从所阅读的文献中抽取出论证框架。但也有情况是你阅读了一篇写作比较乱的文章,该篇文章的作者并没有论证逻辑,所以你也提取不出来。这就说明你阅读的不是一篇议论文或者文章的水平有问题。

表 2-1-7　课程思政文献综述中的建构论证

			建构论证	
问题	结论	前提	前提的前提	前提的前提的前提
课程思政怎样解决融入问题	①需要形成可迁移可复制的模式	没有形成可迁移可复制模式	①专业课教师对课程思政的认识还不到位 ②教师在课程思政融入课堂教学的能力方面还有待提升	①教师没有把其所从事的专业课教学与国家坚持的社会主义办学方向和建设社会主义现代化强国的战略需要结合起来 ②教师认为自己缺乏马克思列宁主义专业系统的理论知识，没有能力从事课程思政工作 ……
	②需要借助思维的工具	观念的培养属于思维培养的范畴	传统的知识灌输式课堂不满足课程思政的要求	……
			对课程思政融入课堂教学模式的探索离不开对思维规律的把握	将批判性思维引入课程思政融入问题的解决中

这样，我们就将在分析性阅读过程中整理的三种论证框架全都在"主题性阅读——文献综述"环节整合完了。还是提醒读者注意，本处所援引的作为范例的文献综述可能并不是特别理想的、适宜展示的模型，因为这个领域发育得不完善，很多内容缺失，很多论证也是不严谨的。但是它的过程和环节是完整的，其中涉及的分析论证、评论论证以及建构论证也是完整的。请写作者体会这个过程以及该过程对于自己整合能力（还是会用到上文提到的逻辑工具：抽象概括、分析综合、比较分类）的考查，并且再次体会文献综述的本质也是分析论证和评论论证，只不过或者是被包含在解构论证中的分析论证和评论论证，或者是被包含在建构论证中的分析论证和评论论证。同时写作者要告诫自己，再多的展示也不如自己亲自操作，不仅

是因为这是一个知易行难的工作,更是因为这是一个知行合一的工作。

这样,我们就将"主题性阅读——文献综述"的三个环节介绍完了,还剩最后一个环节——输出,也就是你需要用文字将这些表格里的内容表达出来。虽然我在本部分一开始就展示出了一篇文献综述,但是还记得吗,我一再强调,这只是为了读者理解需要。事实上,文献综述是你在将主题性阅读涉及的分析论证、评论论证和建构论证都做完了之后才可能形成的东西。那我们接下来就介绍文献综述怎样从上文的表格的表现形式转化成文字的表现形式。

2. 文献综述的注意事项

第一,文献综述是可长可短的,具体要根据实际需要进行调整。我们在上文展示的是一份最为完整的文献综述,它的篇幅比较长,而且很多同学在其固有思维中都会认为文献综述就应该是长篇大论。但实际情况是,论文写作的过程中,文献综述需要出现在很多地方,我们需要根据其出现的场合将文献综述调整成合适的篇幅,小到将文献综述表述成一句话,中到将文献综述展示成几段文字,大到将文献综述表述成一篇文章。文献综述没有固定的字数限制,它的存在主要是为了实现功能——介绍现有学术研究的状况,让人们知道你的研究不是无源之水、无本之木以及无稽之谈,让人们知道你是站在巨人的肩膀上看待这个问题,而不是什么依据都没有、胡编乱造的。

比如,小到一句话的文献综述,这样的文献综述最经常出现在引言中,你需要用很小的篇幅和很短的一句话交代学术研究的整体情

况,引言本身就不长,还要完成很多其他内容的叙述①,留给文献综述的空间也不会很多,所以要高度概括。我们先看一个例子:

《最密切联系原则的司法可控性》的引言:

最密切联系原则的司法可控性是指针对最密切联系原则灵活性引发的……而采取的……,最终要达到……(解释句)。最密切联系原则从20世纪50年代开始被世界各国立法纷纷采纳,我国也将该原则作为重要的法律原则(背景句)。该原则最大的优点在于能够实现法律适用的灵活性,最大的缺点在于法律适用太过灵活,进而引发了司法适用的诸多问题(问题句)。目前学界对最密切联系原则的研究多集中于……(文献综述句)。而本研究与以往研究不同,主要集中于……(主题句)。本文通过比较研究方法,深入分析欧美对最密切联系原则司法控制模式的异同,结合我国司法实际情况,采取……等措施,最终确定我国最密切联系原则司法控制模式(研究思路句)。这将在理论上澄清关于最密切联系原则司法控制模式的认识误区;也将解决实践中最密切联系原则如何规范化适用的长期困惑(研究意义句)。

这是一篇文章的引言,引言是由几句话构成的,其中文献综述句是很重要的,因为文献综述的功能就是奠定研究的基础、挖掘现有研究的不足、提供问题产生的土壤……如果没有文献综述,那你的研究就是无源之水、无本之木和无稽之谈。所以文献综述的重要性不言而喻,只不过很多时候,文献综述会以不同的形式存在,比如在上文例子的引言中,文献综述就一句话,要表明现有研究的情况,需要高度概括。

---

① 我们在下文会谈到引言的撰写。

我们再来看一段引言中的文献综述句,这个句子稍微长一些,这与研究对象和研究内容有关,但也是高度概括的。由于篇幅的限制,我们仅展示《多边主义困境下我国判决承认与执行多元化法律体系的建构》引言中的文献综述句,其他部分省略,请读者细细体会:

………

目前学界对我国判决承认与执行体系建构的思考呈现出两方面的局限性:①在海牙公约代表的多边主义遭遇困境的情况下仍执着于在制度层面上跟海牙公约的接轨;②在国际协调层面上试图通过海牙公约"统一化"的方式实现对所有国家的同等对待(文献综述句)。

………

中等长度的文献综述也有,在很多情况下,我们需要用1000字左右的篇幅来介绍一下研究的情况,对我们上文说得比较概括的文献综述情况稍微展开一些,比如《多边主义困境下我国判决承认与执行多元化法律体系的建构》的文献综述:

1. 国外研究的学术史梳理及研究动态

(1)学术史梳理

欧美学者已经明确认识到海牙公约的"多边"路径前景迂缓,开始寻求"多元化"路径。

第一阶段(1971年—2019年):海牙公约曲折的谈判过程让很多学者意识到多边主义的困境。

1971年《海牙判决公约》的失败、2005年《选择法院协议公约》的狭隘性、2019年《海牙判决公约》的补充性、全球主要国家对两公约的观望态度让很多学者意识到多边主义面临的困难。

①×××、×××等学者指出,欧盟想要通过海牙谈判达到的消除欧盟成员国与非成员国间的歧视做法、限制美国管辖权以及占据全球主动权的目的是很难实现的。

②×××、×××等学者认为美国联邦和州之间的紧张状态使得美国很难批准两项公约。

③×××等教授指出,欧美在直接管辖权、惩罚性赔偿以及平行诉讼方面存在的差异导致海牙公约谈判很难达成一致。

④×××、×××等学者明确指出,从客观上来看,海牙"多边主义"路径明显遇到困难,其已经没有能力在此事项上推动一项影响全球的公约。

第二阶段(2019年至今):多元化路径悄然兴起,欧美学者开始专注于以自身为中心推进各自的判决承认与执行法律体系发展。

①以×××、×××为代表的学者认为海牙已经没有必要再围绕直接管辖权进一步谈判,并强调美国内部州和联邦之间的政治博弈导致海牙公约很难在美国落地,未来美国应当区分美国内外部、外部不同国家和区域的不同需求制定多元化的判决承认与执行法律体系。

②×××、×××认为布鲁塞尔体系已经在海牙公约的谈判中失败,欧盟应当专注于探索自身的方式来解决欧盟成员与非成员之间的判决承认与执行问题。

(2)研究动态

×××等欧洲学者认为未来欧盟会专注于寻求内部的方法消除《布鲁塞尔条例》和《卢加诺公约》建构起来的欧盟成员与非成员之间的歧视性做法,但也不放弃继续推进海牙公约的谈判。×××等美国学者则认为海牙公约很难达到美国预期,未来需要寻求其他的方式多元化解决该问题,对海牙公约采取观望的态度。

2. 国内研究的学术史梳理及研究动态

(1) 学术史梳理

国内研究呈现出跟随海牙多边主义的倾向,一直没有汇总到以中国为中心的大格局上来建构符合中国特色的多元化法律体系。

第一阶段:对公约缺乏关注的时期(20 世纪 90 年代—21 世纪 10 年代):零散制度研究为主,对中国与不同国家和地区的不同需求缺乏关注。

由于外向型经济的发展,中国学者开始研究判决承认与执行相关的法律问题。此时海牙公约在国内尚未产生较大影响,学术研究主要有两条进路:

①×××、×××等学者的研究围绕判决承认与执行的具体制度展开,如拒绝承认、间接管辖权、终局性、互惠、正当程序、惩罚性赔偿、非实质性审查等。

②×××、×××等开展了判决承认与执行的国别研究,如英美法系国家中的美、英、加;大陆法系国家中的德、法、瑞、韩、日。

第二阶段:关注公约的时期(20 世纪 10 年代—):以海牙公约为依托展开相关制度研究,但未揭示海牙多边主义的前景。

随着中国不断深入参与海牙公约谈判并于 2017 年签署 2005 年《选择法院协议公约》,中国学界掀起了研究海牙公约的热潮,×××、×××等学者都对海牙公约本身以及中国与公约的接驳问题开展过研究。但目前的研究缺少对公约多边主义的反思、内部的博弈和未来发展前景的揭示。

(2) 研究动态

随着海牙公约多边主义陷入困境,中国的研究陷入了一个相对停滞的状态,如何摆脱对海牙公约的追随状态,×××、×××等学者曾略有提及,但怎样汇总到以中国的实际需求为中心的大格局来建构符合中国特色的判决承认与执行法律体系,还需要学界共同的努力,而这也是本研究意欲实现的目标。①

这篇文献综述1500字左右,已经能够揭示该问题的整体研究状况,通常在项目申报、文章开题的时候,你是需要这样一份中等详略程度的文献综述的。

此外,还有以文献综述作为整篇文章的,这时候文献综述的篇幅就得上万字或者几万字,读者朋友们可以去网络上寻找这一类文献综述,由于篇幅限制,本书就不在这里列举和讨论了。

第二,文献综述是有不同立场的,可"立"可"驳"可"中性"。其中,"立"着说是指要站在肯定的角度描述文献综述,比如目前该领域研究在×××方面已经取得了突破性进展……"驳"着说是指站在否定的角度描述文献综述,比如上文《最密切联系原则的司法可控性》的引言……目前学术界的研究多集中于最密切联系原则的理论渊源以及美欧之间的区别,并没有关注到我国实践方面的需求。这就是指出现有研究存在的问题,这种写法主要是为了引出自己的研究,并且要突出自己的研究与以往研究的不同,突出自己研究的创新性。"中性"一般是指客观描述文献综述的内容,不立也不驳,就是客观呈现内容。比如《多边主义困境下我国判决承认与执行多元化法律体系

---

① 以上例子中所用的文献综述仅作为示范来强调文献综述的写法,不做专业指引,请写作者不要过多纠结于其在内容上是否符合学科要求、是否正确,这不是本书要探讨的内容。此外,文无定法,文献综述只要清晰地围绕问题展开,向读者阐述为什么这是个问题,以及学界对这个问题的研究已经到了何种程度,这种研究的缺陷和优点各是什么(也就是要做文献评析),应当如何推进这个问题的解决就可以了,并没有固定的形式要求。

的建构》文献综述中：

……

①×××、×××等学者的研究围绕判决承认与执行的具体制度展开，如拒绝承认、间接管辖权、终局性、互惠、正当程序、惩罚性赔偿、非实质性审查等。

②×××、×××等开展了判决承认与执行的国别研究，如英美法系国家中的美、英、加；大陆法系国家中的德、法、瑞、韩、日。

……

这就是纯粹对内容的抽象概括，没有立场，仅呈现出事物原本的样貌即可（只描述不评论）。细心的你是不是发现，所谓"立"和"驳"就是指你对这个文献综述内容的"评论"；所谓的"中立"其实就是你对文献综述内容的"分析"。在呈现文献综述的时候，你需要根据实际情况考虑从什么样的角度切入进去。需要发表意见、表达观点的时候一定是有角度的，是立还是驳；在陈述事实的时候客观描述就可以了。

第三，文献综述各部分的比例是可以根据实际需求进行调整的，即写作者需要知道其所要表达的场合需要突出哪部分，弱化哪部分。上文在介绍文献综述形成的时候，我们介绍了三个环环相扣的步骤：分析论证、评论论证（前两个步骤是解构论证）和建构论证。其中分析论证是指呈现出同主题所有文献的论证框架体系；评论论证是指你对分析论证也即所有文献的论证框架体系进行评论，即整体上这个论证框架体系是什么样的。从局部上看要看出前提怎样，前提和结论之间的关系怎样以及未表达前提怎样。这是你的主观评论，也就是你要对论证框架体系发表观点。建构论证是你解构完别人的论证之后有了自己的、关于整体和局部的、针对某个点的看法，并进而形成了自己的论证框架。我们能看到这三个步骤的不同功能，分析论证是比较客观地呈现别人是怎么做的；评论论证是你尽量客观地评论别人这么做的质量是好的还是坏的，有缺陷还是没缺陷（主要是从前提是否为真以及前提能否推出结论这两方面去评论）；建构论证是你站在自己的角度，在分析论证和评论论证（也就是别人的研究）基础上给出自己关于这个领域或者某个具体问题的看法（属于自己的研究，不再是别人的研究了）。

由于文献综述是经由上述三个步骤形成的，文字版的文献综述在理论上也就分成三个部分。如果你比较从容，允许将这三块内容按照比例适当、结构均衡的方式去展示，也就是没有字数限制，也没有特别要强化某个部分，你大抵会形成我上文展示的、关于课程思政的文献综述，比较全面，三部分内容都有展示，而且展示得比较完整和均衡。但是如果你所处的环境是比较有限的，比如时间受限、对话的人物有具体的要求等，在这个时候，你不能将文献综述的内容全都呈现，你需要准确识别出你需要强化哪部分，而将其他部分弱化，弱化的方式就是一句话或者一段话带过，不要长篇大论。

比如在一个关注你对这个领域研究看法的场景下，你需要突出你的建构论证的部分，那么之前的分析论证和评论论证就要一笔带过。我们还以上文课程思政文献综述为例，这篇文献综述大约 6000 多字，其中分析论证和评论论证大约 5000 字。但是如果你不需要强化这部分，你就可以将它们缩减成一千字、几百字甚至几十字。比如：

十余字版本：

目前关于课程思政的研究存在很多不足。

二十字版本：

目前关于课程思政的研究在理论上和实践上都存在很多不足。

百余字版本：

目前关于课程思政的研究在理论上和实践上都存在很多不足。其中理论上的研究主要存在的问题是偏理论性、政策解读以及宏观的；实践上，虽然上海高校的实践引发了关注，但是仍然属于通识教育的范畴，不满足《指导纲要》要求的隐性和融入专业课的要求。其他高校的实践过于零散，不成体系。课程思政的研究还处于初级的、不成熟的、自由探索阶段。

你还可以在此基础上形成几百字、上千字的版本，这些都取决于你要表达的环境，你需要对你的文献综述的三个部分（分析论证、评论论证和建构论证），以及每个部分（如分析论证分为理论和实践；理论又分三部分；实践又分两部分）的结构和内容了如指掌，这样才能帮助你在不同的场合快速地进行抽象概括，将所需要展示的内容控制在一定的空间和时间范畴内，以达到展示的效果。这里面又涉及我们上文所讲的逻辑方法——抽象概括、分析综合以及比较分类。所以，你现在是不是能感受到，所谓的论文写作以及每个写作环节的底层其实都是逻辑能力，最为主要的是我们在本书中强调的分析论证和评论论证，分析论证和评论论证不能单独存在，它向下必须依托于底层的逻辑方法——抽象概括、分析综合以及比较分类；它向上还要根据情况组成解构论证和建构论证。当然，任何脱离现实的问题和专业知识所进行的逻辑探讨都是空洞的，所以，本书强调的论证、分析论证、评论论证、解构论证和建构论证都必须依托于具体的例子，使它们在现实的某个领域中发挥作用。所以，总结一句话，写作其实是专业知识和逻辑互相作用的产物,缺哪一个都不行,这一点我们在本书的最开始就强调过。

第四,我们需要强调的是,文献综述还包括其他的要素,你需要在上文提及的论证框架转化成文字的过程中考虑很多其他的要素。总体而言,文献综述包含以下几个要素:①时间要素②空间要素③学派要素④作者要素⑤主题要素等。这是通常情况,在实践中也不排除不同的研究领域会有其他的要素,或者缺乏相应的线索,如上文的课程思政的文献综述里,其实缺乏时间要素,那是因为这个研究的时间跨度很短,该要素不重要。这五条线索的地位是不平衡的,是有主次的,应当将"主题线索"①作为主线——因为文献综述的目的是表达观点,后续的批判性写作也是为了表达写作者的观点,只有主题线索才能更好地为这个目的服务。我们上文介绍的分析论证、评论论证以及建构论证都是围绕主题进行的。但是光有主题也就是作者的观点还不够,你还要能够表述这个观点的作者是谁,他属于什么学派,在空间上属于哪个国家或者法系②,并且是在什么时间提出来的。所以你看,我们上文的论证框架是比较"干"的,你在转换成文字的时候需要补充进去很多其他的要素信息,使你的文献综述看起来立体丰满,不仅有你认为最为主要的主题线索,还有作者线索、学派线索、国别线索、法系线索、时间线索,等等。

但是需要注意的是,有时候,写作者们在这五条线索中,有的选择了时间线索作为主线,有的选择了空间线索作为主线,有的选择了法系线索作为主线……这些选择都是不到位的。正确的做法是应当

---

① 这里的主题你可以理解成观点,就是按照作者的观点线索进行梳理。
② 法系这条线索是法学独有的,其他学科可能也会有它们独特的线索。

以"主题线索"为主线。无论每一项研究的线索有多少,都是什么,其中最为主要的是主题(观点)线索,因为我们从事的是议论文写作,论点、论据和论证是最为重要的。如果你以时间线索为主,其实是你想强调时间这个因素;如果你以法系线索为主,其实是想强调法系之间的不同……这些选择都是错误的。文献综述最主要的功能是向读者说明——我要做的这项研究,别人已经做到了什么样子,他们有哪些没有突破的,而我的研究就是围绕这些没有被解决和需要突破的地方展开。也就是说,文献综述最主要的功能是证明你的研究的创新性,你的研究的与众不同,你的研究是站在巨人的肩膀上的……那么是时间线索能让你的研究的创新性体现出来?还是空间线索能让你的创新性体现出来?都不能!唯有主题线索能帮你实现这个目的。也即,你需要把国内外所有的作者(权威主流)对你这个问题的"观点"梳理出来,指出他们是怎么看待你现在手中要做的这个选题的,指出他们没有涉及的方面,而这就是你选题的重要意义和创新性。其他线索如时间线索、空间线索等可以作为辅助线索帮你支撑主题线索。

第五,需要提醒写作者的是,你撰写的每一篇文章其实都有一个单独的文献综述,也就是说,你需要对你本次论文写作单独做一份文献综述,如果你在这个领域持续写作,每一次论文写作都要制作一份单独的文献综述。那么,你每次论文写作制作的单独的文献综述和通过主题性阅读形成的文献综述是什么关系?可以通过图2-1-13来看一下两者的关系:

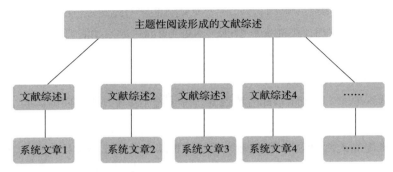

图 2-1-13 主题性阅读形成的文献综述与
具体文章的文献综述的关系

主题性文献阅读形成的文献综述是一个基础，它能给你提供很多研究的"问题点"，你每次写作其实都是围绕某个点继续建构一个论证，然后在这个基础上进行论文写作的。也就是说，主题性文献阅读形成的文献综述像是一个文献综述的"仓库"，你每次需要的时候就可以从这个仓库里提取"原料"。可能有很多写作者对这个问题理解得不太透彻，我们再重新梳理一下。主题性文献阅读是围绕一个主题进行的，这个主题通常是一个领域，或者是研究方向。比方说，我的研究方向是外国判决的承认与执行，我需要把这方面的文献全都阅读了，形成一个很大很大的文献库，以及在此基础上制作文献综述。这份完整的、基础的文献综述就是我的研究方向，我需要围绕我的研究方向持续地撰写文章，每次写作的时候都需要在这个研究方向（文献综述）里去挑选一个问题点撰写进一步的、针对我本次写作的具体的文献综述。一份综合性文献综述可以提供很多问题，可以产生很多篇论文。写作者必须从中选择一个作为本次写作的切入点，并使之成为本次论文写作要解决的问题。例如，在整理完外国判决承认与执行的文献综述之后,选择从《多边主义困境下我国判决承认与执行多元化体系的建构》入手制作具体且有针对性的文献综述①;或者在整理完国际投资规则范式研究的文献综述之后,选择从《"一带一路"背景下中国立场的国际投资规则范式创新研究》入手制作具体且有针对性的文献综述;再或者,在整理完最密切联系原则的文献综述之后,选择从《最密切联系原则司法可控性研究》入手制作具体且有针对性的文献综述。如图 2-1-13 所示,每一篇论文都有一篇与之相对应的专门的文献综述,如果是系列论文,每一篇文章也都有各自的文献综述,而这些论证式文献综述都来源于一个基础的文献综述。这个问题其实不难理解,很多学者是有很稳定的研究方向的,比如上文我的研究方向是最密切联系原则的司法研究,再比如我师兄的研究方向是国际投资规则,你可以看出这是一个很大很大的领域,每一次都是从这个领域中选取一个小点进行写作的。因此,你可以在这份经过主题性阅读形成的文献综述基础上再次形成很多具体且针对每篇文章的文献综述,这一点是你要注意的。例如有一次,我的师兄以《"一带一路"中国视角的国际投资规则创新》为题写了一篇文章,他形成了一篇专门针对这篇文章的文献综述:

> "一带一路"倡议提出的时间尚短,聚焦"一带一路"倡议与中国视角的国际投资规则创新的专门研究很少。不过,国外关于国际投资规则的创新研究和中国学者对国际投资规则的创新探讨可供借鉴。

---

① 上文已经列举了这篇专门的文献综述,写作者可以往回翻看。

1. 国外关于国际投资规则创新研究一直持续推进但总体仍属原有西方范式

学术史:第一阶段(约 2000 年以来):现有国际投资规则的缺陷引发了学术界对于国际投资规则创新的研究,并以正当性作为切入点。G. Van Harten、S.D. Franck、刘笋等研究了传统国际投资实体规则和投资仲裁的正当性危机。第二阶段(约 2004 年以来):发达国家对国际投资规则创新研究的热度增加,其目的是实体规则平衡化和争端解决透明度。K. J. Vandevelde、余劲松等研究了美、加等发达国家双边投资条约范本的改革和实践。第三阶段(约 2010 年以来):国际投资规则创新发展体现在区域、多边国际投资规则变革和实践上。J. E. Alvarez、A. Reinisch、张庆麟等研究了 EU、TPP、CETA、TTIP 等区域投资规则新发展和多边投资法院创新方案。

研究动态与不足:(1)国际投资规则创新一直是研究热点,实体规则平衡化和争端解决透明度成为主流共识;(2)但是该种规则创新仍旧偏重美欧西方发达国家的投资保护范式及其改革实践、话语和范式;(3)该种规则创新忽视了"一带一路"倡议下广大发展中国家的发展需求,不能体现中国倡导的全球治理理念、方案和范式。

2. 中国国际投资规则创新发展仍未脱离西方范式,无法满足"一带一路"倡议和中国本土需求

学术史:第一阶段(约 2004 年以来):中国国际投资规则创新研究的热点集中在阶段性上。蔡从燕、A. Berger 等研究了中国国际投资协定从保守、开放到平衡的阶段性演进。第二阶段(约 2008 年以来):中国国际投资规则创新研究集中于高水平和平衡化发展上。曾华群、沈伟、V. Bath 等研究了中国国际投资协定的高水平平衡化新发展。第三阶段(约 2015 年以来):中国国际投资规则创新研究开始关

注到了"一带一路"投资的特殊性。Jie(Jeanne) Huang 等研究了"一带一路"投资协定现状,王贵国、单文华、刘敬东、漆彤研究了"一带一路"争端解决机制构建。

研究动态与不足:(1)中国国际投资规则创新研究一直是近年的研究热点,高水平平衡化和可持续发展成为主流观点,但缺乏针对"一带一路"倡议的专门研究;(2)"一带一路"国际投资规则研究刚刚开始,研究成果很少,内容宽泛而深度不够,现状研究较多而创新研究不足,简单重复研究较多而原创性研究不足;(3)囿于传统国际投资协定框架,而忽视了"一带一路"倡议下独特的框架协议和软法研究;(4)基本仍是美欧西方话语和范式的追随者,而未能构建国际投资规则创新的中国方案和中国范式。

这样,我们就将主题性阅读文献综述制作的流程全部介绍完毕了,需要注意的是第五点也就是最后一点其实已经超出了主题性阅读文献综述制作的范畴,涉及某个具体论文写作行为的文献综述,它是来源于主题性阅读形成的文献综述的,希望写作者能体会其中的差别。如果你是持续写作、围绕一个领域持续产出系列文章的专门研究者,你会对我这部分的描述产生共鸣,但如果你只是刚刚从事写作的初学者,你可能还不能理解这份基础性的文献综述对你未来写作的作用,因为很多人真的就是因为毕业才写论文,毕业之后就再也不会围绕这个领域继续产出论文了。如果是这样一种情况,这个基础性的文献综述就变成了一次性的,但其实它是可以持续给你提供写作支撑的,如果你还打算继续留在学校深造并在同一个领域持续产出论文的话。

3. 文献综述的常见错误

只要我们从事论文写作就一定会有文献综述,有的学校还会要求将文献综述作为论文的一个部分。我们上文介绍的是一篇符合要求的文献综述是怎么做出来的。即使你看明白了也要清楚,这个事情是知易行难的。实践中,有很多文献综述是不得其法,写得不符合要求的。本书在这个部分将这些存在问题的文献综述做一个小小的归纳和总结,希望能够帮助读者朋友们尽快掌握文献综述的写作技巧。

第一种常见错误——没有"述"没有"评",只有基本信息罗列

由于每年都要通过各种平台审阅大量的论文,我发现很多同学对文献综述的理解都不到位,制作出的文献综述错漏百出,这样的文献综述根本没有办法为后续的论文写作提供给养。

经常见到的一种错误类型就是作者将自己看到的文献中的观点进行罗列,只是简单地区分了这一块儿有哪些作者说了什么;那一块儿有哪些作者说了什么。这种"文献综述"是很扁平化的,既不能呈现出其所阅读文献的论证框架(分析论证即"述"),更没有在论证框架基础上的评论(评论论证即"评"),完全就是零散的信息堆砌。这种情况在初级写作者的本科论文、硕士毕业论文写作中是经常能够看到的。它常见的表现形式是:

> 关于 XXX 问题,
> 有 X1 学者说过……
> 还有 X2 学者认为……
> 关于 YYY 问题,
> 有 Y1 学者说过……
> 有 Y2 学者说过……

造成这种情况的原因是学生恐怕在文献阅读的过程中就没有分

析性阅读的概念，也没有开展分析性阅读，其阅读的每一篇文献都没有形成论证框架和进行评论，因此也就没有办法形成一份合格的文献综述。实践中，很多人还会误认为这种文献综述只是没有评论，认为评论做得不好，但是这种扁平化的信息罗列其实连"述"也没有做好。因为我们之前提及过，"述"不是指述信息点，述的更是信息及其背后的论证框架。

第二种常见错误——只有"述"没有"评"，述得还行，评得不够

这类错误是指学生是有一定的论证意识的，在文献阅读的过程中也能够有意识地开展分析论证，并且将每一篇文章的分析论证也进行了整合。但是问题就在于，作者仅仅围绕分析论证制作文献综述，并没有进行评论论证。因此，这种文献综述勉强算是只有述没有评。常见的表现形式是你能从他的文献综述中看到一些论证的架构：

> 关于 XXX 问题，国内和国外学者主要从三个方面进行了论证，并认为 YYY 是结论
> 其中 X1 学者认为……进而认为 XXX 问题属于 Y1 的范畴
> 其中 X2 学者认为……进而认为 XXX 问题属于 Y2 的范畴
> 其中 X3 学者认为……进而认为 XXX 问题属于 Y3 的范畴
> ……

你看，从这样的描述里，你是能看到一定架构的，而不是单纯的罗列。但是仅有架构的描述没有评论是一个很大的缺陷。因为制作文献综述是为了后续的输出，后续之所以能够输出是因为你对输入的内容有自己的看法。目前这种文献综述只能让我们看到作者是有输入的，但对输入理解得还不够透彻，还需要加强评论，最终为输出做准备。

第三种常见错误——有"述"有"评",解构论证尚可,建构论证不行

按照之前的介绍,一份完整文献综述的制作是需要经过三个步骤的,其一是分析论证;其二是评论论证;其三是建构论证,前两个步骤属于解构论证。在第三种常见错误中,作者解构论证做得是可以的,但是建构论证做得不好。也就是说对别人的文章的分析论证、评论论证的整合做得可以,但是自己产出、生产这部分就不行了。这种文献综述的常见表述形式如下:

关于 XXX 问题,国内和国外学者主要从三个方面进行了论证,并认为 YYY 是结论

其中 X1 学者认为……进而认为 XXX 问题属于 Y1 的范畴

其中 X2 学者认为……进而认为 XXX 问题属于 Y2 的范畴

其中 X3 学者认为……进而认为 XXX 问题属于 Y3 的范畴

……

从上述分析中可以看出,X1 学者的观点是很难成立的,其前提 XXX 存在错误;X2 学者推出 Y2 结论的过程存在瑕疵,其所使用的前提 XXX 仅为必要条件,却被当成了充分条件……

当然,我们举的例子相对简单,而且仅是文献综述的局部,并不具有整体性,只是为了说明问题,请读者朋友领会精神。

第四种常见错误——有"述"有"评",但是没有迎合需求

这主要是针对文献综述(由主题性阅读形成的)的基础性和整体性而言,写作者在每一次写作的时候需要在其中锁定一个具体的点展开专门的文献综述的撰写。实践中,很多学校都要求将文献综述作为毕业论文的第一部分,我们能发现学生缺乏针对该篇具体的论

文的文献综述,只有一个很广泛、很基础的文献综述,这样不具有针对性,也不能让人了解你对某个具体细节的掌握程度。由于这个问题在上文已经进行了详细的解释,在此就不过多描述了。

以上四种文献综述的错误类型中,初学者最容易犯的是第一、二种错误,这是由于初学者在文献阅读的环节就没有做好。这里的原因很多,最主要的是我们现在的教育(尤其高等教育)不会专门教阅读,尤其不会教分析性阅读,这部分是默认学生自己完成的。而且高等教育认为自己传递的是专业知识,在阅读中需要具备的逻辑方法——抽象概括、分析综合和比较分类,以及分析论证和评论论证是中小学就应该掌握的技能。但实际上,学生在中小学也没能够完成这种思维的训练,所以到了大学对阅读的理解也不到位,最主要的是对阅读的训练也不到位,导致我们的学生做了大量的低效低质的无用阅读,最终这就会致使写作者在写作中遇到各种障碍和困难。但是往往大家还意识不到这是阅读的问题,并且固执地认为这就是写作本身的困难导致的。写作是很困难,但是最难的环节是巧妇难为无米之炊,而阅读某种意义上就是"米"。

正是意识到这个问题,我在我的学校开设了中英文文献的阅读课程,帮助写作者认识到阅读这种输入行为的重要性,只有输入环节被正确而规范地开展了,才能在输出环节做到规范和顺畅。写到这里,建议读者朋友往回翻看本书文献阅读部分的内容,你是不是会有更深刻的理解和洞察了?文献综述是文献阅读一步一步累积的结果,不是一下子横空出世的,也不是闭门造车自己能想出来的,一定是要建立在充分、正确、规范的阅读基础上的。这种阅读可能会修正写作者之前的阅读观,是一种结合了逻辑方法——抽象概括、分析综合以及比较分类的阅读,更是一种需要借助分析论证和评论论证思维技能的真正阅读，而不是浮皮潦草、不求甚解、装模作样的阅读。

本书行文至此，已经将阅读部分（输入环节）全部拆解完毕，与作者以往的写作书籍不同，本次对阅读和文献综述的拆解都是围绕逻辑方法——抽象概括、分析综合以及比较分类，还有分析论证和评论论证展开的。这是论文写作的底层逻辑和本质，希望读者朋友能将这一点牢牢记在心间，后续的构思和写作部分（输出环节）也是需要这些思维工具的。

● **要点提示二：**

①文献为王——一定要提升对文献重要性的认识。

②论文写作出现的问题都与文献脱不了关系。

③文献检索要满足四性：全面性、权威性、及时性和针对性。

④文献管理的能力也是科研能力的重要体现。

⑤基础性阅读请自行完成，不要偷懒。

⑥检视性阅读考查抽象、概括、分析、综合、比较、分类等逻辑能力，最终增强的是写作者对"客观真实"的认知。

⑦批判性阅读考查写作者对一篇文献的分析论证、评论论证的能力。

⑧文献综述指写作者首先将同一主题的所有文献进行逐一的批判性阅读；其次，在此基础上形成文献综述。

⑨文献综述的制作包含四个步骤：分析论证、评论论证、建构论证以及形成文献综述文字稿。

⑩文献综述的制作包含四个需要注意的问题和四种常见错误类型。

第二章　问题的形成

一、问题是什么？

从本书第一部分对于思维要素的拆解、论文写作的几层本质的概括,大家就能看出,论文写作的起点是问题,只有存在一个问题,我们才能涉及解决问题;只有我们需要解决问题,才涉及本书讲的分析论证和评论论证。所以,问题是一切研究活动的起点,它的重要性不言而喻。爱因斯坦曾经说过,提出一个问题比解决一个问题更重要。所以对于论文写作而言,写作者首先必须有一个问题。然而问题的发掘并不容易,写作者需要进行大量的阅读和具有对真实世界的理解能力才能产生问题意识。在这个部分,导师们经常会遇到的问题是,学生不知道什么是问题,问题长什么样,哪些不是问题却被当成了问题。

(一)问题是一个"需要被解决"的问题

不要看"问题"就是两个简单的汉字,但实际上很多人不明白"问题"的含义,我经常需要给大家解释什么叫"问题"。由于汉语是表意的文字,英语是表音的文字,二者对"问题"有不同的表达。表音的文字要想表达不同的含义,必须用不同的单词,可是汉语不一样,"问题"一词可以包含很多不同的意思。几年前,我在答辩中遇到一名学生,他提交了一篇论文,标题是《诉讼时效法律问题研究》。诉讼时效是我们专业特有的一个概念,这个概念是什么含义呢？比如说我向张老师借了 2 万块钱，这 2 万块钱应该是在 2018 年的"双十一"到期。法律规定诉讼时效是两年，即 2020 年 11 月 10 日截止①，即张老师在期限届满的两年之内（2020 年 11 月 10 日）必须问我要，如果张老师不要的话，过了诉讼时效，法律就不保护张老师了。为什么不保护了呢？因为债权人自己都不上心，法律不保护躺在权利上睡觉的人，这个制度就是诉讼时效。在答辩过程中，我们发生了如下有趣的对话，这个过程足以揭示写作者其实不理解什么是"问题"。

答辩组老师问："同学，你要研究的是什么问题啊？"

同学说："老师我要研究的是诉讼时效问题。"

老师说："诉讼时效的什么问题呀？"

同学说："就是诉讼时效的法律问题。"

老师说："诉讼时效的法律问题的什么问题呀？"

同学说："诉讼时效的问题就是诉讼时效的法律问题，诉讼时效的法律问题就是诉讼时效的问题。"

如此一来，该名同学的答辩就陷入了僵局。因为大家对"什么是问题"没有达成一致的理解，尤其这个问题还发生在师生之间。我的专业是国际法，我尝试换一种方式跟孩子沟通："孩子，英语中有两个词汇对应汉语中的'问题'，一个是 question，一个是 problem，能不能请你解释一下你的问题是哪一个？"

当时该名同学就蒙了，然后问："老师，这俩'问题'有什么区别吗？"

我说："当然有啊。这两个词虽然都可以翻译成汉语中的'问题'，但是含义是不一样的。"学生不知道，可能很多老师也不知道。其

---

① 此处指旧法的规定；新法是三年。

实这几年审各种论文,我发现很多人对这个问题还是理解得不到位。

首先我们看一下 question 对应的动词是什么,大家都知道是 answer。answer 的意思是"回答",也就是说,question 是指你需要回答的问题。而 problem 对应的动词是什么?是 solve,解决需要被解决的问题。那么 question 经常出现在哪些场景?它经常出现在学生的试卷中。比如,please answer the following questions,就是请你回答下列的问题。那么什么叫 question 呢?最核心的一点是 question 是有答案的,人类在这个问题上没有困扰,已经形成了共识性的认识,你只需要记住并且在需要的时候回答出来就行,question 不需要研究,不是学术研究的对象,也就不能是写作者从事论文写作的"问题"。研究的问题实际上是 problem,它是指麻烦、困扰、困难,人类目前没有好的解决方案,或者是人类现在压根儿就没有方案,所以需要我们通过研究来 solve。

所以,指导教师首先需要向学生讲清楚什么是"问题",论文写作中一定要有一个"problem"。我每年通过论文系统评审的论文,很多都是没有问题意识的。多数同学都是把 question 当作问题,围绕 question 进行一顿解释,但其实都没有用,围绕 question 进行的解释其实是知识体系,它是说明文,而围绕 problem 才会形成知识图谱,也即议论文。

(二)问题是一个"专业理论"的问题

1. 问题首先表现为"现象级别的问题"——社会现实①

论文写作中的问题是有层次的,最开始引发我们从事研究(也就

---

① 现象级别问题也就是来源于现实的问题,因此在本书中有时候也会被称为现实级别问题。当使用现象级别问题的时候是指相较理论级别问题而言,这个时候的问题还不本质,处于现象阶段。当使用现实级别的问题这一表述的时候是想强调这种问题来源于现实,而非主观想象。

是要写作)的初衷,应当是在现实社会中存在的、一个没有被解决的问题,这个没有被解决的问题给写作者所在学科的实践带来一些困扰,这是写作者研究的起点。比如司法实践中,法官在适用最密切联系原则的时候存在五花八门的做法,案件结果不统一,同案不同判,这就是一个现象级别的问题,稍作总结,这个问题可以被归纳为最密切联系原则司法适用的混乱或者失范。这是个事实,而且是存在于司法实践中的、法学学科公认的社会现实,而观察到这种现象,便是我要研究最密切联系原则的现实起点。记住,一篇论文的问题应当是可以被追溯到社会现实中的、真实存在的、关乎写作者所在学科的一种社会现象。我看过很多论文,它们的研究起点没办法被追溯到社会现实或者对社会现实缺乏精准的描述,这样就使得写作者的研究缺乏现实基础。没有现实基础的研究是不符合论文写作的要求的,在后期对论文进行评价(各种答辩和盲审)时,应用价值那一项就没办法得到凸显。

比如我看过的一篇论文,标题是《检察机关公益诉讼角色分析》,虽然我不是从事刑事诉讼法研究的,但是多年的论文写作研究经验至少可以让我帮助作者澄清写作思路。我问学生:"你的问题是什么?也就是为什么要研究检察机关参与公益诉讼的角色?"作者回答我说:"因为现在关于检察机关参与公益诉讼的角色存在不同的观点,学者的分歧就是我研究的起点。"写到这里,我们就能观察到,该名同学写作的起点并不是有关自己学科的社会现实,而是学者的理论分歧。理论分歧不是学术研究最直接的起点,而是要继续向前推,学者对检察机关公益诉讼角色的分歧是为了解决现实中的什么问题?再比如,一位作者在其文章中将"股权让与担保存在实质说和形式说的对立"作为问题开始研究,这是不对的。写作者需要进一步了解它们为什么对立,它们在股权让与担保方面的分歧是为了解决实践中的什么问题。再次强调,学者的分歧不是科学研究(论文写作)的逻辑起点,它只是逻辑起点(也就是现实问题之所以值得研究和需要解决)的一个原因——理论上没解决这个现实问题,学者之间仍然存在分歧。

现象级别的问题要求学生了解社会,了解本学科的社会实践并对其有描述能力,这个能力对于专门从事学术研究的学者而言都是很困难的,对于学生来说就更困难了。青年学生尚未走入社会,对社会运作方式、本学科的社会实践缺乏了解,他们长期生活在象牙塔中,学习的是一套按照学科内部逻辑而非社会实践逻辑编写的知识体系。因此,对于一篇论文而言,其成败的第一个关键步骤就在于学生对于本学科社会实践中现象级别问题的把握。对于指导教师而言,也必须对现象级别问题严格把关,防止学生在没有问题意识的情况下进入下一个流程,这个问题没有解决就匆匆推进后续环节,问题的缺失是后续修改无论如何都弥补不了的。

2.现象级别的问题会被抽象为"理论级别的问题"——专业解读

在确认学生已经准确地捕捉到了现实社会中的、现象级别的问题之后,接下来要做的是将现象级别的问题提炼、总结或者描述成理论级别的问题。比如,上文指出,在司法实践中,法官在适用最密切联系原则的时候存在五花八门的做法,导致案件结果不统一、同案不同判,这就是一个现象级别的问题。稍作总结,这个现象级别的问题可以被归结为最密切联系原则司法适用的混乱或者失范。那么这个问题从所在学科的理论角度观察是一个什么问题?我把它提炼和归纳为最密切联系原则司法适用的可控性问题研究,针对的是最密切联系原则司法适用的不可控性问题。这样就完成了对一个现象级别问题的理论升华。

再比如,曾经有一起案子,一对表兄妹要结婚,民政局不予登记,理由是法律规定三代以内的旁系血亲不能结婚。表兄妹认为这条法律主要是害怕近亲结婚对后代不好,于是做了绝育手术。再次来到民政局,民政局依旧不予登记。于是这对表兄妹对民政局提起了行政诉讼,要求民政局为他们二人办理结婚登记。这个例子中的现象级别的问题是民政局不给这对想要结婚的表兄妹进行登记,但是理论级别的问题则是"三代以内旁系血亲不能结婚"这条规则能否像表兄妹理解的那样被变通适用,这就涉及这条规则的性质——是强制性规则还是任意性规则。强制性规则是不允许变通适用的,任意性规则允许当事人变通适用。所以,这个表面上不予登记的问题,来到了理论上就变成了"三代以内旁系血亲不能结婚"这条规则是什么性质的规则。结论是强制性规则,不允许变通适用。

写作者为什么必须将现象级别的问题概括或抽象为理论级别的问题?爱因斯坦曾经说过一句话——问题不能在其产生的层面被解决。这句话是什么意思?是指当手中有一个现象级别的问题的时候,你对这个现象级别的问题的解决路径的寻求不应该停留在该问题产生的这个层面,而应该上升到该问题产生的上一个层面(原理层面)。也就是说问题不能在制造问题的层面被解决掉,得来到这个问题的原理层面上分析它并解决它。上文例子中,民政局不给表兄妹结婚登记,如果只在登不登记这个问题上吵来吵去是没有结果的,只能来到事件背后的原理层面——该条规则的性质——来解决。再举个例子,我的汽车突然打不着火了,这是个问题。但是这个问题怎么解决?你不能仅仅停留在打不着火了这个层面上,你现在应该思考的一个问题是,在汽车构造的原理中,什么东西能导致它打不着火?

是电瓶？是火花塞？是油路？抑或其他什么方面的原因，这个时候你完成的是把这个现象级别的问题上升到原理层面来观察的过程。接下来，如果是油路的问题，那请按照油路的原理去把这个问题解决掉。看到没，如果仅停留在打不着火，你解决不了问题。即便你有一个擅于修车的好朋友，你跟他说我的车打不着火了，他其实也并不能在看不见车、没有进行诊断和分析的情况下，去帮你把这个问题解决掉。同样的，你打电话给医生说"我头痛"，医生在看不到你、进行不了其他辅助诊疗的时候没有办法判断你的头痛是由什么疾病引发的，也就是说医生上升不到医学理论层面上进行诊断，因此也就不知道应该怎样去治疗。看到这儿你是不是应该明白了，问题（现象级别的）的产生和问题被解决，并不是在同一个层面上，问题的解决是一定要上升到问题产生的原理层面上才能进行的。同理，在写论文的时候也是一样，你发现了一个问题，这个问题需要上升到原理层面上去观察，并且在原理层面上定性之后才能找到解决问题的路径。这就是为什么写作者需要将现象级别的问题概括或者抽象为理论级别的问题。

在将现象级别的问题抽象成理论级别的问题的过程中，写作者需要注意以下几点：

第一，一个现象级别的问题可能会被抽象成不同的理论级别的问题，这就需要写作者进行选择和确认。很多事物都是多因一果的，并不是单纯的一一对应关系。一个现象级别的问题可以从很多角度观察，比如 A 基因在糖尿病致病机理中的作用研究；或者 B 基因在糖尿病致病机理中的作用研究。比如法学人认为 3 年—10 年的有期徒刑能够较好地减少抢劫这种犯罪行为，但是经济学人却认为抢劫犯罪率的降低跟成本和收益有关，当成本低于收益，抢劫犯罪率就会上升,当成本高于收益,抢劫犯罪率就会下降。同样是降低抢劫行为的犯罪率,社会学人主张通过社会优抚和释放善意来对其进行调节;心理学人主张进行心理干预从而达到控制抢劫犯罪率的目的。

从上述例子中我们可以看到,一个现象级别的问题在本学科之内就有可能被提炼成不同的理论级别的问题(如糖尿病的 A 基因或者 B 基因),甚至一个现象级别的问题可以被提炼成不同学科的问题(如法学从量刑角度观察抢劫行为;经济学从成本收益角度观察抢劫行为;社会学从社会优抚角度观察抢劫行为;心理学从心理干预角度观察抢劫行为)。写作者必须确认自己是站在哪个学科、哪个理论角度来观察这个现象级别的问题,从而更好地对其进行升华和界定。可以明确的是,每一种论文写作都有篇幅的限制,比如本科的毕业论文在 1 万字之内;硕士毕业论文在 3 万字之内;博士毕业论文恐怕要 10 万字起。不同的论文写作篇幅也会限制你对现象级别的问题进行理论上的升华。比如 A 基因在糖尿病致病机理中的作用研究可以写成 3 万字之内的毕业论文,那么基因在糖尿病致病机理中的作用研究可能就需要写成 10 万字的博士毕业论文。将现象级别问题提炼为理论级别问题的过程其实是一个综合权衡的过程,写作者既要把握自己的专业,又要把握相关理论,还要把握自己的写作任务。

第二,一个现象级别的问题也可能会被不同的人抽象成不同的理论级别的问题,因此具有相对的主观性。如上所述,一个现象级别的问题客观上是可以从多个学科、同一学科的多个理论角度进行分析的,那么就导致其可能会被抽象成不同的理论级别的问题。本部分即强调,不同的人由于其专业背景、独特的学习经历和学术旨趣,会将相同的现象级别的问题抽象成不同的理论级别的问题。举个例子,同样是治疗不孕不育,中医学的治疗方案基本上会从提升阳气、疏通经络、阴阳五行入手；而西医则会采用激素疗法、试管婴儿、人工受孕等方式解决；还有人会从中西医结合的角度看待这个现实中存在的现象级别的问题，不同的人看待问题的方式、角度和学科是不一样的。这在看病这个环节体现得非常明显，同一个头痛患者，在中医院看病可能就是肾虚；在西医院看病可能就是脑供血不足；在血管内科检查可能是血管狭窄；在神经内科检查可能就是神经受到压迫……如果你对同一种疾病的不同诊断和治疗感到困惑，这是因为对疾病的认识有多种进路，西医是其中的一种，中医是另外一种。同样，在人文社会科学领域，同一种现象背后也隐藏着多种学科的原理，也有不同的观察进路。一方面，写作者要保证自己观察的进路符合自己的学科和专业；另外一方面，适当掌握一些跨学科的知识能够让我们更丰满、全面地看待问题及问题的解决。所以，现象级别的问题虽然是客观的，但是在其被提炼成理论级别问题的时候，会受到写作者主观因素的影响，因此具有相对的主观性。

"相对"的主观性仅强调写作者主观选择的切入角度，并不意味着现象级别的问题是主观的，或者是切入角度是主观的，这些都是客观的，只是写作者选择从哪个角度切入是由写作者主观决定的。但需要注意的是，虽然从哪个角度切入是由写作者主观决定的，但是写作者的主观决定会受到写作者所在学科、所学专业和能力等一些客观因素的限制。一个只学习过法学的人不可能站在经济学的角度看待问题，如果他硬要这么做，就会导致他对这个问题的解读缺失专业性。

实践中经常出现的问题是选题停留在了现象级别，这种级别的问题没有办法展开学术分析，而且即便"像模像样地"进行所谓"学术分析"，学术框架也是散的，东一榔头，西一棒槌，根本没有体系，不成体统。举个例子，在我 10 年的指导、答辩、审查论文的经验中，很多论文都停留在了现象级别的问题上,如《离婚诉讼中女方证据不足问题研究》《非婚生子女继承通知不到位问题研究》《农村宅基地"三权分置"落实不到位问题研究》①……证据不足、通知不到位、落实不到位都是现象级别的问题,写作者必须找到这些现象级别的问题对应的理论问题是什么,而且理论问题还需要进一步确认,用的是 A 学科的理论还是 B 学科的理论;用的是一个学科的 A 理论还是 B 理论。

还有一种研究(论文写作)是以现实中存在的问题作为逻辑起点的,但是对问题概括得太不精准,以至于无法聚焦在本学科上。比如,《农村宅基地"三权分置"改革的推进思路研究》,作者针对的问题是农村宅基地"三权分置"改革无法落实的问题。这也许在现实中是一个问题,但是"落实问题"是一个很综合的问题,涉及很多方面和不同学科,比如涉及行政管理、法律、经济、税收、行政实体权力、程序……作者必须从自己学科的角度将这个问题进一步凝练。换言之,以现在高等教育"分科而学"的模式,作者都是有自己所属学科的,所以需要从自己的学科出发,将一个复杂而综合的现实问题中属于本学科的问题挖掘出来。

再举一例,有一篇论文的题目是《股权并购中知识产权流失问题研究》,从题目来看,知识产权流失是作者要研究的"问题",但是这个问题只是一个现象级别的问题,并不是一个理论级别的问题。原因就在于知识产权流失是一个社会现象,可以从多个学科切入研究。也就是说经济学有经济学的切入角度和研究方法,法学有法学的切入角度和研究进路。如果我们是法学生,就要使这个题目看起来是具有法学学科特征的。如何能够使这个题目看起来具有法学的学科

---

① 书中所有例子均为虚构,切勿对号入座。

特征？那它一定要体现法学学科的理论框架,也就是说要具备法学的理论性。① 我们可以试着将这个题目改成《股权并购中被并购方知识产权权利的保护》,一旦涉及权利的保护,就能让人看出你是搞法学研究的,你是从法学角度切入的。如果我们的专业是经济学,也可以试着将这个题目改成《股权并购中被并购方知识产权博弈的困境与出路》,这就可以让人看出它是一篇涉及经济学内容的论文,也使得该篇论文的标题具有了经济学理论性。

问题从现象级别上升为理论级别就完成了一次质的飞跃,从此之后,你的问题就带有了学科性、学术性和理论性。还记得之前提及的论文写作的类型吗？论文写作与公文、政府工作报告等的区别就在于其具有理论性,而理论性的第一次彰显,就在于问题从现象级别上升到了理论级别。

第三,一个现象级别的问题被识别成某个特定的"理论"级别的问题,就会在后续被限制在该种"理论框架"中分析和探讨,如图2-2-1、图2-2-2所示。

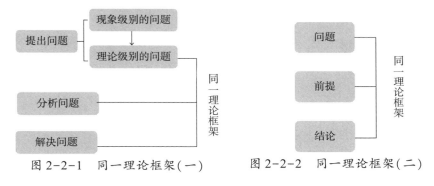

图 2-2-1　同一理论框架(一)　　图 2-2-2　同一理论框架(二)

---

① 如上文表兄妹结婚案中的强制性规则,这就是法学理论性的体现,也表现出了这个问题的法学特征。

将现象级别的问题识别为相应的理论级别的问题是为了将来分析问题的便利,它意味着该现象级别的问题在之后将在该理论领域之内被探讨,而不是在其他领域中被探讨。将现象问题识别为理论问题,目的是为后续分析问题打下基础、埋下伏笔。同理,你也可以这样理解,在一个论证框架中对问题、前提和结论的表达应该被限制在同一理论框架里,而不是识别了 A 问题,用 B 理论得出了 C 结论。如上文的最密切联系原则的司法可控性问题将会在司法自由裁量、司法确定性的理论框架中被讨论;股权并购中被并购方知识产权博弈的困境问题将会在博弈论背景下被讨论;股权并购中被并购方知识产权权利保护问题将会在权利理论框架中被讨论;A 基因在糖尿病致病机理中的作用将会在 A 基因的理论框架和糖尿病致病机理的理论框架中被观察和分析。我们再用一个简单的例子解释一下,假设你头痛,这是一个现象级别的问题,到了医院被诊断为肾源性头痛(确诊),这是一个理论级别的问题,然后经过肾源性头痛理论的分析过程,医生会给你开药和治疗,这个结论也是依据肾源性头痛的理论得出的,而不会跑到其他的理论框架之下(如图 2-2-3 所示)。

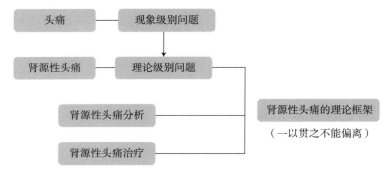

图 2-2-3 同一理论框架例 1 图

再比如,你还是头痛,这是一个现象级别的问题,到了医院被诊断为高血压头痛——这是一个理论级别的问题。医生会按照高血压头痛理论分析你的病情然后给你用药治疗,这一系列操作(从诊断到治疗)都是依据高血压头痛的理论(如图2-2-4所示)。

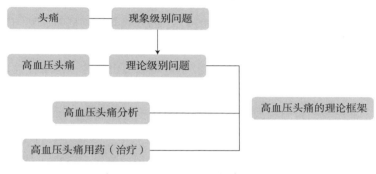

图 2-2-4　同一理论框架例 2 图

从这个意义上来看,对一个现象级别问题进行的理论提炼(也即上升为理论级别问题)实际上也限定了研究的对象和研究的范围,使得研究能够在特定的领域内展开。写作者(也是研究者)需要根据自身的情况、写作能力、写作任务对现象级别的问题进行适当的理论限定,否则就会出现研究范围过大或者过窄等情况,进而导致写作任务无法完成。

我曾经在答辩中见过一篇论文,它的标题是《×××问题的法经济学分析》,作者是一位法学生。我问他:"你有经济学基础吗?受过专业的经济学训练吗?"学生回答说:"没有,仅读过几篇文章,对这个方法感兴趣。"这篇论文不用看我就知道质量一定堪忧,虽然从标题上看,问题已经被描述成了理论级别的问题,但是作者并不具备相应的理论知识框架，没法展开对问题的分析。

　　理论级别的问题抽象不到位会使得写作者没有办法进行后续的理论分析，也就是无法正确推进分析问题环节。例如《股权并购的法律问题分析》，虽然标题里"法律问题"表明写作者是想从法律角度分析这个问题，但究竟是什么法律问题？必须明确指出这种法律问题的具体名称和具体内容。比如，上文提到的《最密切联系原则司法可控性研究》，这篇文章要解决的是最密切联系原则的法律问题，而且是法律问题中的司法适用问题，还是司法适用问题中的可控性问题，非常具体。我们回头来看《股权并购的法律问题分析》，这个题目并不能给我们很明确的指引，这到底是什么法律问题。这就好比一个人到了医院说自己不舒服，医生说你生病了。这难道就行了吗？作为患者你能同意吗？你会继续追问："我得的是什么病？"直到医生回复你，你得的是"高血压或者冠心病"等一类确诊性疾病，否则你是不会善罢甘休的。论文写作也是如此，必须"确诊"是什么问题，而不能笼统地说"有问题"。只有确定是什么病，后续才能对症下药。同理，也只有明确问题，才能找到对应的解决方案。

　　能够被成功地识别为一个理论级别的问题以及可以用一个理论框架去分析的标志是有学科标识和理论标识的关键词的出现。比如最密切联系原则在司法实践中适用混乱、总是出错这个现象级别的问题，被我们一点一点抽象成最密切联系原则的司法可控性问题的时候，你会发现"司法""可控性"这一类具有学科标识的关键词。而《股权并购中知识产权流失问题研究》这个题目中，流失问题只是一个广泛且综合的社会问题，不具有任何学科的属性，直到你将这个题目具体化为《股权并购中被并购方知识产权博弈的困境与出路》的时候，"博弈"这个具有学科标识的关键词出现了，你就可以从博弈论的角度对这个问题进行分析了。

3. 现象级别的问题上升为理论级别的问题考查写作者的专业性

只有受过专业训练的人才能将现象级别的问题识别为理论级别的问题。现代大学教育的分科而治培养的都是专业人才，这些被培养出来的人才都具有某个学科的专业知识，这使得他们能够相较于其他学科或者没有接受过专业教育的人，在识别现象问题的时候具有优势和专业性。比如俄乌冲突问题，在法律人眼中就是一个国际法问题；在经济学人眼中就是一个国际金融结算问题；在政治学人眼中就是一个国际关系和地缘政治的问题。能否将现象级别的问题提炼、抽象或者概括为一个理论级别的问题考查的是写作者的专业能力和理论能力。

论文必须具有专业属性和理论属性才满足大学人才培养的要求。首先，写作者需要通过论文写作获得学位，无论是学士、硕士还是博士学位都有具体的"前缀"，法学学位、经济学学位、工学学位、理学学位……你如果不能用你所在学科的知识去识别一个问题，并对其进行分析和解决，那就证明你不具备拥有相应学位的资格。其次，还是老生常谈，现在的大学依旧是按照学科进行人才培养的，法学生拥有法学知识；医学生拥有医学知识；经济学生拥有经济学知识……论文就是一个提出问题并用自己所拥有的知识解决问题的研究过程，你接受的教育也决定了你只能在你所拥有的知识框架范畴内去识别这个现象级别的问题并把它提升到理论级别，这也是大学设置论文写作环节的初衷——考查学生的知识运用能力。最后，如果你不能使用你的专业知识和专业理论识别问题，那只能证明你的专业功底和能力不够强，没有达到论文写作的要求，还需要加强训练。

(三) 问题是一个"大小适中"的问题

在实践中,经常有学生会问:"老师,什么叫选题过大?"毫无疑问,根据所处的阶段和研究任务,写作者要选择一个大小适中的问题,但什么是选题大或者小,一直没有专门的书籍和权威的说法给写作者做出解释。

判断一个选题是否"大",要从客观和主观两方面来确定。客观是写作者要完成的是一篇什么样的论文?本科毕业论文?硕士论文?博士论文?投稿论文?不同的论文篇幅不一样,容量也就不一样,对选题的大小要求也就不一样。主观是写作者具有什么样的研究身份?是否有团队?拥有什么样的研究经历?这些都直接决定写作者能做怎样"大小"的选题。

首先,我们需要明确,无论什么样的论文都需要有问题意识,逻辑清晰,论证充分。那么从客观上看,本科毕业论文1万字,硕士毕业论文3万字,博士毕业论文10万字起。这些不同的字数其实也就决定了写作者选题的"大小",否则,即便勉强用1万字写了一个巨大的选题,写作者也无法保证论证充分,因为选题过大,很多东西没等写透彻字数就到了。所以,从这个方面来看,本科毕业论文的选题最小,硕士论文的选题也要具体,博士论文选题稍微大一点。以我个人的研究领域举个例子:硕士论文选题是《实际联系原则对我国加入〈选择法院协议公约〉的挑战》;博士论文选题是《〈选择法院协议公约〉对我国民事诉讼制度的挑战与重构》。① 大致就是这样一种状态,写作者要感受到不同字数的论文能够包含的内容是不一样的,进

---

① 实际联系原则是民事诉讼制度中的一个具体原则,用这两者对比主要是彰显硕博论文讨论的范围。

而导致选题的"大小"也就不一样。

其次,从主观方面来看,不同大小的题目对完成人的要求也是不同的。我们用一棵树及其组成部分(树干、树枝、树叶)做比喻,结合一个医学项目的例子来说明选题的大小。类似《糖尿病致病机理研究》这样的选题,是属于大树级别的选题,这样宏大的选题基本得院士领衔,带领着一众团队,在不少于 5000 万资金资助的情况下才能做出来。像《A 基因在糖尿病致病机理中的作用研究》这样的选题,属于树干级别的选题,不需要院士,但也得是一个资深的教授,有团队,并且在不少于 1000 万的资金资助下才能完成。像《B 基因在 A 基因主导的糖尿病致病机理中的表达》这样的选题,属于树叶级别的选题,有经验的教授可以完成,但也必须有团队,资金资助在 500 万左右就可以了。写作者在写论文的时候,首先要看看自己是谁,自己能驾驭多大的选题,有些太大的选题,不是本科生或者硕士生能驾驭得了的。那些在本硕博阶段就想写《论法治》,就想写《国际经济法理论的重塑》,就想写《经济法理论的变革》……的同学,还是先做一些微观的、自己的能力能驾驭得了的题目吧。

写作者要在观察现象级别问题的时候就思考自己能够驾驭的选题范围,根据自己写作的任务和要求,在将现象级别的问题上升到理论级别问题的时候精准地控制住问题的大小,从而达到控制文章篇幅的目的,避免选题过窄进而达不到字数要求,或者选题过大、泛泛而谈、没有深度的现象产生。更为主要的是,能否精准地控制选题的大小其实是一个人专业能力(或者叫专业控制力)的表现。

(四)问题是一个"真问题"而不是"想象中"的问题

这个部分相对复杂,本部分要分几种情况进行探讨:

第一种情况,写作者解决的问题是一个假问题,或者说是一个根本不值得研究的问题。比如我所在专业曾经有一个学生的选题是《韩日国际私法理论借鉴研究》(纯虚构,仅用来说明问题),这个选题的研究意义就不是很大。熟悉我们学科的人都知道,国际私法理论研究比较丰富的两个区域,一个是欧洲,另一个是美国。除此之外其他国家,尤其是亚洲国家对这个学科的贡献度相对低,没有太多的借鉴价值。或者《中国台湾地区国际法理论研究》(纯虚构,仅用来说明问题),由于中国台湾根本不是一个独立的国际法主体,中国台湾地区的国际法其实没有研究价值,它自身的研究空间也很窄,这种研究我个人认为其实是没有意义的。这种选题多半是写作者脑补出来的选题,没有太多的学术空间和研究空间。

第二种情况,把要做的事情当成"问题"。这种情况发生得特别多,在指导毕业论文、答辩的过程中,每当老师问"你要解决的问题是什么",作者就会把自己要做的事情当成"问题",这个比例相当高,甚至十有八九。比如,某篇论文题目为《反垄断国际规则国际一体化研究》,作者向答辩组描述他要解决的问题是"一体化"。这不是问题,这是作者要做的事情,是对问题的解决方案和结论。真正的问题是作者为什么要开展"一体化研究"。但是,当老师继续追问:"你做这个事情是想解决什么问题?"作者通常是答不上来的。

如果你追问几句,把作者问着急了,作者还会反问:"难道我研究这个×××(如一体化)没有意义吗?"这个问题也有必要解释一下,一项研究有没有意义取决于它解决了一个什么样的"问题",而不是你觉得或者我觉得它有没有意义。一句话,一切都有客观标准,是不依据人的主观意志为转移的。类似的题目还有《欧盟和美国管辖权制度比较研究》中的比较研究,《中国×××制度的构建》中的制度构建,这些都是作者要做的事情,而不是本书上文所说的"问题"。

出现这种情况,一方面是由于作者根本没有弄清楚什么是问题,另一方面,作者也区分不开问题和结论之间的关系。本书上文已经介绍了,问题其实是一个客观事实,考查的是学生或者写作者描述真实世界的能力。而问题和结论之间的关系是"实然"和"应然"之间的关系。比如上文中的《反垄断国际规则国际一体化研究》中的国际一体化研究是结论,也是作者要做的事情,这个事情是一个目标,是一个理想,是一个"应然"的东西,不是问题。问题应该是"实然"的,也就是你所追寻的这个事物的现实和现状是什么样的。你应当能够描绘出反垄断国际规则在国际一体化方面目前存在的问题是什么,实然是个什么样子,就是上文所说的现象级别的问题,它是一个客观事实。一定是"实然"不行,你才要追求"应然","实然"存在问题,满足不了需求,你才要启动研究,说服大家接受你的"应然"。

我们把写作者的研究比作医生开药。假设你身体不适去医院,医生没告诉你得的是什么病,直接给你开了"×××药",你敢吃吗?同样的,如果说上文中的"一体化研究"是药,那么它对应的"病"是什么?你总得在论文中特别明确地指出你的这个"一体化研究"的药方要治疗的"疾病"是什么吧。如果你不指出这个"病",那么老师们也不会信任你的这副"药",甚至不知道你的这副"药"要干什么。

再举一例,假设你是一个技术工人,你有电钻且能熟练使用电钻工作,你为了找到更多的活儿干就必须推销自己。但是,你在推销自己的时候会说"我有电钻"吗?那样不会有多少人理你,你要想一想顾客为什么会找你干活。那你可能会说,他们需要电钻啊?这就是问题意识。不,还不到位。确切地说,顾客需要的是在他墙上有一个"钻孔",比如5毫米的钻孔。这才是问题,至于你是用电钻,还是用别的工具,顾客不关心,他只关心他需要的5毫米的钻孔能不能实现。

　　解释到这里,你会不会对问题意识有了更清晰的认识?问题不是你认为你有什么,你能提供什么,而是你能切实地考虑到客户的实际需求,站在客户实际需要的角度来用你的知识提供解决方案。但你的解决方案和你拥有的技术不是问题,问题在客户那里。如果用"实然"和"应然"理论来解释,实然是顾客的墙上没有钻孔,但他需要一个钻孔;应然是找到了你之后,你能使墙上有了顾客需要的钻孔。而你提供的电钻只不过是完成了顾客需求的工具而已,这个工具本身并不是问题。

　　同样的,论文写作中的问题意识也不是你能干什么,你有什么,而是现实中的实际需求是什么。你要找到现实中的那个"5毫米钻孔",并且借助论文写作和论证的方式告诉大家,你所掌握的专业知识能够帮助客户现实解决他的"5毫米钻孔"的问题,这才是问题意识的正解。

　　至于为什么人们总是把自己拥有的东西、想要提供的解决方案当成是问题意识本身,这就涉及个人中心主义,作者永远是站在自己的角度想自己要做什么,而没有换位思考客观实际需要什么。如果一个技术工人总是这么想问题,不能站在顾客的角度考虑顾客的实际需求,那么他的生意估计也蛮难做的。

　　在日常的指导和评审工作中,我看到很多论文其实是很优秀的,内容也很翔实,但是就是看不出要解决什么问题,有的只是写作者一厢情愿、执迷不悟、十头牛也拉不回来的"想要做的事情"。这是因为写作者将"药"和"病"混淆了,将"电钻"和"墙上的钻孔"混淆了。一篇论文不仅要开出漂亮的药方,还要让别人相信这服药是能解决"问题"的,不是主观臆断,不是凭空想象出来的。

(五)问题是一个"值得研究"的问题

这一点要求是为了满足以论文写作为载体的科研工作对创新性的要求。在复杂的社会实践中,每个学科都有很多问题需要解决,但是问题和问题不一样,有些问题是急需解决的问题,迫在眉睫;有些问题是卡脖子问题,意义重大;而有些问题可有可无,虽然存在,但不会对正常社会生活和秩序构成影响,可以不予理会。科学研究的本质是解决问题,是为了让人类社会更加美好而从事的知识生产活动。科学研究有一个本质性的要求——创新性,创新性的大小甚至决定了你研究工作的价值和所写论文的分量。

创新性是由问题决定的,即解决了写作者提出的问题所带来的理论上和实践上的价值。也即,科学研究本质上都是在从事创造性的知识生产工作,都要求有创新性,但是在创新性的大小上存在差别。比如屠呦呦教授发现了用于治疗疟疾的药物——青蒿素,挽救了全球特别是发展中国家数百万人的生命,因此获得拉斯克奖和葛兰素史克中国研发中心的"生命科学杰出成就奖",这项研究的创新性巨大。再比如黄大年教授从事的航空重力梯度仪项目是关系国家战略安全的重大研究,能够将某国的军舰逼退100海里,有效维护国防安全,这项研究意义重大,获得了国家几亿资金的支持。

作为刚刚开始研究工作的青年学生,可能短时间之内不会取得太具突破性的成果,但是可以将研究方向和问题锁定在造福更广泛的人群、为国家和社会的发展作出贡献、为整个人类社会谋福利的宏图大志上。这就涉及研究方向的识别和选择,一个人的研究精力是有限的,也不能总是不停地变换研究方向,因为每次转换方向会有沉没成本。青年学者要在自己充分钻研和教师指导的基础上选择一个具有延展性、前途光明的研究方向,然后从一个力所能及的小问题出发,一点一点构建自己的研究问题体系、思想体系,最终在这个研究方向上为国家、社会和人类贡献自己的力量。

二、问题从哪里来?

尽管上文用很多描述性的语句来说明什么是问题,甚至也指出了问题长什么样子,它从实践中来等特点,但是我们一直没有能够从人类思维的角度揭示出问题到底是怎样被人脑识别和挖掘出来的,本书试图在这个部分解决这个问题。事实上,有很多书籍和文章都会描述问题是怎么形成的,但是很遗憾,这些描述也都是个性化和经验化的,并不本质。那从思维的角度来看,问题究竟是怎么形成的?写作者应当提出什么样的问题?

我们期待什么样的问题?或者在什么样的基础上提出的问题可以作为论文写作的"问题"?这绝不是关于时间顺序或是关于具体操作的一些事实类、信息类的问题,而是基于逻辑关系提出的问题。也就是说,不是基于信息(知识)本身的问题,而是基于信息(知识)和信息(知识)之间的逻辑关系而产生的问题。

(一)论文写作的问题不能是知识问题

很多时候,学生提出的问题就是一个具体的 question,是可以在现成的教科书、著作或者网络中寻找到答案的,这种问题不需要研究,只需要回答。这种问题不涉及知识增量和知识生产,只是人类现存知识的简单整合和加工,不涉及创新性。同样,基于这样的问题写成的所谓"论文"只能是说明文,而不可能是议论文。

(二）论文写作的问题不能是知识的时间顺序和简单因果关系的问题

这一类问题同样只涉及记忆、理解和简单应用，不属于论文写作关注的问题。本质上，这些问题不是"难题"，不需要被解决。只是写作者自己存在理解上的困惑，而人类作为整体对这个"问题"没有困惑。写作者在提出问题的时候应当不停地问自己，自己提出的是一个客观的"难题"吗？或者仅是一个自己不理解的"难题"。如果仅仅是自己不理解、没参透的"难题"是不具有研究价值的。论文写作必须为人类社会整体贡献知识增量，从事的是知识生产，不是为了让写作者增加自己不知道但是人类已有的知识。

(三）论文写作的问题是基于**逻辑**产生且建立在**逻辑**要素之上的

写作者提出的问题是从整个研究领域或者是一个更大的问题的逻辑链条中产生的，也即，写作者提出的问题必须在整个逻辑链条中的某个要素上，否则就不是真正的问题，也不值得探讨。如果从本书所指的写作本质的角度来看，论文写作的问题是来源于分析论证和评论论证的。

本书在文献综述制作过程中就指出，写作者第一步就要呈现出自己所从事的研究领域（通过主题性阅读）形成了一个怎样的论证框架体系，这就是分析论证。在分析论证基础上，写作者要进行第二步，也就是评论论证，指出这个论证框架体系中哪部分的前提有问题、哪部分的推理有问题，在评论论证中写作者就能寻找到自己要研究的"问题点"的来源，它可能会在以下几种情况中出现：

（1）"问题点"的产生是由于现有研究"有问题没结论"

如图 2-2-5 所示，写作者在做完文献综述之后会发现有些问题没有解决方案,比如我在做完课程思政的知识整理类文献综述之后,发现思政元素的挖掘和融入没有具体的、可操作的解决方案。这就属于有问题没有结论,写作者可以围绕"没有结论"这个问题进行研究。这种研究(或者问题点)开放度很高,辨识度也很高,是一个值得下手的问题,通常学科对这个问题点也都是有共识的,如果写作者能从事这样的问题点研究,一旦有了立得住的研究成果,会得到很大的关注。

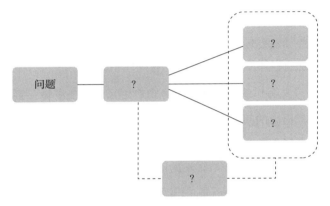

图 2-2-5　问题点的产生(1)

(2)"问题点"的产生是由于现有研究"有问题有结论,但是前提不为真"

如图 2-2-6 所示,写作者在做完文献综述后会发现有些问题虽然有结论,但是得出结论所依据的前提不为真。这种前提不为真分为三种情况:第一种是前提本身的信息是错的,不是客观真实;第二种是前提本身的覆盖性不足,没有涵盖所有的情况,这种情况经常发生在取样、分组、实验等环节,把一些局部的情况误认为是整体情况作为前提,据此得出的结论一定是有问题的;第三种是前提本身跟结论或者跟所讨论的问题没有什么关系,不具有关联性,放在这里都是摆样子、凑数的。那么,写作者就可以围绕这些出了问题的前提找到自己要研究的"问题点"。

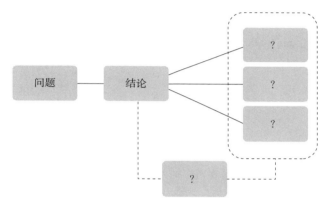

图2-2-6　问题点的产生(2)

(3)"问题点"的产生是由于现有研究"有问题有结论有前提,但前提推不出结论"

如图2-2-7所示,这个问题点出现在推理上,前提和结论之间的关系首先取决于是哪种推理类型,演绎推理的结论比较可靠,归纳推理的结论就要看其强度;前提和结论之间还要看是充分条件、必要条件、充要条件等关系中的哪一种。有时候,之前的研究会在推理上犯错误,比如将充分条件当成了必要条件;将归纳推理的结论当成了可靠的结论……这些都可以被写作者发现并深入研究以寻找自己研究的"问题点"。推理的问题也有可能出现在未表达前提上,未表达前提是前提能够推出结论的基础,未表达前提不为真、不成立也影响推理。所以,实践中针对推理进行评价也会涉及对未表达前提的判断。

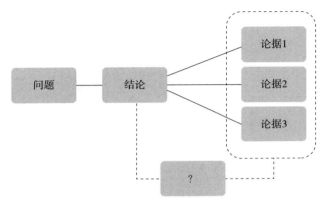

图 2-2-7 问题点的产生(3)

(4)"问题点"的产生是由于现有研究"有结论有前提有推理,但问题不为真"

任何争论都是从定义开始的,如果对于问题的理解存在问题,哪怕对这个问题有了再多的讨论、再完备的论证框架都是徒劳的。如图 2-2-8 所示,写作者在做完文献综述之后还会发现有些问题自始至终就存在误解和争论。比如西方用所谓民主和人权打压我们,但是西方的民主观和人权观是片面的,只是他们认为的民主和人权,而不包括中国的民主和人权。对这类问题的结论不能从推理和逻辑上评论,只能从根儿——问题本身的界定上进行揭示。所以,研究者的"问题点"可能来自目前研究状况对问题的界定上。阐述到这里,请写作者回溯本书之前提及的"三岁宝宝淘气"的例子,评论论证的最后一个可以被审视的点是"什么是淘气",这就是本部分想要介绍的问题"不为真"中的定义存在争议,写作者同样也可以从这里找到自己的"问题点"。

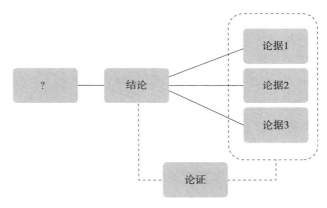

图 2-2-8　问题点的产生(4)

如上图和上文所示,问题发现的过程就是分析论证和评论论证的过程。如果写作者不能从分析论证和评论论证的角度描述出自己的问题并进而证明这个问题符合上文我们对问题的界定(比如真问题、值得研究以及理论问题等),那么多半这个问题是"有问题的"。同样,指导教师、答辩组、论文评审专家也要从逻辑的角度考查问题是否成立,这才是对问题最为底层的分析。在日常指导学生论文写作的过程中,经常会有指导教师用模糊、不精准、描述的语言去形容问题是个什么东西,或者长得像什么……这些都无法让学生从本质上把握什么是问题,以及问题是怎么来的。只有在对文献的分析论证和评论论证的基础上才能感受到真正的问题。

此外,需要注意的是,在上述关于问题的产生的介绍中,我们能感受到问题点的来源是不一样的,其中(1)由于开放性比较大(4)由于颠覆性比较强进而导致了围绕这两种问题来源点从事的研究具有极强的创新性。而(2)和(3)两种问题来源点一般是建构在别人研究的基础上,属于跟随性研究、积累性研究,创新性没有那么大。在科学研究领域中,研究者(写作者)也要审视自己的研究状态,如果没有自己原创的东西、总是为别人的研究做证实或者做证伪等跟随性研究,可能一辈子都没有办法成为专业大咖。相反,如果一开始就把自己的学术志向锁定在(1)、(4)这类研究问题来源点上,一旦有了突破,这种研究的创新性、影响力都比较大。但是,对于学术新手来说,最主要的任务是动手练习,先让自己具备写作和思考的基本能力,至于找到一个极具创新性的领域,那是持续研究、积累和思考的结果。

- **要点提示三:**

①问题是一个 problem,不是 question。

②问题是一个理论问题,不能停留在现象层面。

③能否将现象级别的问题上升为理论级别的问题考查写作者的专业能力。

④问题是大小适中的问题。

⑤问题是一个真问题而不是想象中的问题。

⑥问题是一个值得研究的问题。

⑦问题来源或产生于逻辑的要素。

⑧从分析论证和评论论证的角度来看,问题有四种来源,分别是:有问题没结论;有问题有结论但前提不为真;有问题有结论但前提推不出结论;问题本身定义存在问题。

第三章 构思
——建构自己的论证框架和论证体系

经过上文所述的两个步骤之后,写作者手里已经有了一个"问题",接下来需要做的工作就是围绕这个"问题",建构写作者自己的论证框架。写作者建构自己论证框架(包括之后对论证框架的不断调整和矫正)的过程也需要分析论证和评论论证。实践中,经常能够遇到的情况是,写作者发现了一个"问题"之后,没有进行建构论证(构建自己的论证框架)就匆匆动笔了,这样的做法是不推荐的。一方面,没有被明确建构并落实在纸端的论证框架是模糊的,是不确定的;另一方面,没有一个"施工图",在施工过程中会跑偏。所以,建构论证框架——构思过程是必不可少的,而且开题也主要是围绕论证框架进行讨论,无论如何,这都是一个避不开的环节。如果这个环节开展得不到位或者被省略,那一定会遗留很多隐患并且导致论文最后的质量出现问题。本书接下来从写作者的视角呈现建构论证也就是构思环节的步骤和注意事项。

一、具备实质要件

(一)要有一个清晰且适合写作的问题

"问题"是一切研究活动的开始,该部分已经在上文给出了非常详细的介绍,此处就不再赘述。但是考虑到构思环节的完整性,还是需要将问题列在第一个步骤上。写作者经过上文的文献阅读——文献综述——问题的形成,手里会有一个问题,但是这个问题是否适合写作还需要多方面的评价,有时候这个问题是真问题,但是对于写作者来说过大,写作者驾驭不了;有时候这个问题有价值,但是难度较高,写作者依旧完成不了;有的时候这个问题又太小,不能形成一定体量(比如博士论文)的文章;有的时候,问题是可以的,但是已经过时;有的时候,写作者手中会有很多可以切入的"问题点",先写哪个,后写哪个也是有讲究的。这个部分建议通过中期考核、与导师互动、多向别人请教来解决。总之,写作者要确保自己手里的问题是个"好问题",否则后患无穷。"问题"一旦出了问题,后续所有建立在其上的工作就都会出现问题。所以,在构思环节的一开头,我们还是强化一下"问题"的重要性。事实上,在日常评阅论文的过程中,我发现90%的论文存在的问题都与"问题"相关。由此可见"问题"的重要性以及我们对论文写作的"问题"的关注度①和完成度都是不够的。

(二)要有一个清晰完整的理论框架

对理论框架的考查非常重要,但也经常被忽略。有的时候,学生手里有一个问题,这个问题其实也不错,但是对于"问题的分析和解

---

① 学术界也一直都关注问题以及问题意识,但是在本书之前一直没有办法用一个可以被观察、可以被测量以及可以被操作的方法来告诉写作者什么是问题,以及问题是怎样形成的。所以,从这个角度看,本书对于问题以及问题形成方法的揭示也是本书的一个重要的内容,希望能够帮助写作者解决对于问题以及问题意识的一些模糊认识和所获指导不足方面的困扰。

决是需要依据理论(客观真实①)"的这种认知是缺乏的。当你问写作者:"你分析问题的理论框架是什么?"写作者通常回答不上来,或者回答得不圆满。那么什么是理论框架(或者称之为理论基础),为什么需要这个理论框架。我们先来看图 2-3-1,它们其实在上文也出现过。

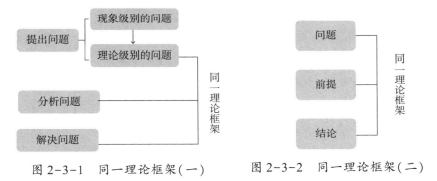

图 2-3-1　同一理论框架(一)　　图 2-3-2　同一理论框架(二)

从图 2-3-1 我们能够看出来,研究的过程分为提出问题、分析问题和解决问题,而提出问题是从现象级别的问题开始的,也就是说,它是一种客观存在的现象。因为你具有相关专业的知识,你能够利用知识将这个现象级别的问题上升到理论级别的问题,这一步你就动用了你的某一"特定知识模块"。当你识别完问题之后,你继续在这个"特定知识模块"的指导下分析问题,也就是按照这个特定知识模块,你识别的问题可能会被分解成几个方面进行分析,然后还是在这个"特定知识模块"的指导下,你给出了解决方案。那么,理论

---

① 现在请回忆一下我们上文讲述的理性思维及其要素,理性思维是指针对一个问题得出一个正确的结论需要满足两方面的条件:其一是依据客观真实;其二是经过正确推理。本书此处所说的理论框架就是理性思维中的"客观真实"。

上，你从将现象级别的问题识别成理论级别的问题开始，一直到后来的分析问题和解决问题环节，都在这个"特定知识模块"的支配、指导、支持下开展工作。

这个过程如果用思维的要素，也就是问题、结论、前提来进行展示的话就形成了图2-3-2，这幅图向我们说明了，你识别的问题、给出的结论以及得出结论的前提都是受同一个理论框架（特定知识模块）支配的。这一点需要提醒写作者注意。举个生活中的例子，我们经常能够在新闻上看到这样的标题——"只因为多看了一眼，她就救了他一条命"。大意就是某个医生在某个公共场合，比如公交车、办事大厅或者是在医院的候诊大厅不经意地看了一个人，这个人的状态突然引起了这个医生的注意，这个医生快速上前对这个人进行施救，最后这个人在医生的帮助下得救了。这个人可能在别人的眼中是一个"正常人"，他可能是在候诊或者陪同别人就诊的时候出现了一些情况，常人看不出来。但是一个专业的医生在经过的时候就能发现他的"不正常"。你看，这个过程就是将现象级别的问题上升为理论级别的问题。之所以医生能够发现这个问题而旁人不能，是因为医生具有专业知识。而医生不是用广泛的医学知识对这个潜在的"病人"进行诊断，一定是这个医生恰巧具备识别这个潜在"病人"的疾病（问题）的相应知识模块。试想一下，如果这个患者是一个老人，他罹患的是心脑血管方面的疾病，一个儿科的大夫可能是很难识别的。所以，能够在人群中"快速准确"（多看了一眼）识别这个潜在"病人"疾病的医生一定是具备心脑血管疾病诊断能力的人。所以，这里面使用的理论框架或者"特定知识模块"就是心脑血管方面的理论。

识别出问题只是这个"特定知识模块"被运用的开始,接下来,医生还要在这个"特定知识模块"的指导下对这个病人的病情进行分析,然后组织施救。所以你看,从问题的识别、分析到最后的解决都是一以贯之地在一个"特定知识模块"指导之下开展的,我们将这个"特定知识模块"称为理论框架。

本书之所以用"特定知识模块"这个词来描述理论框架,是因为本书面向的是不同学科写作者,这个特定知识模块是指每个写作者所属学科的理论,但是本书作者只是一个具备法学知识的教师,恐怕没有办法将特定知识模块一一确定,这需要写作者结合自己所处学科进行识别。但是有时候,写作者经常犯的错误是将很宏大的、很宏观的所谓"知识模块"作为分析问题的理论,这样是不够具体的。比如我有一个学生写的一篇文章题为《利益法学视角下跨境破产判决的承认与执行问题研究》,这个"利益法学"就是他分析问题的理论基础,但是注意,仅仅是理论基础,不是具体的理论框架(特定知识模块)。我们分析问题所指的理论框架或者特定知识模块是分析你所提出问题的最小的、最贴合的知识模块,而不是一个浩大的理论群、二级学科、一级学科甚至跨学科这种宏大表述。

我们举一个法学学科的例子,如表2-3-1,我们在法庭上证明张三构成故意杀人罪,只需要用到犯罪构成要件理论。这是在法庭上最小的、最贴合的知识模块,你不能用其他的理论。犯罪构成要件理论将张三构成故意杀人罪这个问题分解成四个方面:主体、主观方面、客观方面和客体。

表 2-3-1　故意杀人罪的理论框架

问题	证据	理论框架的具体要素	理论框架（特定知识模块）
张三是否构成故意杀人罪	1.张三年满14周岁,精神上没有障碍	主体	犯罪构成要件理论
	2.张三主观上是故意	主观方面	
	3.张三实施了杀人行为	客观方面	
	4.张三侵害了他人的生命权	客体	

在法庭上证明张三构成故意杀人罪这个特定场合下,你所依据的理论只能是犯罪构成要件理论,不能泛指刑法理论,更不能是法学理论或者什么交叉学科、跨学科理论。① 但凡是不能明确自己分析问题的理论框架的,都属于理论框架不清晰或者尚未具备理论条件的写作者。如果在理论框架不清晰的情况下匆匆动笔,那么分析问题部分就很有可能是胡诌八扯,即便勉强靠边,也构不成严密的论证。实践中,我们对于理论框架的考查和要求过于模糊,进而导致很多论文是不具备理论框架的,这些论文的分析问题部分仅是随意地给出几条理由或者原因,至于这些原因之间是什么关系,它们整体上又是什么状态并没有人深究,仿佛分析问题就是写作者个人发挥的场地,全凭大脑的灵光乍现,想到什么就写什么。这从本质上来讲根本不是研究,也不符合研究的精神。

还需要指出的是,这个理论框架应该是在写作者所属学科的范围之内,不能切入其他学科,尤其是初学者或者学生更需要注意,因为这类写作者根本不具有利用其他学科的知识解决问题的能力。举

---

① 我们后续会用"张扣扣案"作为例子来分析这个问题。

个例子,我有一个学生要用经济学成本收益理论解决一个法学问题。可问题是这就是一个本科生,连法学基本理论的积淀都不够,为什么要跨到经济学理论中去?虽然该名学生很明确地指出了他的论文使用的理论是成本收益理论,但是他的学习经历让人怀疑他是否能准确地使用好这个不是他所属学科的理论,即便该名学生能够证明他在这方面有非常深刻的积累,那也不建议写,因为学生写论文基本都是为了获得相应学科的学位,这样的论文学科属性是模糊的,很麻烦。而且从事实上来看,学生不具备这个能力。本书在此处就想说明,一个具体而明确的理论框架是非常重要的,并且是贯穿提出问题、分析问题和解决问题始终的。如果写作者不能明确说明这个理论框架是什么,那么他撰写出来的论文很有可能就是拼凑出来的,里面的内容也多是胡诌八扯,没什么太多的实际意义。

(三)要切入"恰当且准确"的理论框架

分析问题的理论框架是多层次的,可以是本学科的,也可以是跨学科甚至是跨自然科学和社会科学两个大领域的。即便是在本学科,也分一级学科、二级学科和三级学科,这时候就要求写作者非常清楚自己写作所使用的理论框架属于哪个层面,这个层面是不是适当的(符合客观要求),是不是自己能够驾驭的(符合主观要求)。

本书在这部分要解决的是写作者没有从与问题相关的、最为直接的理论框架中去分析问题,而是跑到别的层面上去分析的问题。还是用上文张三是否构成故意杀人罪这个例子来进行解释和说明,解决这个问题最为直接的理论框架是——犯罪构成要件理论,这也是法庭庭审要求的、从事分析问题必需的理论基础。但是如果法庭已经对某个案件有了定论,学者还是愿意在犯罪构成要件理论之外的刑法学理论或者是法学理论范围内对它进行探讨,那么也就是说在犯罪构成要件理论之外,支配犯罪构成要件理论的还有刑法学理论;在刑法学理论之外,支配刑法学理论产生的可能还有刑法学和其他法学的互动理论。如果还想持续向上追溯,在刑法学和其他法学的互动理论之外还有法学、社会学、人口学、经济学等其他一级学科理论;在法学、社会学、人口学、经济学理论之外,还会有经济、社会、文化等一些更为宏观的理论范畴。如果还想持续向上追溯,现代社会的经济、社会、文化等理论的形成可能又离不开跟科学技术的互动、科技革命的发生……所以你看到了吧,分析问题其实是有很多切入层面的。如图 2-3-3 所示:

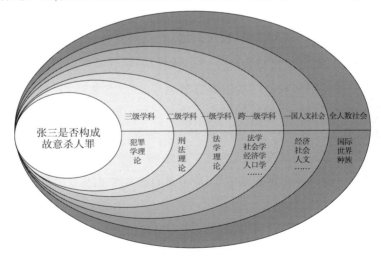

图 2-3-3　分析问题切入的层面

论文写作对写作者,尤其是初级写作者的要求是能够揭示与所发现问题有最直接联系的理论就可以(至少要控制在本学科之内),不必站在特别宏观的一级学科、跨学科甚至是从国家、社会、民族等宏观角度考虑问题。原因其实很简单,一方面,以初级写作者的能力是没有办法驾驭这么宏观的理论去分析问题的;另一方面,初级写作者一般是为了撰写毕业论文或者资格论文才进行论文写作,写作的范围有限,选题都是非常克制和有限的,不能选择特别大的题目,那样做不深入。如果站在这么宏观的理论角度分析,势必会导致写作者确定一个非常大的选题,这与论文写作的基本要求是不相符的。

我们用一个特别轰动的案件——张扣扣杀人案来解释写作的切入层面问题。1983年,张扣扣出生于陕西省汉中市南郑县,张扣扣家与被害人王自新家系邻居。1996年8月27日,因邻里纠纷,王自新三子王正军(时年17岁)故意伤害致张扣扣之母汪秀萍死亡。同年12月5日,王正军被原南郑县人民法院以故意伤害罪判处7年有期徒刑。此后,两家未发生新的冲突,但张扣扣对其母亲被伤害致死心怀怨恨,加之工作、生活长期不如意,心理逐渐失衡。2018年春节前,张扣扣发现王正军回家过年,产生报复杀人之念,遂准备了单刃刀、汽油燃烧瓶、玩具手枪、帽子、口罩等作案工具,并暗中观察王正军及其家人的行踪。2018年2月15日12时许,张扣扣发现王正军及其兄王校军与亲戚上山祭祖,便戴上帽子、口罩等进行伪装,携带单刃刀、玩具手枪尾随王正军、王校军至汉中市南郑区新集镇原三门村村委会门口守候。待王正军、王校军返回时,张扣扣持刀朝王正军颈部、胸腹部等处割、刺数刀,又朝王校军胸腹部捅刺数刀,之后返回对王正军再次捅刺数刀,致二人死亡。张扣扣随后到王自新家中,持刀朝王自新胸腹部、颈部等处捅刺数刀,致其死亡。张扣扣回家取来菜刀、汽油燃烧瓶,又将王校军的小轿车左后车窗玻璃砸碎,并用汽油燃烧瓶将车点燃,致该车严重受损,毁损价值32142元。张扣扣随即逃离现场。2018年2月17日7时许,张扣扣到公安机关投案。

汉中市中级人民法院经审理认为,被告人张扣扣故意非法剥夺他人生命,其行为已构成故意杀人罪。但在庭审过程中,张扣扣的代理律师之一——邓学平发表了一份引发社会关注的辩护词。

一叶一沙一世界(节选)①
——张扣扣案一审辩护词

合议庭的各位成员:

张扣扣被控故意杀人罪、故意毁坏财物罪一案,今天迎来了正式开庭。

在我开始阐述辩护观点之前,请先允许我对逝去的三条生命致以最诚挚的哀悼,对被害人家属表示最深切的同情和慰问。今天我的辩护意见,不能在任何角度或任何意义上被解读为对逝者的不敬或挑衅,也不能在任何角度或者任何意义上被理解为对暴力的推崇或讴歌。

英国早在十四世纪就确立了正当程序原则。其中内容之一便是:任何人在遭受不利对待之前,都有权要求听取自己的陈述和申辩。正是基于这一古老而朴素的正义理念,今天,我才出庭坐在了辩护席上;也正是基于这一古老而朴素的正义理念,今天,我们大家才得以坐在这里。

---

① 全文阅读 https://baijiahao.baidu.com/s?id=1622251430534160688&wfr=spider&for=pc,2022年10月2日最后访问。

我深信,不管是什么案件,不管是什么人,都应当依法保障他本人以及他委托的律师的辩护权利。这种保障,不仅仅是准许他说话,不应该只是一种形式上的保障。这种保障,应该是一种实质上的保障,即:充分听取辩护意见,并认真采纳其中合理的部分。

法律是一整套国家装置。它不能只有形式逻辑的躯壳,它还需要填充更多的血肉和内涵。今天,我们不是为了拆散躯壳;今天,我们只是为了填补灵魂。

那些发生于童年时期的疾病是最严重,也是最难治愈的。——弗洛伊德

心理学上有一种严重的心理疾病,叫创伤后应激障碍。它的典型定义是:"个体经历、目睹或遭遇到一个或多个涉及自身或他人的实际死亡,或受到死亡的威胁,或严重的受伤,或躯体完整性受到威胁后,所导致的个体延迟出现和持续存在的精神障碍。"

心理学的研究表明,激烈的侵犯会导致复仇的欲望,而复仇的欲望只有得到排解,才能放弃复仇的行动。

古今中外,在人类的各个历史时期、各个社会类型,复仇都是永恒的话题。

从莎士比亚的《哈姆雷特》到大仲马的《基督山伯爵》,再到中国的《赵氏孤儿》,以复仇为题材的文学作品,至今仍是人类跨文化、跨地域的共同精神食粮。

文学是人性和社会的反映,复仇在文学作品中的重要地位是其人性和社会基础的最好证明。

中国传统司法实践对复仇案例大多给予了从轻发落。孔子

有"以直报怨,以德报德"的著名论述,儒家经典《礼记·曲礼》甚至有"父之仇,弗与共戴天"的说法。

如果从文学角度来审视,这是一篇优美且情感饱满的文章,作者引经据典,掷地有声地指出现在司法制度与张扣扣案本身存在的结构性问题,希望能给张扣扣争取到从轻发落的机会。这篇文章(我更愿意称之为文章,而不是辩护词)里引用了大量的心理学、文学、古代中国和外国的人文经典来论证自己的观点,饱含深情且又展示了人类的同情心,进而引发了全社会对张扣扣的无限同情。我身边的很多律师朋友也转载了这篇文章,这篇文章甚至也获得了"最美辩护词"的称号。然而,从法律的角度来看,这并不妥当。

这篇文章被应用的场合是故意杀人罪的庭审现场,法律在庭审环节的主要原则是以事实为依据,以法律为准绳,是一种纯粹的法律分析且属于刑法犯罪构成要件理论的调整范围。也就是说,在法庭这种环境下,对于案件的讨论仅能在法律规定和犯罪构成要件理论框架内讨论,其余的社会、心理、文化……统统没用,这是违背法治逻辑的。但是在庭审之外,我们从学理上探讨现行法律是否存在"缺陷"时,可以综合更高一层次的法学、法理学理论进行探讨;这时候,跨学科如心理学、社会学、文学的思路也是允许进入的。也就是说,邓学平律师的辩护词从学术、社会、生活、文学角度看都是有合理性的,唯独从庭审的逻辑来看是行不通的。这也是为什么著名法学家苏力老师指出:

> 法律辩护应基于案情和事实,该律师有超出刑法的追求……完全且故意漠视本案以及与本案有关的基本事实,用所

谓的名人名言、趣闻轶事代替说理,以引证代替论证,以华而不实的修辞、堆砌和"中二"的多情表达,蛊惑不了解案情的公众,不谈实体法,也不谈程序法,就胡扯随意剪辑的所谓法理,捎带着打个擦边球,搞点司法政治:让不会吱声的社会,让此刻没法吱声的前案法官,来背锅。彻底地无视本案事实,彻底地不讨论可能相关的法律,这份辩护词根本没把审案法官当回事,只想放到网上煽情网民。这是份法庭辩护词吗?这是个赝品!因为它根本不在意眼前的法庭、本案法官,以及前案法官的判决,以及中国《刑法》的规定。他根本就没遵守律师依法辩护的规则。这个依法不仅指自己的言行要守规矩,而且辩论的问题和诉求也必须有制定法的根据!

之所以围绕邓学平律师的辩护词会产生如此大的争议,我们结合上图可以很好地解释。法庭庭审需要双方站在犯罪学(犯罪构成要件理论)层面进行辩论,这是案件最为直接的理论框架,但是邓学平律师切入的理论层面(姑且认为是理论分析)则是跨一级学科,综合了法律、社会、人文、心理……这是不符合法律的逻辑的。从写作的角度来看,作者切入的理论层面是不对的,虽然能博得公众的关注甚至好感,但从理性且专业的角度来看是站不住的。

综上,在论证框架的理论部分,写作者必须明确地指出其分析问题所使用的理论,同时要求该理论不仅正确,还是可以用于该问题分析的、与问题紧密相连的层面确定的理论。总之,写作者使用的理论不能太高、太泛,超出写作者所在学科的范畴。

二、具备形式要件

具备形式要件是指写作者还需要制作一个论证框架图或表,论证框架是指写作者在确定问题之后,需要围绕问题形成结论,并揭示结论形成的推理过程。论证框架的主要要素包括:问题、结论、前提(未表达前提)以及推理。我们经常会建议学生用图示来表示论证框架,常用的图示有两种,如图 2-3-4 和表 2-3-2 所示:

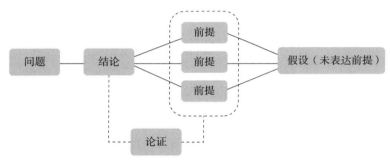

图 2-3-4　论证框架的构思

或者是:

表 2-3-2　论证框架的构思

实然(问题)	过程(论证)	应然(结论)
……	……	……

图 2-3-4 意在使写作者能够清晰地描述出他是怎样围绕问题得出了论据充分的结论的,该图迫使写作者清晰地厘清存在于他大脑中的信息之间的关系和界限,杜绝整体性思维和似是而非的思考。写作者必须明确地将问题表述出来,清晰地向读者展示他对于问题

的总体结论也就是解决办法是什么。更为主要的是写作者需要向读者展示这个解决办法是怎么来的,是符合理论要求并经过推理和论证得出的,而不是主观臆断出来的。在这幅图中,问题、结论、前提等要素必须紧密地结合在一起并在逻辑上实现自洽,有任何逻辑上的瑕疵都会导致论证存在缺陷甚至无效,进而使得论文写作工作前功尽弃。并且,一旦出现了逻辑问题,后续工作即便是按部就班地推进也没有意义,因为逻辑问题是致命的,必须调整好论证框架之后才能够开始下一个环节。

表 2-3-2 意在使用另外一种方式帮助写作者明白自己手中正在从事的工作是一个怎样的现实过程。在表 2-3-2 中,问题被解释成现状,是一个实然的东西;而写作者想做的事情也就是结论是一个应然的东西。写作者通过论文写作(即研究)其实是想实现将一个事物从实然状态过渡到应然状态。但是中间的"过程(论证)"要求写作者必须从科学、本质和规律的角度揭示从实然到应然是如何过渡和实现的。同样,表 2-3-2 也要求实然、应然和过程在逻辑上是自洽的。

在我指导论文写作多年和考查多所大学(国内和国外)的论文写作指导过程之后发现,中国目前的论文写作很少对论证框架环节进行特别有针对性的控制,这导致论文写作存在大量问题。总体而言,导致论文写作质量不高的根源主要有两个:其一是指导教师(高等教育本身)对什么是论文写作所需要的"问题"认识不清,也没有能力向写作者准确传达什么是"问题";其二是缺乏组织或个人深入细致地把握写作者的论证框架,而是泛泛地以开题这样模糊的字眼,对写作者的选题和文献进行粗略的评估,并没有细致到把握写作者的论证和逻辑水平。尽管有的导师会指出论证方面的问题,但是由于没有向学生解释清楚论证在写作过程中的核心作用,学生不明白什么是论证以及怎样论证。因此,很多学生的论文在论证上是存在硬伤的,对这个问题最好的解决方案就是在写作者进行论文写作的过程中对论证框架予以把握和控制。如果写作者不能形成如上述图表形式存在的论证框架,抑或是表面上形成了以图表形式存在的论证框架,但是并不能在问题、结论和前提之间建立起真实且有效的逻辑、理论联系;或者不能解释清楚从实然怎样合乎逻辑和科学地过渡到应然,那么写作者就在论证上存在很大问题,这样的写作是不能够继续往下推进的,需要将本环节的问题解决、澄清之后才能开始下一个环节的任务。

此外,论证框架(构思环节)是一个典型的建构论证,在建构论证中较多地运用了写作者自己的分析论证和评论论证的能力。如果想要更加客观地呈现论证框架,可以多与别人,尤其是专业人士或者指导教师讨论,听取他们对于你的论证框架的评论论证,而别人对你论证框架的评论论证则属于解构论证。从以上我们对文献阅读、文献综述、问题产生、构思环节的阐述,读者朋友们是不是已经了解到了分析论证和评论论证对于论文写作的重要性,以及分析论证和评论论证可以发生在解构论证的环节,也可以发生在建构论证的环节;可以是自己对别人的文章做出的,也可以是别人对自己的构思做出的。总之,论文是专业知识和论证(主要是分析论证和评论论证)共同作用的产物。脱离了论证的基本知识和基本能力,写作者单纯依靠自己的专业知识是没有办法写出令人满意的论文的。

在中国的高等教育框架下,写作者具备相应的知识体系是不成问题的,难就难在如何具备解决问题的思路,而解决问题的思路其实动用了思维。思维的要素包含问题、结论、前提以及前提到结论之间的推理(或者论证),而论证最为核心的能力即是本书所强调的分析论证和评论论证。分析论证和评论论证可以被嵌套进解构论证和建构论证之中,同时也是建立在论证的基本类型、六种常用的逻辑方法基础之上的。长期以来,对论文写作的指导和分析没有聚焦在论证上,而只是介绍写作技巧和流程,这并不本质。写作的本质,除专业知识外还需要具备逻辑能力。专业知识是写作者接受学科教育所具备的,而本书则着眼于逻辑能力,核心就是分析论证和评论论证。以上,就是对论文写作的核心本质的分析并将这个本质过程贯穿了从文献阅读、文献综述、问题产生到构思的全过程,任何脱离了分析论证和评论论证的阅读、问题识别和构思都不是真正的论文写作。

还需要补充一点的是,分析论证和评论论证从教育学的角度来看涉及的就是分析和评论的能力。这两项能力都属于认知的高级能力,让我们看一下美国著名教育学家布鲁姆对认知能力的分类,如图2-3-5所示,从侧面了解一下具备分析和评论能力的重要性。

图 2-3-5 布鲁姆认知分类

布鲁姆教授将大脑的认知能力分为六个层次:记忆、理解、应用、分析、评价、创造。①记忆是指具体知识或抽象知识的辨认和识记,这是一种最基本的学习方式,也是教育目标在认知领域中的最低层次的要求。②理解是指对事物或者知识的领会,这里的领会是指初步的、肤浅的领会,受教育者只要能用自己的语言复述、解释、描述、比较即可。③应用指的是将自己所学习到的知识包括概念、原理等应用到具体问题的解决中。这里所指的应用是简单的、初步的直接应用,而不是通过分析、评价等进行的综合性运用,如三角形已知两个角的度数求第三个角的度数。④分析是指按照一定的(理性的)标准将材料分解成不同的部分,从而将其内部组织结构呈现,既可以详细地说明其内部结构,也可以看出其内部结构是否缺失。⑤评价是指在分析基础之上评价已经被分解的各个要素是否符合一定的标准,从而作出一定的判断。应当指出的是,这种判断是基于理性的判断,而非基于直观感受。⑥创造是指在分析、评价的基础上,有可能会产生新的知识,或者新的方法,抑或是发现事物之间新的联系。① 我们的教育长期集中在记忆和理解层面,记忆和理解是针对知识而言的,一旦上升到应用层面,就涉及将知识运用到问题的解决中,从而也就涉及思维了。分析是一种思维形式,从定义中可以看出,它是指按照一定的而且理性的标准将手中的事物、材料分解成不同的部分,从而不仅能够看出这一事物的内部组织结构,还能方便看出其内部组织结构是否缺失、是否符合要求。分析能力与评价能力经常结合在一起,一旦我们将事物的内部组织结构呈现出来,就很容易看到它的内部结构是什么状况,是好还是不好?是完整的还是缺失的?是满足要求的还是不满足要求的?论文

---

① 参见〔美〕B.S.布卢姆等编:《教育目标分类学 第一分册 认知领域》,罗黎辉、丁证霖等译、施良方校,华东师范大学出版社1986年版,第59页以后。

写作是建立在分析和评价基础上的,它们都是为了创新做准备的。这也说明为什么每次写论文都要考虑"创新性"的问题。

至此,本书将论文写作的本质——分析论证和评论论证已经阐释完毕并将它落实到从阅读到构思的全过程。应该说,论文写作推进到这里已经完成了80%,当构思结束之后,大部分工作也都结束了,剩下的就是用语言将自己头脑中的想法呈现出来。这是写作的正确流程,如果你把前面的工作都做到位,后期的输出不会太难。我们在实践中看到很多同学在论文写作中都焦头烂额、焦虑不堪,是因为还没有到动笔写作的时候就急于动笔,前面的阅读、分析、评论、构思都没有做到位,后面动笔也是乱的。所以,在本部分最后需要提醒写作者注意的是,要在真正动笔之前,将准备工作都做好,否则动笔就是一场灾难,是一场自我折磨。相反,如果准备充分,思路清晰,动笔就是一个水到渠成的工作。

- **要点提示四:**

①必须先构思后写作,即有完整的论证框架和论证体系才能动手写作。

②构思的前提是有一个清晰且适合写作的问题。

③构思环节需要有一个清晰完整的理论框架。

④写作者的理论框架切入层面要准确。

⑤构思环节要能形成思维导图,有两种制图形式供选择。

⑥构思环节本质上也是分析论证和评论论证。

⑦相对于主要是解构论证的阅读环节,构思环节主要是建构论证。

第四章　开始写作

需要指出的是,笔者在撰写本书之前出版了《批判性思维与写作》《论文写作——一本适合各学科、各年级的通识论文写作书》,前者厘清批判性思维与写作的关系,后者是针对全国高校论文写作通识课程的统编教材,侧重论文写作的写作过程、教学过程和管理过程,是为了配合高校的毕业论文写作教学进行的全过程解读。这两本书都有关于开始写作的介绍,总体上分为标题、摘要、引言和正文写作。与之前两本书介绍写作思路不同的是,本书是从分析论证和评论论证的视角观察写作的,写作者可以将这几本书结合起来阅读,多视角观察写作过程。

需要在动笔之前交代的另一个问题是,整个写作过程是将之前我们构思的所有东西用文字呈现出来的过程。理论上,一篇论文的写作包含标题、摘要、引言和正文,本书将细细拆解我们之前所做的工作,如确定研究方向、阅读、文献综述、问题形成、构思环节、解构论证和建构论证、分析论证和评论论证是如何被转化成文字,进而最终形成一篇完整的文章的。

开始写作之前,我们先盘点一下我们手中的"物资储备",这都是前期工作积攒下来的。同时,这些"物资储备"也是判断我们能不能动笔写作的先决条件。如图 2-4-1 所示,我们从文献检索一路走到现在,手中应该拥有:F——研究方向或者选题领域;R——文献综述;S——问题的形成或者问题的来源;A——问题;B——前提;C——结论;T——统筹问题、前提和结论的理论框架。其中,F是我们在筹备写作的时候确定的研究领域,这个领域基本上是你自己感兴趣、自己选择或者导师指定的。这个研究领域要有研究价值并能持续提供研究问题。在确定F的基础上你开展了文献检索;根据文献检索的"四性",你有了自己的专门的、涉及同一主题的文献;然后你开始文献阅读,先是检视性阅读,然后是批判性阅读,最后到主题性阅读,主题性阅读帮助你形成了R——文献综述。在文献综述的基础上你发现了现有研究存在的不足,这也是S——问题的形成或者问题的来源。在S基础上你有了一个A——问题,这个问题就是你的论文要研究和解决的问题。围绕这个问题你要展开分析——B,所谓分析就是拆分和考察,将一个复杂问题分解为多个条件(前提)去观察,最后提出解决方案——C。需要注意的是,识别问题(即将现象级别的问题上升为理论级别的问题)、分析问题和解决问题都是在T——同一理论框架下展开的。写作者必须保证自己走到写作这一步的时候,手中是有F、R、S、A、B、C、T的,而且要明白这些东西是你经过解构论证和建构论证、分析论证和评论论证获得的。如果没有这些东西,根本没有办法展开写作。整个写作的过程就是将我们之前做的工作(F、R、S、A、B、C、T)按照符合读者阅读和理解的方式①描述出来的过程。本书接下来的部分就是从F、R、S、A、B、C、T角度观察标题、摘要、引言和正文怎么撰写。

---

① 如果说构思是作者跟自己的对话,那么写作就是作者和读者的对话,需要有读者的视角。这也是为什么在讲完构思之后,我们还需要讲构思怎样转化成文字。

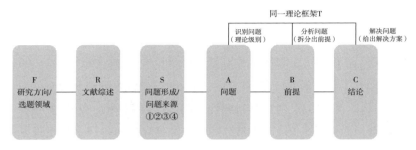

图 2-4-1　前期积累的"物资储备"

一、宏观视角——论文各部分的撰写

(一) 标题

标题需要交代清楚问题和结论,同时还要交代问题和结论发生的领域(研究对象)。某种意义上,标题及整篇文章都在告诉读者你发现了一个什么问题,你要怎么解决它,而标题是最为短小的表达。至于标题为什么在常规上必须包含研究对象+研究问题+结论的原理,读者可以参阅《批判性思维与写作》,那里有非常详细的论述,该书还同时介绍了主标题、副标题和分标题的写作,本书就不过多描述了。结合我们上文的图表,标题应该是 F+A+C。[①] 比如最常规的表述是《国际投资法院制度的缺陷及完善》,这个标题包含了完整的 F+

[①] F 也可以是 f1、f2、f3……但是必须有 F 来证明你所从事的领域,A 是用来说明这个领域中的某个环节(f1、f2、f3)出现了什么问题,C 是说明针对这个问题你形成了什么样的解决方案。但这个 F+A+C 只是最基本的表达公式,写作者还可以根据需要添加研究背景、研究方法、研究目的……但是需要遵循规律,不能想写进去什么就写进去什么。具体,请读者参阅《批判性思维与写作》。

A+C；或者《最密切联系原则的司法可控性研究》，这个标题表面上包含了 F+C，但事实上暗示了问题是司法不可控，所以也包含了一个完整的 F+A+C。

另外，我们需要考虑的是，问题有四种来源（参见上文问题的形成部分），其中包括①有问题没结论；②有问题有结论但前提不为真；③有问题有结论但前提推不出结论；④问题本身的定义有问题或者问题是个假问题。针对四种不同类型的问题来源，标题的撰写可能也不一样。首先，我们需要承认的是，①属于开放性的，研究领域比较新，研究积累不多，缺乏对问题的基本共识，基本上只要研究出来结果就会展现出极大的创新性。比如《融入式课程思政：理论与方法》，课程思政面临的难题就是无法融入，无法融入的原因在于缺乏科学的理论和方法指导，所以这个标题有问题、结论，也包含完整的 F+A+C。但有些领域如②③的研究看得出已经推进了很长一段时间，研究得很细致，形成了比较丰富的论证框架体系（还记得主题性阅读——文献综述的分析论证吗？），写作者可能需要围绕其中的一个论证模块分析其前提是否为真；或者前提是否能够推出结论。其中判断"前提是否为真"可以考虑之前的研究是否应用了错误的理论；或者理论没错，但对理论的理解是错的导致理论内部各要素界定得不准确，进而使前提不为真。比如，《正当防卫中"不超过防卫限度"标准的再认定》①这个标题就想说明在正当防卫认定中有一个"不超过防卫限度"标准需要再考量。之前，"不超过防卫限度"可能被限制在"别人用了拳头，你不能用板砖；别人用了板砖，你不能用刀；别人是一个人，你不能团伙……"的层面上。现在随着情况的变

---

① 纯虚构的标题，不要过多纠结于学科正确性，体会这个标题对应的问题来源。

化可能要改变这种很机械的"不超过防卫限度"标准。这是属于对前提产生了质疑进而撰写的文章。那些问题来源于③即前提推不出结论(这是驳论,但也可以立论,如 XX 前提与 XXX 结论的关系)的标题通常都表述成《XXX 与 YYY 关系再认定》;或者《B 基因在糖尿病致病机理中的作用》,这两个标题就是探寻前提和结论之间关系的,你能感觉到作者的问题点产生在③这种情况。其中《XXX 与 YYY 关系再认定》属于驳论,目的是想说明之前的研究对 XXX 与 YYY 之间关系的认定存在问题。而《B 基因在糖尿病致病机理中的作用》是一个立论,大意想表述的是之前大多数的研究都是 A 基因,通过假设和试验验证 B 基因也是影响糖尿病的一个致病基因,这类文章多数都是在前提和结论之间的关系上从事研究。还有的论文在界定前提或者前提和结论关系的时候会回应原作者,比如《正当防卫中"不超过防卫限度"标准的再认定——兼与×××教授商榷》,所以标题的变化形式是很多的,但无论是哪种问题来源产生的标题,如《正当防卫中"不超过防卫限度"标准的再认定》《XXX 与 YYY 关系再认定》《B 基因在糖尿病致病机理中的作用》都是要交代 F+A+C,只不过发生的领域不同,表述的方法就不同,你的表述方法只要业内人士能看懂就行①,没必要非得把所有的内容都写上,比如《B 基因在糖尿病致病机理中的作用》这个标题隐含的前提是 A(假设是 A)这种主流的基因说法已经过时或者偏颇,于是提出了 B(不是无端提出,是经过实验的)。这个标题外行可能是看不懂的,但是内行一看就能明白。医学是一个比较细的领域,有的标题如《XXX 在脑神经胶质瘤 YYY 上的表达》,这些从严格意义上说都是医学人"想做的

---

① 也即业内人员能看懂你的 F+A+C 就行,外行看不懂是正常的。

事",并不是像我们上文所说的"在形式上"包含了 F+A+C,但是没关系,只要内行人能看懂这个标题本质上其实是包含了 F+A+C 的就行。

以上只是从理论上探讨了标题的构成和表现形式,如果读者从上文一直跟读到现在,应该对这个 F+A+C 模式是不陌生并且是能理解的,而且还会非常欣喜有这样一个"套路"可以帮助自己构思论文的标题。但需要指出的是,知易行难,在下笔撰写标题的时候还有一个能否用语言和文字准确描述 F+A+C 这三个部分的问题。比如,我有一个学生刚开始撰写的标题是《双边条约背景下我国判决承认与执行条款存在的问题及出路》,这个标题虽然也行,但是不够好,最后我帮她改成了《双边条约背景下我国判决承认与执行条款的优化路径研究》。还有一次,我在指导社科基金申报的时候,一个申报者的申报书标题是《×××学者思想研究》,这样的标题没有任何意义,需要提炼出问题和主题,也就是说研究这个×××学者的思想为了干什么(解决什么问题),能带来什么解决方案。最后这份申报书的标题被修改成《×××学者思想对教育公平的影响》[①]。再比如有一篇论文《美国教育法案第 9 条研究》,这个标题更奇怪,没有 F+A+C,美国教育法案第 9 条只是一个载体,它背后一定涉及一个 F,作者还需要将这个 F 存在的问题以及要怎样解决表达出来,单纯地抛出"美国教育法案第 9 条",则是个特别失败的题目。

在我的写作指导生涯中,我看到了很多表达不规范、不到位的论文标题,标题是检验一位写作者思路是否清晰、论文基本定位是否准确的第一个门槛,一定要把标题表述准确再开始下一步的工作。在

[①] 杜撰的题目,请读者领会精神。

标题撰写过程中，多听听别人的意见，多让别人进行"评论论证"有助于一个特别优秀的标题的形成。一个好的标题是成功的一半！再次强调，本书只是从论证、逻辑的角度呈现标题的写法，关于标题的撰写还有很多基础性的知识，请大家参阅《批判性思维与写作》，那里有更为详细的介绍。

(二)摘要

论文摘要是以提供论文内容梗概为目的，不加评论和补充解释，简明、确切地记述论文重要内容的一段文字。理论上摘要就三句话：A 是什么、B 是什么、C 是什么，如果 A 不是特别能让读者理解，还可以捎带一点 S 或者 R。我们先看一个示例：

摘　要：学术界围绕课程思政开展的研究取得了一定的成果，但是现有的研究成果偏宏观、理念性和政策性研究(R)，缺乏一般性认识和学理性支撑是当前课程思政存在的主要问题(A)，集中表现为教师在将思政元素融入专业课教学中缺乏理论指导和技术支撑，仅凭经验和个人理解，这样不仅难以测量课程思政的效果，也没有办法传播、复制和迁移优秀的课程思政理念(S)。课程思政"人生观"培养等目标从原理上属于批判性思维中的"观念"挖掘、提炼与重塑(B)。在批判性思维的指导下重新审视课程设计能够解决目前课程思政缺乏学理性支撑、没有统一标准、效果难以测量等问题(C)。

上述示例就很好地展示了摘要的构成，我们可以在阅读中随手找一个摘要进行观察，一个表述清楚的摘要一定是包含必备的 A+B+C 的，但是这里的 A+B+C 要高度概括，基本上每一个部分就只用一句话描述出来就可以了。因为摘要有严格的字数限制，尤其是期刊论文的摘要,往往被要求在 200~300 字之间,不允许长篇大论,也不需要长篇大论。所以在这么狭小的表达空间里,就非常考验写作者抽象概括的能力。

摘　要:面对《选择法院协议公约》的批准问题,国内研究多集中于公约文本与中国国内立法的差异,缺乏偏宏观的视角(R&A)。虽然经过美欧博弈,该公约已经具有自限性、柔性和开放性,但仍然给中国管辖权的全球竞争力以及判决承认与执行问题的保守性带来挑战,这是中国批准公约面临的实质问题(B)。中国一方面要关注公约的外部环境变化和国际格局调整,另一方面要利用公约自身的手段和提升司法竞争力缓解其带来的压力,这是批准公约必须着重研究的内容(C)。

摘　要:《涉外民事关系法律适用法》已经实施 5 年有余,目前是对该法的司法适用情况进行阶段性搜集和整理的理想时段,以便于实际地观察该法的适用效果(R)。由中国裁判文书网公布的 2554 例案件反映出该法在适用中存在着诸如识别、适用、推理、司法不确定及法院地法倾向等问题(A),造成上述问题的原因包括立法和司法两方面(B)。若意图提升《涉外民事关系法律适用法》司法适用效果,在立法上应加强国际私法规范的编撰、保证法律的稳定性,实现法律规范的精确性;在司法上应对法律选择的步骤进行过程干预,加强国际私法指导性案例的作用以及突破属地主义的限制(C)。

我们总结一下,普通论文(1 万~2 万字)的摘要基本上三句话就可以了,第一句要指出问题是什么;第二句要指出导致问题的原因是什么(也即分析问题);第三句指出结论是什么。这三句话看起来很简单,但是实际操作起来会很难。一方面,写作者需要用一句话将自己的提出问题、分析问题和解决问题的内容概括出来,这是非常困难的,并且需要训练。另一方面,写作者还会用描述性语言(而不是断言)来进行说明(而不是论证)。最后,还有一些写作者将摘要写成了内容简介或者简短版的引言,这些都是不对的。我们先看一个负面的例子,然后通过修改的过程体会摘要撰写的要求。

我们先看提出问题的部分:

A:以新加坡为代表的×国盟友对亚洲世纪的理解引发了一定的问题……

A':以新加坡为首的×国盟友对亚洲世纪的内涵和实现方式的限制性理解对国际舆论产生了极大的误导,对中国非常不公平。

A就是表达不到位的情况,仅说引发了一定的问题,但问题到底是什么没有揭示。这是摘要撰写最大的问题,很多写作者总是在问题的表皮上晃荡,不能深入内核去,因此读者无法理解所谓"问题"是什么。我们再来看A',A'表达就会明确很多,指出由于新加坡对于亚洲世纪及其实现方式的理解偏差引发对国际舆论的误导和对中国的不公平,这就指出了问题的"内核",看到A',相信读者不用看正文也知道作者要说的是什么问题。

我们再看一下分析问题的部分:

B:本文通过厘清亚洲世纪的内涵进而指出亚洲世纪的实现方式……

B':将亚洲世纪的内涵局限在经济层面而忽略政治和安全层面;为×国插手亚洲事务站台而强迫中国屈从×国政策,进而帮助×国打压中国是导致上述问题的根本原因。

B的表达明显是在向读者描述自己的写作思路,但是在摘要里需要的都是"干货",写作者需要描述的不是思路,而是自己对于这个问题最为核心的看法和观点是什么。相比之下,B'就很好地指出了作者关于原因的核心观点,即为×国站台、打压中国、对亚洲世纪进行限制性解释。

我们再来看一下解决问题的部分怎样提炼和概括核心观点:

C:亚洲各方要共同努力寻找解决问题的方案。

C':全面理解亚洲世纪的内涵,给予中国公正的对待而非打压中国发展空间是对这个问题最好的解决方案。

C是一句口号式的结论,这也是写作者在摘要部分经常犯的错误,一方面没有揭示解决问题的"内核",还在表面上晃荡;另外一方面,这样口号式的表达其实是很空洞的,容易给读者留下假大空的印象。相比之下C'就会好一些,它表明了作者的观点:你们要全面认识亚洲世纪的内涵,不要总是打压中国,强迫中国屈从×国……说到底新加坡还是×国的盟友,它认识问题的起点就是×国的那套维护×国利益的价值观,从而混淆了很多是非。这样对结论的概括才算是言之有物。

现在我们把这几句放在一起来看一下摘要的三句话整体的面貌:

摘　要:以新加坡为首的×国盟友对亚洲世纪的内涵和实现方式的限制性理解对国际舆论产生了极大的误导,对中国非常不公平。将亚洲世纪的内涵局限在经济层面而忽略政治和安全层面;为×国插手亚洲事务站台而强迫中国屈从×国政策,进而帮助×国打压中国是导致上述问题的根本原因。全面理解亚洲世纪的内涵,给予中国公正的对待而非打压中国发展空间是对这个问题最好的解决方案。

摘要在内容上要注意将问题是什么、分析问题的前提以及结论的具体内容都表达清楚，而不是仅写一些浮在表面上、让读者看不到问题、前提和结论的说明性文字，这种写法叫作"写虚"；写作者要把实际内容带出来，这种写法叫作"写实"。例如，不能说引发了很多问题，要写明问题是什么；不能说原因很多或者原因的背景，要具体列明原因（即前提）；不能口号式地呼吁大家共同解决或者寻找理性方案，而是要具体将方案和结论摆出来。此外，摘要应以第三人称的视角客观描述，不能出现笔者认为之类的第一人称视角。

硕士论文和博士论文的摘要相对要长一些，但是无论篇幅多少都是对提出问题、分析问题和解决问题模块的提炼。写作者可以按照上文关于摘要的写法进行相应的扩充，但是要注意各部分比例要均衡。在摘要部分最常见的问题就是用错人称，比如笔者认为×××是该问题产生的主要原因。再有一类错误就是写作者将论文篇章结构和目录写进摘要，比如：文章的主要内容有四个部分……

(三) 引言

论文写作是需要有引言的，如果把论文写作比作为一本书的话，引言相当于总论部分，而写作框架中的提出问题、分析问题、解决问题则相当于分论部分。写一篇论文，写作者需要交代的信息很多，如问题、问题产生的背景、学界对问题的研究状态、进展、研究方法、研究思路、研究意义等。这些问题虽然会在写作框架中被循序渐进地交代清楚，但是"分论"毕竟是"分论"，缺乏整体性和系统性。上文提及，将写作者研究的内容通过写作表达出来是为了交流，是为了便利读者阅读，因此需要采用符合读者认知和理解事物规律的方式安排结构和内容。那么，引言的存在就相当于"总论"，在摘要之后、正文之前用简洁的语言将上文所提及的内容进行概括式的介绍，给读者一个整体的印象，然后读者在整体的印象指引下对"分论"内容展开阅读。

从本书撰写的视角来看，引言就是全文的概括，要交代清楚 F、R、S、A、B、C，要把我们之前工作累积的要素全部交代清楚，但每个要素只交代一句话就可以了，引言就是正文的"引导版"，正文就是引言的"完整版"。两者在要素上都是全面而完整的，只是表述方式和详略上有差异。

我在《批判性思维与写作》一书中曾经将引言分解成几句话：

第一句：解释句。解释句是用来解释标题的，当写作者在标题中使用了某个不太具有学科标识的词汇；或者词汇之间的组合不太容易被本学科的人直观地理解；或者写作者认为有必要进一步澄清自己标题中的内容，那么你需要在引言的第一句话就指出标题所蕴含的更为具体的内涵，让本学科的人能够快速理解你的问题和你的主题。以《最密切联系原则的司法可控性》为例，该标题中的研究对象是最密切联系原则，研究问题是最密切联系原则在司法适用中存在不规范的情况，而这是由最密切联系原则的弹性导致的，研究的结论（主题）是最密切联系原则应当实现司法规范性，也即实现对最密切联系原则的弹性进行控制。这里面有一个词语"可控性"是作者自己提炼的，并不具有学科标识，所以有必要利用解释句对这个词汇进行界定，并同时对整个标题进行一个拓展性解释。

解释句：最密切联系原则的司法可控性是指针对最密切联系原则灵活性引发的……而采取的……，最终要达到……

第二句：背景句（或研究对象句）。该句是用来阐述"问题"产生的环境和土壤的，背景句的要求是直接切入"研究对象"这个层面，因此有时候也被称为研究对象句。背景句的功能就是要交代问题产生的、较为宏观的时代或者社会背景,并且要交代研究对象,同时要保证与下一句——问题句无缝衔接,这就是背景句的功能。背景句应避免切入层面太高失去了对研究对象的描述功能以及对问题的导出功能。以《最密切联系原则的司法可控性》为例,该标题中的研究对象是最密切联系原则,研究问题是最密切联系原则在司法适用中存在不规范的情况,而这是由最密切联系原则的弹性导致的,研究的结论(主题)是最密切联系原则应当实现司法规范性,也即对最密切联系原则的弹性进行控制。背景句就是要交代该问题发生的大背景,要带出最密切联系原则这个研究对象。

背景句:最密切联系原则从 20 世纪 50 年代开始被世界各国立法纷纷采纳,我国也将该原则作为重要的法律原则。

或者写成:从 20 世纪 50 年代开始,各国国际私法立法就纷纷将最密切联系原则作为首要的法律原则,我国也不例外。

同时,这个背景句也完成了对下一句——"问题句"的铺垫。切记,背景句一定要包含研究对象,确切地说,背景句是"问题"的背景句,而问题又是研究对象的问题,所以背景句是一定要交代到研究对象这个层次的,也只有交代到研究对象层次的背景句才是准确的,否则无法引出下一句"问题句"。

第三句:问题句。这句话的功能是引出全文的问题,十分关键,功能就是要交代出研究对象存在什么问题。所以这一句与上一句背景句是紧密相连的。还是以《最密切联系原则的司法可控性》为例,该篇文章研究的问题是最密切联系原则在司法适用中存在混乱不规范的情况。

问题句:该原则最大的优点在于能够实现法律适用的灵活性,最大的缺点在于法律适用太过灵活,进而引发了司法适用的诸多问题。

第四句:文献综述句。文献综述句是在交代完问题之后,写作者应当继续交代学界对这个问题的研究推进到什么程度的一句话。文献综述句非常重要,一方面,它向读者传递你是否有足够的阅读量和知识储备来研究这个问题;另一方面,文献综述句能够表明接下来主题句(也就是你要做的事情)的创新性。所以文献综述句要完成上述这两个功能。以《最密切联系原则的司法可控性》为例,该篇文章的文献综述句要交代出目前学界对最密切联系原则司法适用中存在的问题研究到什么程度(以及不足),同时要注意将文献综述句和下文的主题句形成对比,凸显你要做的研究的创新性。

文献综述句:目前学界对最密切联系原则的研究多集中于……

文献综述句对写作者能力的挑战是非常大的,写作者不仅要将自己阅读的成百上千篇文献用一句话高度概括出来,同时还要锁定文献综述句叙事的角度——揭示现有研究的局限性。只有这样才能完成文献综述句的使命和功能——①展现写作者的研究功底;②阐述学界研究的局限(为呈现写作者的研究具有创新性和价值埋下伏笔)。

第五句:主题句。这一句是指在上文已经交代了问题产生的背景、研究对象、研究问题以及学界对问题研究的局限性之后,点明写作者自己要做的事情,因此我们把这句称为主题句。主题句要能够揭示写作者的研究与以往研究的不同,要尽可能地凸显出创新性。我们以《最密切联系原则的司法可控性》为例,这篇文章的主题句要交代出作者所要研究的内容——司法可控性,同时强调创新性。

主题句:而本研究与以往研究不同,主要集中于……(这部分对应研究内容,也考验作者能不能对研究内容进行高度概括)

主题句就是在文献综述句基础之上阐述自己的观点和结论的部分,要努力地将自己的内容和观点表述清楚,同时要尽可能地彰显自己的创新性。

第六句:研究思路句。研究思路是写作者揭示的自己解决问题的过程。写作者可以把这个过程理解成从"问题"到"结论"的路线图。研究思路句就是分析问题的过程,它要求写作者基于写作的规律向读者阐述清楚"用的是什么样的方法""完成什么样的任务""设置什么内容""达成什么目标"从而完成"问题——结论"的路线图。

研究思路句:本文通过比较研究方法,深入分析欧美对最密切联系原则司法控制模式的异同;结合我国司法实际情况,采取……等措施,最终确定我国最密切联系原则司法控制模式。

第七句:研究意义句。通常,研究意义句是引言的结尾,标志着引言的结束。研究意义句通常包含两个方面,写作者需要指出该项研究在理论方面的意义和在实践方面的意义。写作者可以结合自身写作的实际情况对这两方面进行总结。我们还是以《最密切联系原则的司法可控性》为例,展示一下研究意义句的写法。

研究意义句:这将在理论上澄清关于最密切联系原则司法控制模式的认识误区;也将解决实践中最密切联系原则如何规范化适用的长期困惑。

这样我们就完成了《最密切联系原则的司法可控性》的引言:

最密切联系原则的司法可控性是指针对最密切联系原则灵活性

引发的……而采取的……,最终要达到……。最密切联系原则从20世纪50年代开始被世界各国立法纷纷采纳,我国也将该原则作为重要的法律原则。该原则最大的优点在于能够实现法律适用的灵活性,最大的缺点在于法律适用太过灵活,进而引发了司法适用的诸多问题。目前学界对最密切联系原则的研究多集中于……。而本研究与以往研究不同,主要集中于……。本文通过比较研究方法,深入分析欧美对最密切联系原则司法控制模式的异同,结合我国司法实际情况,采取……等措施,最终确定我国最密切联系原则司法控制模式。这将在理论上澄清关于最密切联系原则司法控制模式的认识误区;也将解决实践中最密切联系原则如何规范化适用的长期困惑。

在《批判性思维与写作》一书中介绍的上述撰写引言的方式依旧是成立的,只不过本书从另外一个视角再观察一下上述引言的构成和表达。经过研究,你会发现引言的这几句话其实就是描述F、R、S、A、B、C是什么。

《最密切联系原则的司法可控性》的引言:

最密切联系原则的司法可控性是指针对最密切联系原则灵活性引发的……而采取的……,最终要达到……(解释句——A+B+C)。最密切联系原则从20世纪50年代开始被世界各国立法纷纷采纳,我国也将该原则作为重要的法律原则(背景句——F)。该原则最大的优点在于能够实现法律适用的灵活性,最大的缺点在于法律适用太过灵活,进而引发了司法适用的诸多问题(问题句——A)。目前学界对最密切联系原则的研究多集中于……(文献综述句——R)。而本研究与以往研究不同,主要集中于……(主题句——C)。

本文通过比较研究方法,深入分析欧美对最密切联系原则司法控制模式的异同,结合我国司法实际情况,采取……等措施,最终确定我国最密切联系原则司法控制模式(研究思路句——B)。这将在理论上澄清关于最密切联系原则司法控制模式的认识误区;也将解决实践中最密切联系原则如何规范化适用的长期困惑(研究意义句)。

除了最后一句研究意义句是我们为了承上启下加上去的,同时也为了强调研究的理论意义和实践意义,其他所有的描述都是要把我们之前所做的工作F、R、S、A、B、C以一个特定的方式描述出来。写作者不必拘泥于以上的顺序,只要记住,我们需要在引言将F、R、S、A、B、C交代清楚,并且结合自己研究的特点以读者能够快速理解的方式呈现出来。此外需要注意的是,写作者尽量将F、R、S、A、B、C中的每个部分都控制在一句话,因为引言毕竟只是一个导入,篇幅不大,否则会冲击正文的内容。

(四)正文

正文的撰写在某种程度上就是将论证框架转化成写作框架的过程,为了方便读者阅读,一般正文的展开顺序都是提出问题——分析问题——解决问题。在解决完标题、摘要和引言之后,我们就来到了正文部分。同样,我在《批判性思维与写作》这本书中介绍了正文撰写的IBAC结构,在《论文写作——一本适合各学科、各年级的通识论文写作书》中介绍了论证框架和写作框架的区别,以及写作框架的内容、结构和风格掌控。如果有需要,读者可以从另外两本书来获取相关的信息,本书依旧从F、R、S、A、B、C也即我们的前期工作积累形成的要素来拆解正文写作的架构。

1. 提出问题部分

写作者在提出问题部分主要的任务是向读者描述清楚问题是什

么以及为什么这是个问题。写作的手法既包括叙述也包括议论,俗称夹叙夹议——在叙述的过程中插入议论,以表明对所描述事物的认识、态度和评价的一种表达方法。所谓"叙"就是指写作者必须交代清楚问题产生的背景——F 和 R 以及问题的来源——S;所谓"议"是指写作者必须证明问题 A 是一个问题。这就又涉及我们上文所讲的分析论证和评论论证的内容。因为 S 来源于 R,而 A 来源于 S,无论哪一步都离不开分析论证和评论论证。总之,写作者在提出问题部分要介绍 F、R、S、A 四部分的内容。我们来看一个例子:

(一)课程思政研究存在的问题

课程思政的重要性已经不言而喻了,它不仅是培养德智体美劳全面发展的社会主义建设者和接班人的现实需要,也是坚持社会主义办学方向的重要内容(F)。近年来,学术界围绕"课程思政"的内涵、"课程思政"与"思政课程"的关系、课程思政的价值以及思政元素的提取等方面已经取得了一些成果(R)。但在微观层面,如"如何注盐入水",具体的理论和方法层面存在欠缺(S+A),具体表现在:

1. 侧重于宏观、理念和政策研究(来源于 R 证明 S+A 成立)

随着全国高校思想政治工作会议的召开,学术界又将课程思政的研究推向了一个新的阶段。这期间积累了一定的相关成果。目前,学术界对于课程思政的内涵、课程思政的价值、课程思政与思政课程的关系等方面已经形成一定的共识。[①]从整体上看,目前的研究呈现出宏观性、理念性和政策性等几个特点。首先,宏观性是由学术发展阶段决定的,目前关于课程思政的研究还处于较为初级的阶

[①] 钱欣、曾宁:《高校推进"课程思政"研究述评》,《思想理论教育导刊》2019 年第 6 期。

段,学者们需要先对一些基本概念、基本关系做出必要的澄清和界定,然后才能将学术研究推进到比较细致的层面。其次,由于《高等学校课程思政建设指导纲要》的新近出台,结合《关于深化新时代学校思想政治理论课改革创新的若干意见》,人们对课程思政的战略地位和重要性的认识提升了很多。相应地,学术界围绕课程思政的时代价值展开研究,并将其与现代化强国的战略需求、新时代高校"立德树人"的根本任务等联系起来。[①]这种研究多集中于理念层面,对于提升认识有很好的帮助。此外,相关政策文件的解读也是这个阶段学术研究的重点,最近几年,中央不断推出课程思政的相关指导政策和文件,相应地,学术研究就会对这些政策和文件进行解读和分析。但是中央的文件定位于大政方针,比较宏观,相应的学术研究也始终落不到具体操作层面。

这是学术界目前对课程思政研究的现状,也能说明中国现阶段对课程思政的微观层面研究是严重不足的。这是由一个新生事物的发展规律决定的,目前对于课程思政的相关研究还处于较为初级的阶段,还有大量的细节性问题需要深入研究。

2. 微观实践研究缺乏方法论指导(来源于 R 证明 S+A 成立)

在课程思政的相关研究中,还有一小部分是关于课程思政实际操作方面的研究,这些研究主要以个案切入或者从日常经验出发来解决一些课程思政在具体操作方面的问题。其中最为著名的是上海高校的课程思政实践[②],除在管理机制、政策激励等方面的尝试

---

① 杨建超:《协同育人理念下高校"课程思政"改革的理性审视》,载《南通大学学报(社会科学版)》2019 年第 6 期。

② 高锡文:《基于协同育人的高校课程思政工作模式研究——以上海高校改革实践为例》,载《学校党建与思想教育》2017 年第 24 期。

外,各个高校也开设了一系列的思政课,采取了一系列的方法对学生开展思政教育,取得了良好的效果。这种尝试给我们的学术研究带来了很大的启发,但总体而言仍然处于经验摸索、经验分享层面,尚未形成一般性的理论和可供学习借鉴的方法论依据。事实上,在全国范围内如火如荼开展的课程思政建设始终缺乏方法论的指导,这就导致在课程思政过程中出现了"两层皮""两分离"的现象,不同教师在具体操作层面五花八门,方法各异,相互之间的差异也导致了无法互相借鉴和参考。这也使得教师"注盐入水"的效果各异,结果无法掌控。相应地,高等学校也无法对这种缺乏一般原理和方法论指导的课程思政开展评估。而这一切都使得课程思政处在一个极度繁盛但又因无法突破关键性技术瓶颈而受到制约的矛盾状态。

综上,目前的课程思政研究主要集中在宏观政策、理念方面,微观层面较少。现有的微观实践探索也多为尝试性的经验总结,缺乏一般性理论的提炼和学理性的支撑(A)。这种研究是由课程思政的学术发展阶段决定的,但也反映出我们对于课程思政的微观方法论层面研究不足。这种研究不足进一步导致课程思政在具体操作方面千校千样、千人千样,没有规范化操作标准,同时效果无法保证、无法测量、无法复制和迁移(A的表现)。

我们之所以选择这篇文章作为示例,是因为上文在介绍文献综述的时候也引用了这篇文章的文献综述,这样可能方便读者理解。我们可以把这段文字制作成一张表格,这样大家就知道这段文字虽然字数很多,但是实际上都是围绕 F、R、S、A 展开的,其中有叙述有议论,请写作者结合表 2-4-1 一起体会一下提出问题的写法。

表 2-4-1　提出问题

要素	内容	表现	表现	表现
F	确定课程思政的研究领域	课程思政的重要性已经不言而喻了,它不仅是培养德智体美劳全面发展的社会主义建设者和接班人的现实需要,也是坚持社会主义办学方向的重要内容		
R	简单介绍文献综述情况	近年来,学术界围绕"课程思政"的内涵、"课程思政"与"思政课程"的关系、课程思政的价值以及思政元素的提取等方面已经取得了一些成果		
S	介绍问题来源	只停留在宏观上,对微观没研究——开放式问题	1、侧重于宏观、理念和政策研究 2、微观实践研究缺乏方法论指导	首先…… 其次…… ①上海高校…… ②其他高校……
A	指明问题是什么	没有在理论和方法上进行研究	没有形成具有可操作性、可迁移复制的模式	目前的学术研究缺乏理论和方法来指导教师完成知识的传递和观念的培养

这只是一个例子,具体的写法可能会因人而异,我在《论文写作——一本适合各学科、各年级的通识论文写作书》这本书中也提及过,写作的过程中需要考虑三个方面:内容、结构和风格。内容上,写作者在提出问题部分需要明确向其读者交代清楚 F、R、S 和 A,否则就没有办法在自己和读者之间建立起联系。至于结构,就是 F、R、S、A 呈现的方式、次序和内部关系可能会因人而异,但是总体上会有一个原则,就是从"未知"到"已知",即相对于写作者,读者是存在信息

不对称(信息差)的,也就是读者是"未知"①,写作者的任务就是一点一点地将信息抽丝剥茧地告诉读者,让读者从"未知状态",走到跟写作者一样的"已知状态"②,将读者对这个问题的认识拉到跟写作者同一个层面上。所以写作者不仅要讲故事,还要论证,证明这是一个"问题",这也是为什么上文主张"夹叙夹议"写法的原因。至于风格上,虽然是因人而异的,但是议论文写作有独特的要求,即客观理性,对用词和句子的表达都有明确的要求,所以不能容纳太多的个人风格,想要了解这部分内容也请参见《批判性思维与写作》。

2. 分析问题部分

写作者在分析问题部分的主要任务是在准确界定问题(A)的基础上指出分析问题的理论框架(T),并将T这个理论框架进行要素化拆解,从而使其具备分析A这个问题的条件。简单说就是,写作者要交代T和A,以及T是怎样分析A的。我们还是用一个例子来说明这部分的撰写方法。

二、批判性思维视域下课程思政的原理分析

课程思政的目标是要在知识传递的过程中帮助学生确立正确的观念,要想解决"两层皮"的问题——将知识和观念融合在一起需要上升到原理层面分析课程思政的本质(A)。这一点,批判性思维能够给我们提供非常好的支撑和解释(T)。它能很好地诠释课程思政立德树人的目标与实际操作之间的关系。

(一)批判性思维能够帮助人们审视自己的观念(T是什么)

---

① 读者既没有阅读过文献,也没有形成过文献综述,所以读者对这个问题肯定没有写作者清楚,所以存在信息不对称。

② 这种已知状态主要是指写作者对文献的研读、文献综述的分析和评论、对问题的挖掘和理解。

批判性思维是指依据正确的观念,经过推理作出判断的一种思考模式。它是一种理性思维,与非理性思维不同的是,批判性思维要求我们作出判断的时候依据的是正确的观念并且经过推理,而非依据情感、喜好、感受等直觉作出判断。如下图所示:

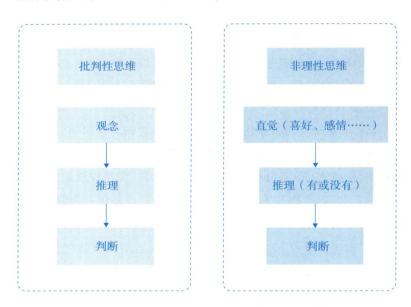

图1　作为理性思维的批判性思维与非理性思维存在不同

批判性思维有三个要素——观念[①]、推理和判断。观念是存于人的大脑中的认识,它一方面来源于个人在成长过程中形成的一些所谓的"阅历";另一方面来源于个人在学习过程中所形成的一些对知识的理解。观念存于人的大脑之中,人们时时刻刻依据观念对周

[①] 批判性思维中的"观念"有很多种表达方式,它们还会被称为假设、潜意识、未表达前提、人生观、世界观、价值观等。

围的事物作判断,但是人们有时候看不到它甚至忽视它。举个例子,比如我们在开车的时候遇到红灯会停下。这就是一个判断,它来源于大脑中的观念——交通法规的规定,红灯停绿灯行;经过推理,如果不停会被扣分并罚款,甚至会发生交通事故被追究责任。于是判断——我开车时遇到红灯需要停车。下图用红灯停车这个例子说明批判性思维的三个要素——观念、推理和判断之间的互动。

图 2 批判性思维在"红灯停车"中的应用

同理,红灯的例子是在批判性思维的正向运行状态——你的观念正确、判断正确的情况下发生的,你非常熟练以至于都忽略了这是一个思维的过程。批判性思维还可以帮助我们在判断是错误的情况下反思我们的观念是否存在问题。比如,前几年有一个轰动一时的"大学生掏鸟窝"案[①]:两名大学生因为掏了 16 只鸟——国家二级保护动物燕隼被判处有期徒刑 10 年。在庭审过程中,两名大学生声称自己并不认识这种鸟,也不知道法律有这种规定,因此主张自己不应

---

① 参见腾讯网,http://new.qq.com/omn/20200424/20200424A037OG00.html,2022 年 9 月 30 日最后访问。

当受处罚。那么不知法是否就不需要承担责任呢？稍有一点法律观念的人都知道这是错误的，而这种错误来自观念错误。因此，批判性思维能够帮助人们从错误的判断中反思自己的观念是否存在问题。如果一个人的观念是错误的，那么在这个错误的观念之下总是会形成错误的判断，这个人在日常的生活和学习中总是会遇到困难和挑战，就如同"大学生掏鸟窝"案中的两名当事人，为自己认识错误的"掏鸟窝"行为付出了 10 年有期徒刑的代价。

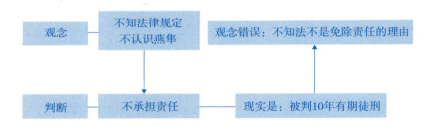

图 3 批判性思维可以帮助人们审视头脑中的"观念"

(二)课程思政所要树立的正确"人生观"就是批判性思维层面的"观念"(T 怎么分析 A)

课程思政的最终目的是通过帮助大学生树立正确的人生观来实现立德树人的目的。一个学生在大学不能仅学习专业知识而没有正确的人生观指引，否则就会像上文中"大学生掏鸟窝"案中的两名当事人一样，在日常生活中遇到很大的问题，这也是为什么我们高等学校在教授专业知识的同时要帮助学生塑造正确的人生观。

正确的人生观就是批判性思维中的"观念"，通过上文对批判性思维的分析，我们能够得知，立德树人、培养学生正确的人生观就是帮助学生塑造批判性思维中的观念，帮他们树立能够在日常生活中作出正确判断的"观念",这是新时代高等教育的重要任务之一。

批判性思维可以帮助人们反思自己头脑中的观念,它的基本步骤是审视自己的判断,如果判断出错,反思导致判断出错的"观念"层面的原因是什么。所以在批判性思维帮助下反思"观念"的基本步骤如下图所示:

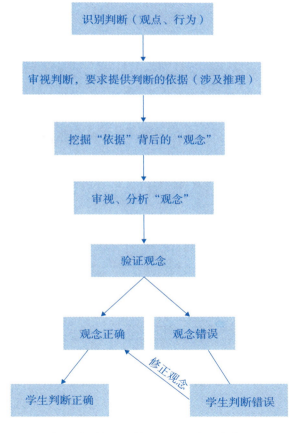

图 4　批判性思维反思"观念"的步骤

综合上图我们发现,批判性思维是一个教师在开展课程思政时可以利用的好工具。它的基本思路是,教师在专业课程设计的过程中要注意挖掘学生大脑中的既有"观念",通过教学内容设计和教学方式的选择,多角度审视和分析学生的既有"观念"[①],最终成功验证学生的既有"观念"。如果正确,就肯定和巩固学生的认识;如果不正确,就在学习的过程中订正并植入新的观念(如下图所示),进而在批判性思维的指导下完成人生观培养的课程思政教学任务。

图 5　在批判性思维指引下课程思政的"步骤"

在这篇文章的分析问题的部分,作者主要的任务就是介绍 A——如何解决将观念培养融入知识传递;T——批判性思维能够帮忙解决融入问题;以及 T 是怎样解决 A 的。我们仍然可以用表 2-4-2 来呈现一下:

表 2-4-2 分析问题

要素	内容	表现	表现	备注
A	解决观念"融入"知识的问题	使课程思政具有可操作性,可迁移和复制	目前的研究存在"两层皮"现象,不能解决这个问题	(要注意问题的不同表述方法)
T	指出解决问题的理论	批判性思维	发掘出观念—推理—判断的模型	

---

① 〔美〕斯蒂芬·D. 布鲁克菲尔德:《批判性思维教与学:帮助学生质疑假设的方法和工具》,钮跃增译、谷振诣校,中国人民大学出版社 2017 年版。

(续表)

要素	内容	表现	表现	备注
分析问题				
T 是如何分析 A 的	T 能有效解决 A 的"融入"问题	要利用观念—推理—判断这个模型	1. 批判性思维观念、推理、判断中的观念就是课程思政的观念	这一步至关重要,因为我们找到了"观念"的原理
			2. 通过批判性思维的模型确定课程思政的教学步骤	①挖掘既有观念 ②审视既有观念(通过新学习的知识) ③确立新观念

所以,在分析问题部分,写作者需要交代清楚解决问题需要依据的理论(T),以及这个理论的要素(也就是本文中的模型),并将这个要素与问题(A)的互动良好地呈现给读者。这就是分析问题部分写作者面临的任务,他需要告诉读者自己是怎样解决问题的,这个问题的解决不是凭空捏造的,不是想当然的,一切都需要有理论。同时,理论及其要素是客观真实或者有权威文献支持。

3. 解决问题部分

解决问题部分就是在分析问题部分基础上指出在 T 原理及其要素(上文的模型)指导下具体应当怎么操作,也就是解决方案(C)是怎样的。写作者要在解决问题部分交代清楚 T 和 C。这里需要注意的是,C 有可能只是一个结论,即有些文章在理论上解决这个问题之后,实践上就需要另一篇文章或者实践部门把这个理论上的结论应用于具体问题的解决。也有一些论文,C 是解决方案,即直接在文章中就将解决方案也就是结论应用于实践中。本文是后者,请写作者注意区分。这样是因为论文本身篇幅可能容纳不下原理和实践解决方案同时存在于一篇论文之中,可以拆成两篇论文;又或者有些领域分理论和实践，比如法学，理论研究者负责将实践中遇到的问题上升到理论分析，得出了一个理论上的新结论，并将这个新结论给到实践部门作指导或者参考。实践部门也是一个能动性非常强的部门，将理论分析的结果积极应用于实践进而又产生了实践研究。大多数人文社会科学领域，理论研究和实践研究都可以拆开，也可以放在一起，两种情况都有。反映在论文的撰写上，结论部分可能就会不一样，这完全取决于写作者的写作目的和意图。我们还是看一篇范例：

三、批判性思维视域下课程思政的方法

通过上文分析我们可以得知，批判性思维视域下的课程思政就是要挖掘既有观念；审视、分析和验证既有观念；最终巩固既有观念或者植入新观念(T)。这个是课程思政围绕正确人生观培养方面的教学任务。但是批判性思维同样告诉我们，观念不是孤立存在的，它甚至在人的大脑中不容易被识别和发现，只有将人的观念放在具体的场景中（如交通规则、"大学生掏鸟窝"），通过人们的观点、行为表达出来才能够被我们捕捉和识别。所以，这就要求教师在进行教学设计的时候设置场景，获取学生的判断，通过辨别判断再上升到观念层面的分析上(C)。

（一）在专业教学中设置捕捉"判断"的场景（C的具体操作步骤）

这部分要求教师在正式讲授专业知识之前，先就自己传递的专业知识所运用的现实场景进行预设，然后在这个场景中提取一个问题，并就该问题征求学生的意见和看法。这样就获取了学生的"判断"。比如在讲述司法的性质和功能这一知识模块时，我们可以将公众认为"大学生掏鸟窝"案判得过重的相关资料发给学生讨论，然后

询问学生对司法判决的观点,这样我们就获得了学生对案件的"判断"及人们认为该案判得过重的"判断"。

这时候建议老师采用小组讨论和以问题为基础的学习等教学方法,结合同伴互评和社会性学习的手段达到最好的效果。经过学生们对材料的阅读和讨论,法学院的学生通常会认为这个案件的判决结果是合法的,是可以接受的。因此,公众的观点是不正确的。

(二)要求学生为"判断"提供依据(C 的具体操作步骤)

学生在提供判断之后并没有万事大吉,教师应当继续要求学生为"判断"提供依据,也就是我们依据什么得出了"大学生掏鸟窝"案的判决是符合法律规定的、是理性判决。学生们通常会提供如下理由:根据《刑法》第 341 条的规定,非法猎捕、杀害国家重点保护的珍贵、濒危野生动物的,或者非法收购、运输、出售国家重点保护的珍贵、濒危野生动物及其制品的,处五年以下有期徒刑或者拘役,并处罚金;情节严重的,处五年以上十年以下有期徒刑,并处罚金;情节特别严重的,处十年以上有期徒刑,并处罚金或者没收财产。同时,根据《最高人民法院关于审理破坏野生动物资源刑事案件具体应用法律若干问题的解释》,6 只属于情节严重,10 只就属于情节特别严重。本案中,涉案的"鸟"——燕隼,属于国家二级保护动物,符合《刑法》第 341 条对国家保护动物的规定。同时,两名大学生捕获、贩卖的数量一共是 16 只,符合《刑法》和《最高人民法院关于审理破坏野生动物资源刑事案件具体应用法律若干问题的解释》中关于情节特别严重的规定。因此,法院并没有重罚,完全是依据法律规定做出的判决。这样,我们就获取了学生作出判断的依据——《刑法》第 341 条以及《最高人民法院关于审理破坏野生动物资源刑事案件具体应用法律若干问题的解释》规定的情节要求。

(三)结合专业知识挖掘"依据"背后的"观念"(C 的具体操作步骤)

学生之所以举出法条,并以此证明法院的判决是没有问题的,是因为学生在大脑中存有这样的"观念"——法院的判决只要符合法律规定就是正确的,公众是否满意不是法院考虑的范畴。而这样一个观念根植于另外一个深层次的"观念"——司法性质是国家权力而不是社会权力。而这样的观念又根植于另外一个更深层次的"观念"——司法性质的"一元论"(如下图所示)。

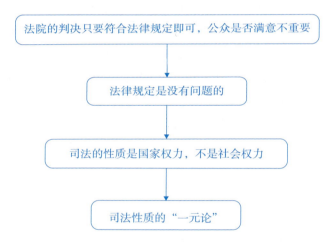

图 6 挖掘"依据"背后的"观念"

这样,我们就完成了对学生头脑中"观念"的挖掘,这种挖掘是在我们设置的教学场景中,在批判性思维的引导下一步一步完成的。

(四)结合专业知识审视、分析和验证"观念"(C 的具体操作步骤)

这部分就涉及教学的主要内容,还是以司法的性质为例,教师可以提供理论界关于司法性质认识的一元论和二元论争论,指出一元论是在国家权力框架内定义司法的性质,其理论渊源是三权分立学说。而二元论是跳出国家权力框架,在社会权力范畴定义和观察司法的性质。二元论主张司法兼具国家权力和社会权力双重属性,相应地主张司法判决不仅要满足法律规定还要符合社会常理和常情,在效果上追求法律效果和社会效果的统一。回到"大学生掏鸟窝"案中,法院的判决虽然在形式上符合法律规定,但是这条法律规定本身是值得商榷的:为什么5只就有可能不收监执行,而10只就达到了法定最高量刑情节,为什么法律只规定了数量标准,而手段、社会危害性却没有被立法所考虑?这样就完成了对既有观念的审视和分析。通过分析我们发现,学生的既有观念——现行法律没有问题——并不是非常可靠的。同时,关于司法的性质也是值得商榷的,这样我们就在教学中潜移默化地将新的观念确立起来。

此外需要指出的是,这个部分从课程思政的角度来看是挖掘"观念"的环节,但是该部分同时也是知识传递的重要环节,是专业课和课程思政结合得最为紧密的环节,非常考验教师把课程思政和专业知识两个线索结合起来的掌控能力。

(五)回到"判断"本身,反思头脑中的"观念"(C的具体操作步骤)

对"观念"审视和验证完毕之后,我们还需要回到最开始设置问题的场景中,继续追问学生——我们对这个案件的判断是正确的吗?有了二元论理论基础的学生会从更高的维度来审视自己最初作出的判断,他们通常会认为自己最初作出的判断是局限的、不正确的。这样我们就完成了对判断的辨别。这时候,我们的工作尚未结束,还需要帮助学生们继续反思,是什么导致我们的判断出了问题?让学生继续在老师的带领下反思到自己既有"观念"的层面,让学生对自己最初的"观念"作出评价。这时候,采用同伴互评、小组讨论的教学方式会获得良好的效果。

在学生反思自己的既有观念之后,会意识到自己的既有观念是错误的,他们会依照课堂教师传递的知识去主动修正自己头脑中的"观念",最终形成正确的"观念"——司法判决既要追求法律效果又要追求社会效果。这样教师在知识层面完成了司法性质的教学,深刻分析了一元论、二元论的理论分歧和进化,又完成了思政教学任务,即司法也是服务社会的工具,要符合公众的预期。学生们头脑中的最初观念——司法不需要让公众满意,转化为最后的正确观念——司法不仅要合法,也要符合老百姓的"常理"。

这个范例与上文提出问题和分析问题部分的范例都出自同一篇文章。在解决问题部分,作者依据分析问题部分提出的理论 T 以及拆解出来的识别观念—审视观念—巩固或植入新观念的步骤①,结合法学教学中实际的例子("大学生掏鸟窝"案)向读者呈现出在 T 的指导下,我们怎样在课堂教学中(知识教学,本处指的是司法的性质)融入观念的培养,也就是解决方案——C。在解决问题部分,写作者需要交代清楚 T 和 C,如果需要设置场景,也可以引入一些例子。本文引用的就是法学教育中的——司法性质的知识教育环节,使用了——"大学生掏鸟窝"案作为情景教学的例子,也可以用表 2-4-3 来呈现一下:

---

① 每一个步骤还包含若干小步骤,比如识别观念就包含设置问题——获取学生的判断——研究推理——挖掘既有观念这四个小流程。内容全都在范文里,如果不能理解就回头再次阅读。

表 2-4-3 解决问题

要素	内容	表现	表现	备注
A	解决观念"融入"知识的问题	知识模块选取的是"司法的性质"	传统课堂只讲授这部分就可以了,但是课程思政不行	目的是用本文所使用的方法T解决司法判决要不要满足大众的预期的问题
		观念模块选取的是"大学生掏鸟窝"案	司法判决与大众看法分歧很大	
T以及T对A的分析	T能有效解决A的"融入"问题	要利用观念—推理—判断这个模型	1. 批判性思维观念、推理、判断中的观念就是课程思政的观念	这一步至关重要,因为我们找到了"观念"的原理
			2. 通过批判性思维的模型确定课程思政的教学步骤	①挖掘既有观念 ②审视既有观念(通过新学习的知识) ③确立新观念
C	为"司法的性质"这堂课提供一个观念融入的范例	1. 挖掘既有观念	①在专业教学中设置捕捉"判断"的场景 ②要求学生为"判断"提供依据 ③结合专业知识挖掘"依据"背后的"观念"	符合判断—推理—观念的模型
		2. 审视既有观念	结合专业知识审视、分析和验证"观念"	这部分涉及新知识的传递,从而也可以看出新知识对观念的改变和形成有重要作用
		3. 巩固或植入新观念	①再次对同一问题提问 ②要求学生为"判断"提供依据 ③反思新观念是否形成	符合判断—推理—观念的模型

这样，我们就通过一篇论文中的结论部分将解决问题中所包含的要素用文字和表格的形式呈现出来了。在这里我们能够清晰地看到在批判性思维及其模型（T）的指导下，一个具体问题（司法性质的教学中融入观念）的解决转化成可以被观察到的步骤（完全遵循 T 的原理），进而形成了一整套解决方案（C），这样就将解决问题的部分交代清楚了。写作者能够清晰地看到底层逻辑是 T 和 C 之间的互动，目的是解决 A。

综上，我们就将正文部分如何撰写，从本书关注的 F、R、S、A、B、C、T 的角度①阐述出来。与作者以往的写作指导书籍不同，本书关注更多的是论文写作的逻辑层面的内容，具体说来就是分析论证和评论论证，它也被包含在解构论证和建构论证之中，它同时是论证的非常重要的组成部分，而论证又是思维的重要组成要素之一，而思维又是解决问题所必备的。就这样，本书抽丝剥茧地将写作的本质挖掘到分析论证和评论论证这个层面，希望能够为读者提供一个对写作的新的观察角度和帮助读者形成对写作的新的认知。

作为通识论文写作指导用书，我们没有办法照顾到不同写作者各自的专业，我们能够探讨的就是写作的一般规律，而在论文写作（问题解决）过程中，除了各位写作者的专业，我们能够集中讨论的就是思维、论证、分析论证和评论论证。论文写作是专业知识和逻辑思维共同作用的产物，希望本书能够从底层的逻辑和论证角度给写作者提供充分的指引。

---

① 但要知道 F、R、S、A、B、C、T 获得的整个过程其实是离不开分析论证和评论论证的，这才是本书要交代的重点。分析论证和评论论证也是解构论证和建构论证的核心内容。可以说分析论证和评论论证是写作的本质。

二、微观视角——段落写作法和 IBAC 写作结构

通过正文写作的介绍,我们能够发现,论文写作是需要夹叙夹议的,这一点无论是从宏观的论文整体来看还是从微观的论文局部来看都是成立的,尽管我们在之前的写作步骤中如阅读、文献综述和构思反复强调了逻辑和结构的重要性,但这些主要发生在宏观层面上,即是以整个论文写作作为参考对象的。具体到微观领域,也就是论文写作的各个部分,我们还需要微观的写作手法来确保我们之前所确立的宏观架构,能够一直被贯彻到微观层面。议论文的写作离不开夹叙夹议,但是从来没有人告诉我们夹叙夹议怎样被具体操作。按最初的撰写计划,本书的内容到正文写作就可以结束了,但是为了帮助写作者解决实际动笔难的问题,本书又增加了一部分微观写作的方法介绍,这就是夹叙夹议到底是什么?应该怎么写?如何被操作?本书将在本部分主要介绍"叙"——段落写作法;"议"——IBAC 写作结构。

(一)段落写作法

段落写作法[①]是日本学者仓岛保美提出来的,我个人认为其对于理解夹叙夹议中的"叙"非常有帮助。结合下图,我们看一下段落写作法是指什么?其中的"段落"并不是我们熟知的常规文章中的自然段,段落写作法中的"段落"更倾向于是由一些自然段组成的段落群,这些自然段(也就是段落群)是为了表达同一个主题。所以,对于段落的理解可能要扩大一点,它是由若干自然段组成的、为了表达同

[①] 参见〔日〕仓岛保美:《写作的逻辑:从清晰表达到高效沟通》,甘菁菁、柳慕云译,人民邮电出版社 2021 年版。

一主题的段落群。段落写作法是指在这个由多个自然段组成的、为了表达同一主题的段落群里,应当首先将段落之间的关系按照总分进行区分;然后再处理每个自然段内部的句子安排;其中第一句叫作概要句,用来统领所在自然段;概要句之后是补充信息句(或者叫强化补充信息句,可以是多句);还要有一句(可以视情况写在第一句、最后一句或其他句)来衔接前后段落之间的关系。此外,段落写作法还强调要统一段落表达和注意按照读者的"未知"到"已知"的顺序写作。我们用仓岛保美在书中的一个例子呈现一下这个段落写作法的全貌(图2-4-2至2-4-6)。

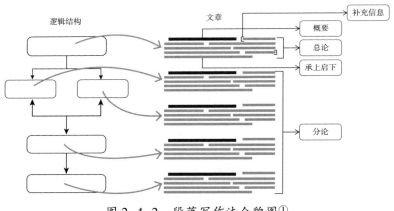

图 2-4-2　段落写作法全貌图①

---

① 〔日〕仓岛保美:《写作的逻辑:从清晰表达到高效沟通》,甘菁菁、柳慕云译,人民邮电出版社2021年版,第21页。

> 正值企业内部风险制度建立之时，我分析了日本风险企业失败率高的原因。其主要原因是投资公司数量过少，以及民众对稳定工作的偏好。 ｝总论
>
> 建立企业内部风险制度是为了在企业内部培养创业人才，激活企业架构。大型企业"维持现状也能盈利"的特点，往往导致企业结构僵化，很多崭新的创意或具有创新天赋的人才就此埋没。这项制度的目的，就是发掘企业内部被埋没的创意和人才。
>
> 但是，除企业内创业外，日本的创业率在发达国家中垫底。美国的创业率为13%，欧洲各国多为4%~8%，而日本只有1%，在发达国家中垫底（见下图，图省略）。
>
> 日本创业率低的主要原因是，投资公司投资风险企业时多持保守态度（后文省略）。 ｝分论

图 2-4-3　段落写作法之总论分论图①

> <u>建立企业内部风险制度是为了在企业内部培养创业人才，激活企业架构。</u>大型企业"维持现状也能盈利"的特点，往往导致企业结构僵化，很多崭新的创意或具有创新天赋的人才就此埋没。这项制度的目的，就是发掘企业内部被埋没的创意和人才。
>
> <u>但是，除企业内创业外，日本的创业率在发达国家中垫底。</u>美国的创业率为13%，欧洲各国多为4%~8%，而日本只有1%，在发达国家中垫底（见下图，图省略）。
>
> <u>日本创业率低的主要原因是，投资公司投资风险企业时多持保守态度。</u>日本国内对风险企业的投资总额为734亿日元（2012年），仅为美国的1/40。风险企业一旦找不到投资就会破产。这种情况，又会让投资公司对投资风险企业的态度更加保守。创业者找不到投资，就不得不用自己的资金创业。这既增加了创业风险，也不利于创业氛围的形成（后文省略）。

图 2-4-4　段落写作法之概要句图②

---

① 〔日〕仓岛保美：《写作的逻辑：从清晰表达到高效沟通》，甘菁菁、柳慕云译，人民邮电出版社2021年版，第43页。
② 〔日〕仓岛保美：《写作的逻辑：从清晰表达到高效沟通》，甘菁菁、柳慕云译，人民邮电出版社2021年版，第101页。

> 　　建立企业内部风险制度是为了在企业内部培养创业人才，激活企业架构。大型企业"维持现状也能盈利"的特点，往往导致企业结构僵化，很多崭新的创意或具有创新天赋的人才就此埋没。这项制度的目的，就是发掘企业内部被埋没的创意和人才。
> 　　但是，除企业内创业外，日本的创业率在发达国家中垫底。美国的创业率为13%，欧洲各国多为4%~8%，而日本只有1%，在发达国家中垫底（见下图，图省略）。
> 　　日本创业率低的主要原因是，投资公司投资风险企业时多持保守态度。日本国内对风险企业的投资总额为734亿日元（2012年），仅为美国的1/40。风险企业一旦找不到投资就会破产。这种情况，又会让投资公司对投资风险企业的态度更加保守。创业者找不到投资，就不得不用自己的资金创业。这既增加了创业风险，也不利于创业氛围的形成（后文省略）。

图 2-4-5　段落写作法之补充信息句图①

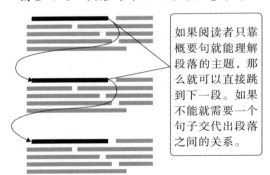

图 2-4-6　段落写作法之段落衔接句图②

---

①　〔日〕仓岛保美：《写作的逻辑：从清晰表达到高效沟通》，甘菁菁、柳慕云译，人民邮电出版社 2021 年版，第 121 页。

②　〔日〕仓岛保美：《写作的逻辑：从清晰表达到高效沟通》，甘菁菁、柳慕云译，人民邮电出版社 2021 年版，第 123 页。

应该说段落写作法对于提升同一主题写作的层次性和清晰度是很有好处的,能够帮助写作者更好地向读者传递信息。读到这里,写作者是不是会觉得我们介绍的段落写作法跟之前介绍的内容是相关的?是的,还记得我们在检视性阅读的时候将一段文字转化成关系图的过程吗?那段文字如下:

4.对现行州法渊源的进一步比较

2005年《承认法案》为拒绝承认外国金钱判决增加了新的理由,规定了其与1962年《承认法案》之间的一些最重要的区别。附录C中的图表提供了《重述》、1962年《承认法案》和2005年《承认法案》拒绝承认外国判决理由的全面比较,同时指出了2005年美国法学会《联邦法提案》中不予承认的理由。(总论) 28

《重述》和两个《承认法案》在拒绝承认的强制性理由和任意性理由的分类上有所不同(概要句)。与《重述》不同的是,《承认法案》将原法院没有标的物管辖权作为拒绝承认的强制性理由。这两个《承认法案》也基于接触的管辖权(否则将满足强制性理由中所包含的属人管辖权要求)和"严重不方便的法庭"的结合,增加了一项拒绝承认的任意性理由。这体现了一个有趣的结合,即对不方便法院的分析和对接触管辖权隐含的不信任,尽管美国最高法院明确确认接触管辖权符合国内正当程序要求。(分论) 29

2005年《承认法案》相较于1962年《承认法案》增加了三个任意性拒绝承认的理由(概要句)。首先,2005年《承认法案》从两个方面改变了拒绝承认的公共政策基础。根据1962年《承认法案》,如果诉因违反国家的公共政策,可以拒绝承认。根据2005年法案,如果(1)判决或诉因违反(2)州或美国的公共政策,则不能承认判决。这与《重述》的立场是一致的。(分论) 30

31　　2005年《承认法案》第4条(c)项还增加了以下两个新的拒绝承认的任意性理由(概要句)：

(7)作出判决的情况使人们对作出判决的法院的公正性产生重大怀疑；

(8)作出判决的外国法院的具体程序不符合正当法律程序的要求。

第4条(c)款(7)项不承认的依据"要求在特定案件中有腐败的情况,并对其所作出的判决产生了影响"。第4条(c)款(8)项有效地扩展了第4条(b)款(1)项在原法院的司法系统没有提供公正的法庭或正当程序时拒绝承认的强制性理由。因此,法院不仅需要考虑整个司法系统,还可以调查具体案件的诉讼程序。(分论)

我们在上文制作的关系图(图2-4-7)如下：

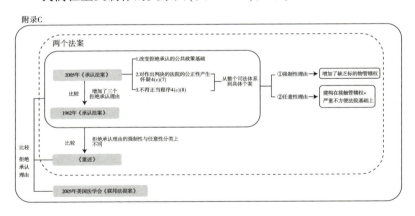

图2-4-7　检视性阅读与段落写作法

检视性阅读其实是将文字转化成关系图,段落写作法是你在有关系图的时候怎么将图转化成文字。这样当你的读者阅读到你的文章的时候,也能够通过我们上文讲述的检视性阅读画出关系图来。需要注意的是,我们在上文用这个例子讲解检视性阅读的时候主要是为了说明检视性阅读需要动用逻辑工具:抽象概括、分析综合、比较分类并在此基础上形成关系图。此处则强调在我们手头已经有了关系图(通过构思环节形成的)之后,怎样转化成文字。

段落写作法是一种很好用又很简单的写作方法,能够快速帮助写作者理清思路。但是当我们翻看仓岛保美的《写作的逻辑》一书时会发现这是一本围绕日常写作或者工作报告写作展开的写作类指导书籍,这类写作通常不如学术写作那么严谨,学术写作是需要更多地使用严谨论证的,也就是说在段落写作中要强化论证的环节。虽然仓岛保美也强调在概要句之后要补充强化信息,但是这些信息以什么结构呈现、与概要句是什么关系也需要研究。所以,笔者认为,仓岛保美的段落写作法比较适合"叙",如果"议"的话,恐怕就需要用到另外一种写作结构,从而将段落写作法中相对薄弱的论证环节凸显出来。也建议写作者将这两种写作法结合起来,从而使自己的文字能够更好地被读者理解。

(二) IBAC 写作结构

虽然经常会有人指出,论文写作的表达是没有固定形式的,这一点在某种意义上也是正确的。但是必须强调的是,论文写作的文体是议论文,议论文是一种解决问题的文体,要完成对问题的提出、分析和解决的任务,其主要手段为论证。一旦涉及论证,不管写作者采取何种表达方式,在功能上都必须要满足论证和解决问题的要求。而论证和解决问题的要求是清晰的,写作者必须按照规则行事。

虽然之前写作者已经制作了论证框架,实现了对论文思路的限定,但是在实际的写作过程中,写作者的正文写作还是会出现偏移和游离的现象,尽管他们在论证框架的层面是清晰的。究其原因,我们发现,论证框架仍是条块性质的,层次较高,属于宏观。它们只能保证写作者在大的、高的层次上不偏离主旨和写作初衷,但是在微观的、小的细节层面其实是无法指导写作者的。不可否认的是,论文写作的正文部分充满着观点的论证,因此从逻辑的角度来看,有着更小的论证单元,而这则是论证框架解决不了的部分。所以在正文写作中,写作者依旧需要一种能够帮助其继续保证论证框架具体落实到微观层面的有效的写作结构——IBAC框架,从而实现对微观、细节层面的写作进行把握和控制,争取完成一篇从微观到宏观;从正文到目录都逻辑严谨、内容清晰的论文。本部分先来看一下IBAC的框架是什么,然后再用一段文字来展示一下IBAC写作的过程。

1. IBAC 有效写作结构的内涵

IBAC是指在最小的论证单元中帮助写作者理清思路,完整表达论证要素并按照读者最容易理解的方式呈现写作内容的一种指导性写作结构。其中I(Issue)代表问题;B(Base)代表基础,也就是大前提、未表达前提等;A(Analysis)是指分析,也可以指代小前提;C(Conclusion)代表结论。从对IBAC的结构分析来看,它是符合上文强调的论证结构的,我们将论证结构和IBAC结合在一起用图2-4-8呈现一下。

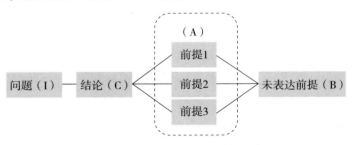

图 2-4-8　IBAC 写作结构与论证

写作者应该对这幅图很熟悉了,它在上文已经出现过多次并被详细介绍过。在图中,I 对应的就是问题的部分;只不过相对于全文要研究的问题,此处的问题(也就是 I)是一个需要论证的小事项、小问题,不是全文要解决的整体性问题(但 I 是整体性问题的一个部分)。此处的结论(也就是 C)也是针对一个小问题形成的观点,或者分结论、小结论。此处的"前提—结论"的过程是推理过程(也就是 A),但是 A 之所以能够成立并且顺利推出 C 是由未表达前提(也就是 B)决定的。

经过这样一拆解,我们能够发现,一篇论文核心的内容就是论证,但是论证是多层次的(如图 2-4-9 所示),论证套着论证,构成了复杂的论证体系。对于前一个论证而言,某个断言只是前提,但是,如果该前提仍然需要论证的话①,那就会围绕该前提又形成一个论证,在这个论证中,属于上一个论证的前提就变成了结论,还会

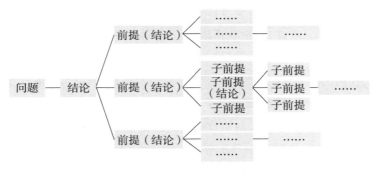

图 2-4-9 论证的层次性

---

① 什么样的前提需要论证?此处需要区分事实和观点,如果前提是客观事实就不需要再论证;但如果前提只是个人观点,那还需要继续论证,直到追溯到前提不需要论证为止。

有支持这个结论的子前提。同样,属于这个论证的子前提也可能是另一个论证的结论,支持这个结论成立的还会有子子前提……IBAC写作结构就是要保证写作者在撰写最小的论证结构的时候有所参照和依据,并且纠正写作者的发散性写作习惯,帮助写作者在论证、结构和语言上实现规范写作。

2. IBAC 有效写作结构的实例

我们先来看一篇示例,这是一篇学生交上来的论文初稿,该论文名称为《外国仲裁裁决司法审查中的问题及对策研究》,本段落选自分析问题的一部分,这位学生写作者意在指出外国仲裁裁决司法审查中存在问题(形式要件审查不完整、实质要件审查不统一)的其中一个原因是现有法律规定内容缺失。

示例原文:

现有法律规定内容缺失。

从法律规定的内容中可以看出,其主要规制了外国仲裁裁决司法审查的形式要件,包括管辖法院、当事人应当提交的申请材料、申请承认执行的期间。而关于《纽约公约》的七个拒绝承认执行的理由,我国法律中则鲜有涉及。唯一有所涉及的是《仲裁司法审查若干规定》的第十六条,该条规定了涉及公约第五条第一款(甲)项时适用何种冲突规范确定仲裁协议效力应当适用的法律,但也仅仅涵盖了该项事由中很小的一个方面。因此,如何认定外国仲裁裁决具体是否符合《纽约公约》的相关标准,在我国法律中就处于真空状态,并没有哪个法律条文对此进行规制。

示例重构:

I 句:现有法律规定内容缺失。

B 句:理论上,外国仲裁司法审查的内容包括如下几项:仲裁协议无效、未给予适当通知或未能提出申辩、仲裁庭超越权限、仲裁庭的组成和仲裁程序不当、裁决不具有约束力或已被撤销、停止执行等,同时还要求满足争议属于可仲裁的事项以及不违反公共秩序等要求;实践中,《纽约公约》这个被全球广泛承认的涉及仲裁裁决承认的公约在其第五条详细地规定了上述内容。

A 句:相较之下,我国法律只规定了外国仲裁裁决司法审查的形式要件,包括管辖法院、当事人应当提交的申请材料、申请承认执行的期间。关于《纽约公约》的七个拒绝承认执行的理由,我国法律中则鲜有涉及。唯一有所涉及的是《仲裁司法审查若干规定》的第十六条,该条规定了涉及公约第五条第一款(甲)项时适用何种冲突规范确定仲裁协议效力应当适用的法律,但也仅仅涵盖了该项事由中很小的一个方面。

C 句:因此,如何判断外国仲裁裁决具体是否符合《纽约公约》的相关标准,我国法律并没有相关规定。

以上,我们用一个特别小的论证单元的写作例子来展示了 IBAC 写作框架对于写作的重要性,它能够很容易地将问题、结论、前提、未表达前提区分开来并以一种有序的方式呈现出来。写作者在表达观点的时候可以借助这种写作结构,帮助自己更容易被读者理解和接受。

(三)段落写作法+IBAC 写作结构的写作实例

我们用一个法学的案例来呈现一下段落写作法和 IBAC 结合在

一起是怎样帮助写作者清晰表达的。先看案例和论证框架：

张三是否构成故意杀人罪①，学法律的人或者律师通常是从犯罪构成的"四要件"来进行分析的。② 根据《刑法》，故意杀人罪有四个构成要件（如表2-4-4所示）：

表2-4-4 故意杀人罪的构成要件

构成要件	具 体 标 准
主体要件	故意杀人罪的主体是一般主体，即我国刑法分则规定的达到法定刑事责任年龄、具备刑事责任能力的一般身份的犯罪主体。同时，《刑法》第十七条第二款规定，已满十四周岁不满十六周岁的人，犯故意杀人罪的，应当负刑事责任。因此故意杀人罪的行为主体包括已满十四周岁的未成年人
主观要件	故意杀人罪在主观上须有非法剥夺他人生命的故意，包括直接故意和间接故意。即明知自己的行为会产生他人死亡的危害后果，并且希望或者放任这种结果的发生
客观要件	实施了剥夺他人生命的行为，行为人的危害行为与被害人死亡结果之间必须具有因果关系
客体要件	故意杀人罪侵犯的客体是他人的生命权。法律上的生命是指能够独立呼吸并能进行新陈代谢的、活的有机体，是人赖以存在之前提

---

① 张三是否构成故意杀人罪这个"问题"比较简单，严格意义上不是论文写作中的"问题"，因为这个问题不是人类的困扰，它的解决是有既定路径的，即按照法律规定，分门别类地找到四个要件对应的证据，完成论证就可以了。比照布鲁姆的认知金字塔，这个案件考查的其实仅仅是"应用"层面。论文写作不会针对这种问题展开写作，论文写作中的问题要具有理论上的难度，是现在的理论和实践都没有解决路径、需要通过写作者的研究进行探索的"问题"，这也回应了"问题"是一个 problem 而不是 question。我们在这里使用这个简单的 question，只是出于叙述的方便，向写作者展示什么是分析，请写作者将注意力集中在对这个问题的分析思路上，而不要过多地研究这个案例本身，本书只是因为这个案例清晰易懂可以作为写作展示才使用的。

② 我们为什么要锁定犯罪构成的"四要件"？原因是批判性思维要求我们依据"客观真实"，经过推理来作出判断。而犯罪构成的"四要件"就是客观真实，是法学知识。

假设,案件中的张三出生于1998年3月,与同村的李四是邻居,两人长期因为耕地的边界发生纠纷。2021年3月,张三认为李四再次侵占了自家的耕地,于是与李四发生口角,在激愤中抄起放在田间的镐头,朝李四头部砸了过去,李四头部顿时鲜血直流,当场毙命。我们的任务是证明张三构成故意杀人罪并形成一篇文稿来表达我们的观点。首先我们还是要制作论证框架(表2-4-5),这涉及分析论证和评论论证,已经有很多介绍,就不具体展开了。

表2-4-5 张三构成故意杀人罪的论证框架

问题	结论	分结论 (分问题)	前提 (证据)	未表达前提 (构成要件)
张三是否构成故意杀人罪	张三构成故意杀人罪	1.年满14周岁 2.张三符合故意杀人罪主体要件	张三身份证表明其出生于1998年3月1日	主体要件:达到刑事责任年龄,具备刑事责任能力,已满14周岁
		1.作为农民出身的张三明知道镐头砸头会有生命危险,且追求这种危险结果的发生 2.张三主观上具有直接故意	1.使用镐头作为工具 2.向李四头部猛砸过去	主观要件:直接故意是指明知自己的行为会发生他人死亡的危害后果,并且希望这种结果的发生
张三是否构成故意杀人罪	张三构成故意杀人罪	张三实施了杀害李四的行为	1.张三向李四头部实施了打砸的行为 2.李四当场死亡的尸检报告 3.镐头上有李四的血迹	客观要件:实施了剥夺他人生命的行为,行为人的危害行为与被害人死亡结果之间必须具有因果关系
		1.李四已经死亡 2.李四的生命权被侵害	1.李四的尸检报告 2.现场勘查报告	客体要件:故意杀人罪侵犯的客体是他人的生命权

文字转换:

从刑法学的角度,证明张三构成故意杀人罪需要满足四个构成要件:分别是主体、主观方面、客观方面和客体。《中华人民共和国刑法》规定故意杀人罪的主体需要已满 14 周岁,在主观上有直接故意并在客观上实施了故意杀人行为,造成被害人死亡。本案中,张三需要满足上述四个条件才能被认定为构成故意杀人罪。(总论)

1. 张三是否符合故意系杀人罪主体要件的要求(I)(概要句)

根据《刑法》第十七条第二款、第三款的规定,故意杀人罪的主体需要年满 14 周岁,年满 12 周岁不满 14 周岁的,情节特别恶劣且经过最高检核准追诉的应当负刑事责任(B)。本案中,张三的身份证信息显示张三出生于 1998 年 3 月 1 日,年满 22 周岁,达到刑法故意杀人罪刑事责任年龄的要求(A)。因此,张三符合故意杀人罪的主体要求(C)(补充信息句)。(分论)

2. 张三是否符合故意杀人罪主观方面要件的要求(I)(概要句)

根据《刑法》第十四条的规定,故意杀人罪的主观方面要求直接故意,即明知自己的行为会产生危害结果并追求这种结果的发生(B)。本案中,农民出身的张三明知道镐头砸头会有生命危险,依旧使用其作为作案工具朝李四要害部位——头部猛砸,足以证明其主观上追求危害结果的发生,追求杀死李四的结果(A)。因此,张三符合故意杀人罪主观方面要件的要求,具有直接故意(C)(补充信息句)。(分论)

3. 张三是否符合故意杀人罪客观方面要件的要求(I)(概要句)

根据《刑法》第二百三十二条的规定,故意杀人罪的客观方面要求实施了故意杀人行为,即必须有剥夺他人生命的行为(B)。本案中,张三使用镐头先后朝李四头部猛击数下,直接导致李四鲜血直流且倒地(A)。因此,张三符合故意杀人罪客观方面要件的要求,实施了故意杀人行为(C)(补充信息句)。(分论)

4. 张三是否符合故意杀人罪的客体要件的要求(I)(概要句)

根据刑法规定,故意杀人罪必须剥夺了他人的生命,侵犯了他人的生命权(B)。本案中,李四的尸检报告证明李四已经死亡,且死亡是由张三用镐头猛击头部所致(A)。因此,张三符合故意杀人罪客体要件的要求(C)(补充信息句)。(分论)

综上,张三已经符合我国刑法关于故意杀人罪的所有要件,构成故意杀人罪。(结论句)

如果你还是觉得上述文字的结构关系不够明了,我们用图2-4-10来把这段文字的段落写作法和IBAC写作结构呈现出来。

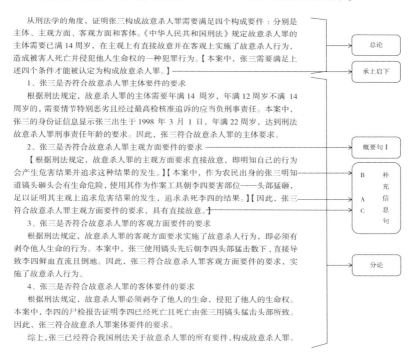

图 2-4-10　段落写作法和 IBAC 写作结构结合示意图

综上,我们就将写作部分介绍完毕。还需要指出的是,本书只是从写作的底层逻辑,具体说来就是分析论证和评论论证的角度来阐释写作,并且结合我们从确定选题方向(F)、文献阅读、文献综述(R)、问题形成(S)以及问题(A)、前提(B)、结论(C)、理论(T)积累下来的素材一个模块一个模块地展示论文的每个部分——标题、摘要、引言、正文是如何构成以及如何表达的。在表达层面上,有两种写作的手法——段落写作法+IBAC写作结构可以帮助我们更好地呈现我们的思路,让读者快速、准确且清晰地理解我们的意思。

- 要点提示五:

①本书的写作仍然从分析论证和评论论证的角度阐释,这与作者的其他两部写作书籍观察角度不同。

②在写作之前,我们通过之前的环节获得了F、R、S、A、B、C、T几个要素。

③确认你对F、R、S、A、B、C、T几个要素的内涵是了解的并在之前的环节已经将它们充分积累才能动笔。

④标题是由F+A+C构成的,但可能会有不同的表现形式,这主要取决于学科以及研究的方法和成熟度。

⑤一个表述清楚的摘要一定包含必备的A+B+C,只不过这里的A、B、C是高度概括的。

⑥引言就是全文的概括,要交代清楚F、R、S、A、B、C,但每个要素只交代一句话就可以了,也是高度概括的。

⑦写作者在提出问题部分要介绍F、R、S、A四部分的内容。

⑧写作者在分析问题部分要交代T和A,以及T是怎样分析A的。

⑨写作者要在解决问题部分交代清楚T和C。

⑩议论文的写作通常都是"夹叙夹议"的。

⑪段落写作法和IBAC写作结构可以帮助写作者达到"夹叙夹议"的目的。

结　语

　　至此,本书想要介绍的内容就结束了,核心观点是论文写作有很多层本质,本书选取了较为深层次的本质——分析论证和评论论证来阐释论文写作及其过程,并且关注在论文写作的过程中分析论证和评论论证是如何展开的,进而帮助写作者进行过程控制。关于本书未尽事宜,可以参考同属北京大学出版社出版的另外一本书《批判性思维与写作》,或者是本人在高等教育出版社出版的《论文写作——一本适合各学科、各年级的通识论文写作书》。本书的主标题叫作《100天写出一篇论文》,这个愿望不是不能实现,但这取决于写作者写作的篇幅[①]以及在各个环节控制的程度,也就是说写作者是否按照本书的方法和标准完成了文献阅读、文献综述、问题形成以及构思。如果完成度很好,那么后面的落笔环节是相对轻松的;如果前面环节的完成度不好,后面的落笔环节就是一场灾难,它不仅会充满坎坷(而且是不可能完成的,除非你从头来过),还会让你自我怀疑和情绪崩溃。充分认识到本书所说的过程控制是一种对F、R、S、A、B、C

[①] 期刊论文1万~2万字是可能的,甚至3万字硕士论文也是可能的,10万字以上的博士论文可能就比较困难。文章篇幅越大耗费在文献阅读、文献综述上的时间就会相应增多。后续的构思环节也会受到影响,但是总体上是在阅读和文献综述上的时间会增加。

以及 T 的控制并将它们合理地安排在一段时间内（比如 100 天），按部就班地、踏踏实实地完成相应环节的工作，你是会收获一个不错的、令你满意甚至非常有成就感的结果的。

最后，为了呼应《100 天写出一篇论文》这个名字，本书还在最后列出了三份附录。第一份附录是将正文中列出的五个要点提示进行归纳整理，帮助写作者从整体的角度再一次加深对写作本质的认识，同时也对本书的重要观点进行回顾。第二份附录是一个时间管理表格也可以称为过程管理表格，你可以在上面的相应环节打卡以督促自己完成这个比较具有挑战度的工作。第三份附录是专门针对文献阅读制作的过程管理表格，因为文献阅读是最耗时也是最容易出现问题的环节，同时文献阅读又决定着后续过程能否顺利展开，因此单独围绕文献阅读做了一份附录，以督促写作者进行论文写作的全过程管理。论文写作是一个充满挑战的工作，如果不能洞悉底层的本质规律，又不能进行过程管理，想要完成并且是比较令人满意地完成这项工作几乎是不可能的，这也是本书写作的初衷。

附录一：
要点提示综合

所属环节	要点内容	确认理解 (√or×)
论文写作的本质	1. 论文写作从教育学的角度是为了培养学生运用知识解决问题的能力	
	2. 写作者需要了解人是怎样解决问题的，这是一个思考的过程也是思维的过程	
	3. 思维包含四个要素：问题、结论、前提以及未表达前提（或者论证）	
	4. 正确地解决问题需要人们依据客观真实、经过正确论证得出结论（也即理性思维）	
	5. 这就要求写作者必须审视自己的前提是不是正确的，前提能否推出结论	
	6. 写作就是提出问题并针对这个问题给出正确的结论，必须满足思维的要求	
	7. 写作需要写作者具备扎实的专业基础和较强的逻辑能力	
	8. 在逻辑能力中最重要的是分析论证和评论论证的能力，这也是写作的本质	
	9. 分析论证和评论论证是建立在一些逻辑知识和逻辑技能基础上的	

（续表）

所属环节	要点内容	确认理解（√or×）
文献	10. 文献为王———一定要提升对文献重要性的认识	
	11. 论文写作出现的问题都与文献脱不了关系	
	12. 文献检索要满足四性：全面性、权威性、及时性和针对性	
	13. 文献管理的能力也是科研能力的重要体现	
	14. 基础性阅读请自行完成，不要偷懒	
	15. 检视性阅读考查抽象、概括、分析、综合、比较、分类等逻辑能力，最终增强的是写作者对"客观真实"的认知	
	16. 批判性阅读考查写作者对一篇文献的分析论证、评论论证的能力	
	17. 文献综述首先需要写作者将同一主题的所有文献进行逐一的批判性阅读，其次，在此基础上形成文献综述	
	18. 文献综述的制作包含四个步骤：分析论证、评论论证、建构论证以及形成文献综述文字稿	
	19. 文献综述的制作包含四个需要注意的问题和四种常见错误类型	
问题的形成	20. 问题是一个 problem，不是 question	
	21. 问题是一个理论问题，不能停留在现象层面	
	22. 能否将现象级别的问题上升为理论级别的问题考查写作者的专业能力	
	23. 问题是一个大小适中的问题	
	24. 问题是一个真问题而不是想象中的问题	

(续表)

所属环节	要点内容	确认理解（√or×）
问题的形成	25. 问题是一个值得研究的问题	
	26. 问题来源或产生于逻辑的要素	
	27. 从分析论证和评论论证的角度来看，问题有四种来源，分别是：有问题没结论；有问题有结论但前提不为真；有问题有结论但前提推不出结论；问题本身定义存在问题	
构思	28. 必须先构思后写作，即有完整的论证框架和论证体系才能动手写作	
	29. 构思的前提是有一个清晰且适合写作的问题	
	30. 构思环节需要有一个清晰完整的理论框架	
	31. 写作者的理论框架切入层面要准确	
	32. 构思环节要能形成思维导图，有两种制图形式供选择	
	33. 构思环节本质上也是分析论证和评论论证	
	34. 相对于主要是解构论证的阅读环节，构思环节主要是建构论证	
开始写作	35. 本书的写作仍然从分析论证和评论论证的角度阐释，这与作者的其他两部写作书籍的观察角度不同	
	36. 在写作之前，我们通过之前的环节获得了 F、R、S、A、B、C、T 几个要素	
	37. 确认你对 F、R、S、A、B、C、T 几个要素的内涵是了解的并在之前的环节已经将它们充分积累才能动笔	
	38. 标题是由 F+A+C 构成的，但可能会有不同的表现形式，这主要取决于学科以及研究的方法和成熟度	

(续表)

所属环节	要点内容	确认理解（√or×）
开始写作	39. 一个表述清楚的摘要一定包含 A+B+C，只不过这里的 A、B、C 是高度概括的	
	40. 引言就是全文的概括，要交代清楚 F、R、S、A、B、C，但每个要素也是高度概括的，只需要交代一句话就可以了	
	41. 写作者在提出问题部分要介绍 F、R、S、A 四部分的内容	
	42. 写作者在分析问题部分要交代 T 和 A，以及 T 是怎样分析 A 的	
	43. 写作者要在解决问题部分交代清楚 T 和 C	
	44. 议论文的写作通常都是"夹叙夹议"的	
	45. 段落写作法和 IBAC 写作结构可以帮助写作者达到"夹叙夹议"的目的	

附录二：
过程控制

过程管理清单

步骤	预计花费时间（建议预留100天及以上时间）	注意事项	打卡成功（√）
确定论域（大的研究方向）	因人而异，取决于每个人的研究成熟度	①与指导教师共同确定 ②建议结合过往研究	
文献检索	集中检索在3天之内完成，后续随时补充	①文献检索要围绕主题进行，要为后续的主题性阅读服务 ②文献检索要符合"四性" ③制作文献列表、进行文献管理	
实证数据、案例收集	2天	①有些研究需要实证数据和案例的收集 ②这些数据的收集可能很耗时 ③收集之后需要规范化管理 ④数据、案例需要阅读和整理，提取相关信息	

(续表)

过程管理清单

步骤	预计花费时间 （建议预留 100 天及以上时间）	注意事项	打卡成功 （√）
文献阅读	最为耗时，取决于每个人的阅读速度和论文篇幅，建议每天 1~2 篇，控制在 2 个月完成。 （附录三为文献阅读过程控制表）	①每一篇都要分析性阅读 ②要制作思维导图 ③要进行分析论证和评论论证 ④要进行局部的建构论证	
文献综述	10 天	①对全部文献都要进行批判性阅读 ②对整体进行分析论证 ③对整体进行评论论证 ④要进行建构论证 ⑤撰写文献综述	
问题的形成	3 天	①从文献综述中抽取问题 ②建议结合写作需求	
构思	形成需要 5 天，但后期还需要打磨	①要明确说明问题 ②要有对问题的结论 ③要有前提 ④前提能推出结论 ⑤能说明所使用的理论框架 ⑥多找人讨论和指导	
标题	1 天	前期思考充分不会很困难	
摘要	1 天	前期思考充分不会很困难	
引言	1 天	①建议按照上文的 5—8 句话撰写 ②按照要求控制字数	

(续表)

步骤	预计花费时间（建议预留100天及以上时间）	注意事项	打卡成功（√）
正文提出问题	5天	①要介绍清楚 F、R、S、A 四部分的内容 ②仅针对 1 万～2 万字的论文 ③博士论文请自行延长时间	
正文分析问题	5天	①要交代清楚 T 和 A，以及 T 是怎样分析 A 的 ②仅针对 1 万～2 万字的论文 ③博士论文请自行延长时间	
正文解决问题	5天	①要交代清楚 T 和 C ②仅针对 1 万～2 万字的论文 ③博士论文请自行延长时间	
后期打磨和修改	不限时间，以修改到位为准	①初稿写完建议搁置一段时间再进行修改 ②这是一个必经的过程 ③修改 10 次以上很正常 ④要耐住性子 ⑤多请别人尤其是导师、同行提意见	

附录三：
文献阅读过程控制

文献类型	文献编码	导图制作 (检视性和批判性)(√)	阅读完成(√)
中文文献	A1		
	A2		
	A3		
	A4		
	A5		
	A6		
	A7		
	A8		
	A9		
	A10		
	A11		
	A12		
	A13		
	A14		
	A15		

（续表）

文献类型	文献编码	导图制作 (检视性和批判性)(√)	阅读完成(√)
中文文献	A16		
	A17		
	A18		
	A19		
	A20		
	A21		
	A22		
	A23		
	A24		
	A25		
	A26		
	A27		
	A28		
	A29		
	A30		
	A31		
	A32		
	A33		
	A34		
	A35		
	A36		
	A37		
	A38		

（续表）

文献类型	文献编码	导图制作 (检视性和批判性)(√)	阅读完成(√)
中文文献	A39		
	A40		
	A41		
	A42		
	A43		
	A44		
	A45		
	A46		
	A47		
	A48		
	A49		
	A50		
	A51		
	A52		
	A53		
	A54		
	A55		
	A56		
	A57		
	A58		
	A59		
	A60		
	A61		

（续表）

文献类型	文献编码	导图制作 （检视性和批判性）（√）	阅读完成（√）
中文文献	A62		
	A63		
	A64		
	A65		
	A66		
	A67		
	A68		
	A69		
	A70		
	A71		
	A72		
	A73		
	A74		
	A75		
	A76		
	A77		
	A78		
	A79		
	A80		
	A81		
	A82		
	A83		
	A84		

（续表）

文献类型	文献编码	导图制作 (检视性和批判性)(√)	阅读完成(√)
中文文献	A85		
	A86		
	A87		
	A88		
	A89		
	A90		
	A91		
	A92		
	A93		
	A94		
	A95		
	A96		
	A97		
	A98		
	A99		
	A100		
	A……		
英文文献	B1		
	B2		
	B3		
	B4		
	B5		
	B6		

（续表）

文献类型	文献编码	导图制作 (检视性和批判性)(√)	阅读完成(√)
英文文献	B7		
	B8		
	B9		
	B10		
	B11		
	B12		
	B13		
	B14		
	B15		
	B16		
	B17		
	B18		
	B19		
	B20		
	B21		
	B22		
	B23		
	B24		
	B25		
	B26		
	B27		
	B28		
	B29		

(续表)

文献类型	文献编码	导图制作 (检视性和批判性)(√)	阅读完成(√)
英文文献	B30		
	B31		
	B32		
	B33		
	B34		
	B35		
	B36		
	B37		
	B38		
	B39		
	B40		
	B41		
	B42		
	B43		
	B44		
	B45		
	B46		
	B47		
	B48		
	B49		
	B50		
	B……		

参考文献

一、论文：

[1] Andrea J. Boyack, "More Talking, More Writing", 22 *The Law Teacher* (2016).

[2] Archana Parashar & Vijaya Nagarajan, "An Empowering Experience: Repositioning Critical Thinking Skills in the Law Curriculum", 10 *Southern Cross University Law Review* (2006).

[3] Dannye Holley & J. P. Ogilvy, "Critical Thinking and the Law", 1 *International Journal of the Legal Profession* (1994).

[4] Greg Taylor, "Structured Problem-Solving: Against the 'Step-by-Step' Method", 11 *Deakin Law Review* (2006).

[5] Jeffrey Metzler, "The Importance of IRAC and Legal Writing", 80 *University of Detroit Mercy Law Review* (2003).

[6] Judith A. Langer, "Learning through Writing: Study Skills in the Content Areas", 29 *Journal of Reading* (1986).

[7] Nick James, "Logical, Critical and Creative: Teaching 'Thinking Skills' to Law Students", 12 *QUT Law & Justice* (2012).

[8] Tracy Turner, "Finding Consensus in Legal Writing Discourse Re-

garding Organizational Structure: A Review and Analysis of the Use of IRAC and Its Progenies", 9 *Legal Communication & Rhetoric Jawld* (2012).

[9] Tracy Turner, "Flexible IRAC: A Best Practices Guide", 20 *The Journal of the Legal Writing Institute* (2015).

[10]〔加拿大〕董毓:《批判性思维三大误解辨析》,载《高等教育研究》2012年第11期。

[11]干咏昕:《用批判性思维方法打造批判性思维课程》,载《西南大学学报(社会科学版)》2010年第6期。

[12]缪四平:《美国批判性思维运动对大学素质教育的启发》,载《清华大学教育研究》2007年第3期。

[13]缪四平:《批判性思维与法律逻辑(全文)》,载中国逻辑学会法律逻辑专业委员会编:《第十四届全国法律逻辑学术讨论会论文集》,2006年7月版。

[14]缪四平:《批判性思维与法律人才培养》,载《华东政法大学学报》2008年第4期。

[15]刘儒德:《论批判性思维的意义和内涵》,载《高等师范教育研究》2000年第1期。

[16]刘儒德:《批判性思维及其教学》,载《高等师范教育研究》1996年第4期。

[17]〔加拿大〕马克·巴特斯比:《中国的批判性思维教育适合采用探究法》,宫振胜译,载《工业和信息化教育》2018年第5期。

[18]钱颖一:《批判性思维与创造性思维教育:理念与实践》,载《清华大学教育研究》2018年第4期。

[19]武宏志:《何谓"批判性思维"?》,载《青海师专学报(教育科学)》2004年第4期。

[20]武宏志:《论批判性思维的核心元素——论证技能》,载《延安大学学报(社会科学版)》2016年第1期。

[21]武宏志:《批判性思维的灵魂——理性标准》,载《逻辑学研究》2016年第3期。

[22]武宏志:《批判性思维:多视角定义及其共识》,载《延安大学学报(社会科学版)》2012年第1期。

[23]武宏志:《批判性思维与逻辑教育教学》,载《延安大学学报(社会科学版)》2003年第1期。

[24]武宏志:《批判性思维:语义辨析与概念网络》,载《延安大学学报(社会科学版)》2011年第1期。

[25]杨唐峰:《批判性思维的文化视角研究及其对高等教育的启示》,载《东华大学学报(社会科学版)》2019年第3期。

[26]张青根、沈红:《一流大学本科生批判性思维能力水平及其增值——基于对全国83所高校本科生能力测评的实证分析》,载《教育研究》2018年第12期。

[27]钟启泉:《批判性思维:概念界定与教学方略》,载《全球教育展望》2020年第1期。

[28]钟启泉:《"批判性思维"及其教学》,载《全球教育展望》2002年第1期。

[29]周志成、容媛媛:《批判性思维纳入大学培养目标的当下意义》,载《西南民族大学学报(人文社会科学版)》2016年第7期。

二、书籍:

[1] Erik J. Coats, Robert S. Feldman & Steven Schwartzberg, *Critical Thinking: General Principles & Case Studies*, McGraw-Hill College, 1994.

〔2〕Eugene Volokh, *Academic Legal Writing: Law Review Articles, Students Notes, Seminar Papers, and Getting on Law Review*, Foundation Press, 2010.

〔3〕Frans H. van Eemeren & Rob Grootendorst, *Argumentation, Communication, and Fallacies*, Routledge, 2016.

〔4〕Gerald Graff & Cathy Birkenstein, *They Say/I Say: The Moves That Matter in Academic Writing*, W. W. Norton & Company, 2016.

〔5〕Judith A. Langer & Arthur N. Applebee, *How Writing Shapes Thinking: A Study of Teaching and Learning*, National Council of Teachers of English, 1987.

〔6〕〔美〕安东尼·韦斯顿:《论证是一门学问》,姜昊骞译,天地出版社2019年版。

〔7〕〔美〕布鲁克·诺埃尔·摩尔、〔美〕理查德·帕克:《批判性思维(原书第10版)》,朱素梅译,机械工业出版社2015年版。

〔8〕〔日〕仓岛保美:《写作的逻辑:从清晰表达到高效沟通》,甘菁菁、柳慕云译,人民邮电出版社2021年版。

〔9〕〔美〕大卫·莫罗、〔美〕安东尼·韦斯顿:《高效论证:美国大学最实用的逻辑训练课》,姜昊骞译,天地出版社2021年版。

〔10〕〔美〕丹尼斯·库恩、〔美〕约翰·米特:《心理学之旅:第五版》,郑钢等译,中国轻工业出版社2015年版。

〔11〕〔加拿大〕董毓:《批判性思维十讲——从探究实证到开放创造》,上海教育出版社2019年版。

〔12〕〔加拿大〕董毓:《批判性思维原理和方法:走向新的认知和实践》,高等教育出版社2017年版。

〔13〕房超平:《思维第一:全面提升学习力》,教育科学出版社

2018年版。

[14]〔美〕格雷戈里·巴沙姆、〔美〕威廉·欧文、〔美〕亨利·纳尔多内、〔美〕詹姆斯·M.华莱士:《批判性思维:原书第5版》,舒静译,外语教学与研究出版社2019年版。

[15]谷振诣、刘壮虎:《批判性思维教程》,北京大学出版社2006年版。

[16]〔美〕加里·R.卡比、〔美〕杰弗里·R.古德帕斯特:《批判性思维与创造性思维(第4版)》,韩广忠译,中国人民大学出版社2016年版。

[17]〔美〕杰拉尔德·格拉夫、〔美〕凯茜·比肯施泰因:《高效写作的秘密》,姜昊骞译,天地出版社2019年版。

[18]〔美〕理查德·保罗、〔美〕琳达·埃尔德:《批判性思维工具(原书第3版)》,侯玉波、姜佟琳等译,机械工业出版社2013年版。

[19]〔美〕理查德·保罗、〔美〕琳达·埃尔德:《思辨与立场:生活中无处不在的批判性思维工具(第2版)》,李小平译,中国人民大学出版社2016年版。

[20]李世强:《批判性思维:改变思维定式,作出聪明决策》,中国纺织出版社2020年版。

[21]李万中:《思维的利剑:批判性思维让我们看清自己看清世界》,清华大学出版社2017年版。

[22]刘彦方:《批判性思维与创造力:越思考越会思考》,彭正梅、杨昕、赵琴译,学林出版社2018年版。

[23]〔澳〕路易丝·卡茨:《批判性思维与说服性写作:独立思考者的精进技巧》,刘丰瑜译,新华出版社2021年版。

[24]〔美〕玛格丽特·马特林:《认知心理学:理论、研究和应用

(原书第8版)》,李永娜译,机械工业出版社2016年版。

[25]〔美〕迈克尔·卡莱特:《批判性思维:高效决策和解决问题的方法与工具》,葛方方、卢方蕊译,电子工业出版社2019年版。

[26]〔美〕梅里利·H.萨蒙:《逻辑与批判性思维导论》,刘剑、李嘉伟译,中国轻工业出版社2020年版。

[27]〔美〕尼尔·布朗、〔美〕斯图尔特·基利:《学会提问(原书第11版)》,吴礼敬译,机械工业出版社2019年版。

[28]荣艳红:《批判性思维能力的培养与中国本科教学模式改革》,科学出版社2018年版。

[29]〔美〕史帝夫·华乐丝:《如何成为学术论文写作高手:针对华人作者的18周技能强化训练》,北京大学出版社2015年版。

[30]〔美〕斯蒂芬·D.布鲁克菲尔德:《批判性思维教与学:帮助学生质疑假设的方法和工具》,钮跃增译、谷振诣校,中国人民大学出版社2017年版。

[31]〔英〕斯特拉·科特雷尔:《批判性思考——跳脱惯性的思考模式》,郑淑芬译,台湾寂天文化出版社2013年版。

[32]田洪鋆:《批判性思维与写作》,北京大学出版社2021年版。

[33]〔美〕托马斯·库恩:《科学革命的结构》,张卜天译,北京大学出版社2022年版。

[34]武宏志、周建武:《批判性思维——论证逻辑视角(修订版)》,中国人民大学出版社2010年版。

[35]张萍:《批判性思维:理论与实践》,人民出版社2019年版。

后　记

论文是知识和逻辑的同心勠力
写作是身体和心灵的缱绻缠绵

这是我出版的、关于写作的第三本书，还有一本书，我就将我关于写作的思考和构筑的学术体系全部建设完毕，这四本书分别针对不同的问题。其中第一本《批判性思维与写作》是解决写作的教学一直调整不到思维这个轨道上来的问题，这是一本将写作和批判性思维联系在一起的书籍，较为本质地揭示了写作的底层规律。它一经出版就受到了热捧，目前已经重印7次，销售数万册。第二本是《论文写作——一本适合各学科、各年级的通识论文写作书》，打造它的初衷是为了解决全国3013所高校没有统一的通识论文写作教材的困境，这本书不仅一如既往地将写作定位于思维培养，还结合高校的毕业论文写作的特点和过程，形成了一套完整的从入学到毕业的指导体系，论文写作过程也被细化为相互交织和影响的写作过程（写作者角度）、指导过程（师生互动角度）和管理过程（教学管理角度），被业内称为关于论文写作的从入学到毕业的保姆级教程。

第三本书，也就是本书——《100天写出一篇论文：论文写作的本质及过程控制》则主要想解决复杂而充满挑战的论文写作过程对写作者提出的过程管理难题。我们不能否认的是，有很多同学是知道怎么写的，但是论文写作的过程太复杂、太漫长、要求又很高，使得很多缺乏意志力、心力和管理能力的同学迟迟不肯动笔或者不敢动笔。我希望这种全流程的拆解和过程式的打卡设计以及100天的心理暗示能给到这部分写作者足够的心理能量和迈出写作第一步的动力。同时，就像书里写的那样，我对写作本质的认识又加深了。这一次，我将切入的角度从批判性思维落到具体的分析论证和评论论证，并以此贯穿全书写作的主线，进而呈现出与之前两部写作书不同的阅读和观察体验，从而也使得第三本书能够和前两本写作书形成一个互动且又边界清晰的整体。

  在我对写作的认知体系中，我还缺一本书——《诊断式论文写作教程》，我想把我这些年看到的论文写作的错误归类整理，编写成一本"反向"的教材，这样正向有三本书可以推进，反向有一本书可以参考，对于我自己而言形成了一套完整且令人满意的关于写作指导的体系，同时也希望这四本写作类的书籍能够为青年写作者们的写作全过程"保驾护航"。但是这本书什么时候能落笔，我也不清楚。随着年龄的增加，写作对我个人意志和身体的挑战越来越大，可能需要一个契机吧，生命中很多事情能够完成是需要机缘的。

  从学生时代开始，我就觉得论文写作很重要，但始终不得其法。我也翻看了市面上很多的指导用书，也留心所有的论文指导过程——包括师生互动、开题、答辩以及阅读别人的文章，但始终不能够很明确地说出来写作是什么。而且，如果你参与过（或旁观过）开题或者答辩的现场，你还会发现一个令人咋舌的现象——老师和学生的话语体系并不是同一个，而且双方都使用着各自的模糊的语言体系在互动,如果你揪住任何一个关键的字眼让双方解释,双方都是说不清楚的。比如问题(或者问题意识)是什么?比如理论框架是什么?比如文献综述是什么?比如述评结合是什么?比如论证是什么?比如选题过大是什么?比如创新性是什么?你仔细想一想,我们经常使用这些词汇,但是缺乏对这些词汇精准(本质)的定义,只是按照各自的理解,甚至有些还不理解就开始了论文的写作和教学互动过程。

可以说,目前的教育界对论文写作的研究其实是很浅的,有的只是一些感性的认识、经验的总结,对学生的指导也只是凭感觉和个人积累,这种指导和对写作的认识是不深刻、不稳定的,不能揭示写作的本质,更不能实现写作能力的复制和迁移,写作的效果可想而知。在这种对写作的指导和写作认识比较浅的背景下,写作者只能凭着感觉一点一点地写作,结果就是写作常常遇阻,这还是小事,最难的是写出的文章还要经常受到批评——这也是小事;还有就是要经受那些具有写作优越感的人的带有嘲讽的眼神(大意是怎么能写成这样)以及屡次三番的退稿——而这则是致命的,因为它常能摧毁一个人的意志。后来,我做了硕士生导师,再后来我又做了博士生导师,不仅我自己要会写,还要让我的学生会写。作为写作者和作为指导教师是两种完全不同的体验,我时常带着自己在学生阶段写作时遇到的困难反思我自己对学生的指导,我发现我不够了解写作,而学生写不好其实也不能完全怪学生,因为现代的教育体系也并没有教会学生怎么写。

于是,我从 2012 年开始研究写作,从最开始的不想让学生笑话,想弄明白,到后来慢慢发现写作教育是中国教育的短板,是一个非常重要的领域但是却没有统一的教材、没有统一的认识、写作指导用书内容碎片化、指导过于经验化和表面化。我开始如饥似渴地看国外是怎么培养学生写作的,我查询了国外50余所大学的官网,下载它们写作课的课程大纲,终于领悟到我们关于写作教育的一个致命的问题——任何写作都是思维的结果,全球顶尖的大学大都开设"批判性思维与批判性写作"这门课程,而我们国内尚未认识到写作的本质其实是思维培养。洞察到这层本质之后,我又开始研究批判性思维,不仅阅读了全美排名靠前的批判性思维读物和教材(你可以在参考文献中发现它们),还发现了更令人振奋的教育景象——批判性思维运动以及其在近100年内对全世界教育的影响。教科文组织已经将批判性思维培养列为21世纪高等教育的重要议题;美国从1910年开始研究批判性思维,20世纪50年代开始进入繁荣发展的阶段,至今已经有100多年并体现了三方面清晰发展的趋势——通识化、学科化和低幼化,而我国在这一领域目前还只有一些零散的认识。我的研究兴趣马上就被拉到批判性思维这个高地,细心的读者会发现,我出版的所有的书都使用的是批判性思维视角,只不过批判性思维太复杂了,又能分解成不同的观察角度,以至于我决定将批判性思维作为我终身的研究方向。

在这种认识之下,我开始大量地看书、思考,直到2020年,我终于感觉自己成熟了——因为我想要输出了。2020年8月我开始撰写我的第一本专著《批判性思维与写作》;2021年2月我开始撰写我的第二本专著《批判性思维视域下课程思政的教与学》,这是为了完成我在吉林大学教师教学发展中心的工作。从此之后,我成为一个批判性思维者,而且又发现了批判性思维立体丰富的层次,于是在2022年3月撰写了《论文写作——一本适合各学科、各年级的通识论文写作书》,于2022年9月开始撰写本书——《100天写出一篇论文:论文写作的本质及过程控制》。在本书中,我已经能将批判性思维细化到分析论证和评论论证的角度并进而观察论文写作的全过程,这是我在国内和国外所有读物中都没有看到过的角度,也就是说,我很开心我能自己悟出这个令人满意又非常本质,而且非常具有可操作性的观察视角。

我曾经跟我的先生说,这是我迄今为止写得最为满意的一本书。我的先生跟我说,你写每本书的时候都说过这句话。我很开心,这意味着我始终在进步。当我在写第一本书的时候,国内对写作的研究尚没有推进到将写作与批判性思维联系的高度,但是国外有;当我写本书的时候,在我双目所及的范畴,还没有发现专门系统地从分析论证和评论论证的角度阐释论文写作的全过程的书,这种灵感源于我一次一次的指导、一次一次的讲座和一次一次的反思……反思到分析论证和评论论证,我感觉我又成熟了。同时我还发现,写作遇到的困难其实并不存在于动笔这个环节,它可以向前追溯到阅读,这也是我给研究生开设文献阅读这个课程的原因。

铺垫了这么多,写回后记的第一个主题——论文是知识和逻辑合作的产物。长久以来,我们对于论文写作的教学和指导过于集中于专业知识、写作流程、个人感悟和经验,缺乏对底层逻辑的分析以及逻辑与专业知识的互动。作为一本通识写作指导用书,我们的任务并不是教会学生专业知识,那是他在自己专业学习中需要完成的工作。但是,我们需要告诉他专业知识是怎样被用来解决问题的。解决问题需要逻辑(宏观范畴是思维、中观范畴是逻辑、微观范畴是论证、特微观范畴是分析论证和评论论证),写作指导类用书更需要讲清楚知识和逻辑的互动,以及在互动中逻辑这种表达大脑思考度的指标是怎样被看到,又是怎样在整个写作全链条和所有环节中被完成的。这恰巧是我们关于论文写作指导最为欠缺的。我们使用着模糊的词汇、看不见的标准、需要自己体悟又体悟不出来的感受来指导学生写作,而论文写作又是这么大量的、涉及全部高校的教学工作,相对于需求,关于论文写作这种供给性研究太少了。

所以,总结一下,严格意义上,本书不仅将写作的本质拉到了批判性思维培养的层面,还进一步深入中观层面的——逻辑,微观层面的——论证,以及特微观层面的——分析论证和评论论证。至此,完成了我对论文写作本质的多层次思考,也完成了我对于高校教师这个身份的责任认知,希望我的思考能够有助于处于写作困境的读者朋友们获得解脱。

以上是我对写作本质的持续思考,接下来我要来到后记的第二个主题——写作是身体和心灵的双向奔赴,这个主题也应和了本书的标题——论文写作的本质和过程控制中的"过程控制"。一篇论文的写作可能需要强调的是知识和逻辑、论证的互动;但持续写作可能涉及的就是身体和灵魂层面上的东西了,因为这个过程真的是一场修行,尤其是对长期从事写作的人来说。

我习惯年初的时候制订工作计划,除了正常的上课、讲座和一些行政方面的工作,我需要研究和写作。2022年第一天,我想了一下——就写两本书吧。其实想想,今年还是蛮艰难的一年,开学伊始,长春就遭遇了比较严重的疫情,学校迅速做出反应,全部课程转为线上,我开始了居家授课的旅程。更为艰难的是,我一个人被隔离了,这是因为上课会互相干扰,我选择自己待在我的专门用来闭关写作的房子里。我不仅不能出单元楼,也不能出房门,每隔几天会有人上门送一些必要的补给和带走一些垃圾,生活突然变得无比简单。

我想,那就开始写书吧。于是第五本书就在 3 月份开始动笔,5 月份结束。我连续 28 天没有下过楼,一直沉浸在写作中。消耗是必然的,虽然我每天也会运动。经过两个月的校对,7 月份的时候,我将稿件交给了出版社。

在 6 月末的时候,身体就开始不舒服,一半是因为天生体质就偏虚寒,一半是因为长期伏案导致的积劳成疾。于是我开始了漫长的中医治疗之路,直到现在,我已经持续服用了 120 天的中药,而且可能还需要继续治疗下去。每次迪美女大夫看到我都绷起嘴巴"嗯"一下,我想她是想努力控制住自己的叹气,因为她通过我的脉象能准确地判断出我过去一周的辛劳程度。但是,她还是依旧不厌其烦地给我调整药方,开药并不说教,也没有劝我放弃,只是告诉我——我给你加了这味药,它能帮助你思考;我还给你加了这味药,它能让你的睡眠好一点。我喜欢这种温润的、彼此成就的方式,她比我听过的若干痛心疾首的劝解——注意身体和放弃写作要深情得多。对,是深情,能滋养心灵的那种。因为我们知道在这个世界上留给我们自己的选择并不是那么多,很多事情不是说放弃就放弃的。我们同时还知道,如果一件能放弃的事情还要坚持做,那就无关乎肉体,只关乎心灵,因为人总是要死的,有些人希望即便自己不在了,灵魂依旧能指着一个方向——以祭奠自己曾经热爱的人间。

在这样的身体状态下,想要写东西几乎是不可能的,本书的写作也就充满了坎坷。7 月份想动笔,结果就是感觉心力不够,写了个标题就搁置了,然后就一直专心养病,但也挺好的,除了病痛的时候不太想活,其余卧床的时间可以读好多书,也刷了这一生都未曾刷过的那么多的短视频。看到时事格局的时候也曾拍案而起但没起来;看到人间悲苦的时候也曾泪流满面却无声息,就这样跟自己的身体互相撕扯着,写作的心力一直没有找到,更不要说心理建设了。心里一直盘旋着一个声音——灵魂走太快了,等一等身体吧。

　　这种心灵和肉体的拉扯一直持续到9月份,全年的工作计划就剩几门课待收尾以及这本要写没写的书。而谙熟写作规律的我知道,一本15万字的书稿需要至少心无旁骛地写近两个月;一本20万字以上的时间会更长。写完之后,还需要校对,漫长的校对还需要消耗掉近两个月的时间,留给我的时间不仅是不多了,而且是不够了。

　　常年的工作养成了我制定计划就完成的习惯(也是强迫症),又想到自己作为一个现象级别的网红,每年都会做年终总结,有一项这么重大的工作没有完成,简直是职业生涯的耻辱。在听过我的想法之后,盛小男同学(本书中提及的我的那位律师朋友)跟我说,你的偶像包袱太重了。可能是,可能也不是。我的生活其实蛮简单,能做的事情就尽量做到自己的极致,不能做的事情就放弃。生活中已经有那么多东西被自己断舍离了,这一件事理论上不属于断舍离的范畴,那么就需要完成,不完成对内心信仰的打击是致命的,它标志着我对自己以及自己的职业理想失去了控制,这种失控一旦开始,我担心会引发多米诺骨牌的效应,俗称破罐子破摔(也可能是想多了)。

　　经过两天的思路整理,9月24日我重新开始写作了。由于心里知道时间并不宽裕,所以我又搬回自己独居的小房子,开始了闭关式写作,除了必要的上课,没有任何其他的干扰(讲座和外界联系全部切断),确保我一直沉浸在写作的氛围中。一到这个时候,家人也给予我非常大的理解和支持,他们最大程度地削减了我的家庭义务,让我能够和自己的写作待在一起。

　　一旦开始写作,尤其是中长篇幅的写作,写作状态是这样的——吃什么、喝什么以及干什么都不重要,因为你都不会放在心上。魏先生只是每天三个电话问候,只要听到我语义不连贯、反应迟钝,就能判断出我沉浸在构思或者写作中。而他也会赶紧挂下电话,且他的目的也只有一个——确认我的生命体征是否正常以及电解质是否紊乱,是不是需要他这个医生的救援。从某种程度上,我是非常感激他的,他没有抱怨,也没有劝解,只是看看自己能做什么。这种外围式的关照有时候让你在思路穷尽、孤立无援的时候感觉无所依靠,但有时候又能让你体会到这是一个伴侣对你的工作和事业最为体面和深情的支持。对,也是深情,能滋养心灵的那种。

曾经有一位同事问我,你为什么能源源不断地输出,有那么多想法,而我的想法都是灵光一现就消失了,过一会儿就忘了。我的回答是我不让它消失,它什么时候来我就什么时候写出来,所以我在半夜12点起来过、凌晨2点起来过、4点起床是家常便饭、白天写作也是常规操作。生活没有规律的作息,只有写作是我需要坚持做的事情,什么时候有感觉就什么时候写,并不关注是白天还是黑夜,是不是手头还有别的工作——没有,只有写作是第一位的。于是,我养成了拿破仑式作息,我不能保证我什么时间醒来写作,因为我习惯将问题带进睡眠,突然在睡梦中就有了答案,我会随即就爬起来把它写出来。压榨完自己的大脑之后,再随时睡去。我不能保证我的早饭一定是在早晨吃,以及晚饭一定是在晚上吃,我只知道我有想法了就要写,写累了、大脑被掏空了就要爬回被窝里睡。于是,这样不辞昼夜、黑白颠倒、食之无味地过了22天,我竟然把初稿写完了。消瘦得很明显,我甚至怀疑是不是每写一万字就要掉一斤分量;白头发也冒出来很多。迪美女只是每次见我都问我快写完了吧,然后决定给我加什么药,怎么调整方子。这一次,我跟她说,我头发白了好多,你帮我加一味药好吗?迪美女说:"我的任务是让你活,最好能活到100

岁,所以无论怎样你的白发时间都要比黑发时间长,我建议你接受。"好有道理,我这么爱臭美的人——接受了。

  一开始写作生活就很难自理,早餐肯定是在不能自理的范畴内的,事实上我自己也不知道什么时候能吃上早餐。魏先生办理了一张某神卡,专门等着我醒了打电话呼叫,然后外卖早餐就会在20分钟之内送到我面前,就这样,我在一个月时间内连续吃了同一份外卖早餐。对此,魏先生表示也很服气,不挑食好养活。其实,不写作的时候,我还是很挑剔的,是一个发现一种美食就要一网打尽的人。

  写作的过程中除要跟白天黑夜、白发、身体、各种混乱的生活不能自理作斗争外,还会有突发的一些情况。10月4日,当写作推进到5万字的时候,我的电脑突然崩了,眼见着写的文字和所在的文件夹消失在我的眼前,那感觉简直了……我至今没有办法形容那种错愕、惊慌以及没有备份带来的不知所措,但这一切又要被一个成年人体面地压制在皮囊之下,在故作镇静却又内心慌乱中求救。我是习惯5万字备份的——我还没有来得及备份。我是文科生,这两个条件决定了我能做的只能是切断网线+杀毒,但是无济于事。于是,我经过了二十分钟的心理建设,抱着大不了重新来过、视死如归的心态向大脑中检索到的计算机中心的王老师求助。但其实自己也知道,重新来过也写不出来一模一样的,有些东西只能在此情此景下表达出来,变幻了时空,即便我还是我,思路还是思路,写出来的饱和度和感觉都不一样了。一句话,很多东西无法复刻,写作尤甚!

  王老师这个善良的山西男人,彼时正在家看孩子,而且我们的交集也不算多,大概就是在成老师开的餐馆里第一次相识,我看中了王老师桌子上的那份汤,在成老师匆匆介绍完之后,就询问可不可以参与到瓜分那份汤的行动中。这个山西男人展现了他的豪爽,于是我和我的伙伴在当天把别人桌子上的菜品给吃了。第二次相遇就是在校园里了,我用教育孩子的例子向王老师说明当前教学研究的困境——太大、太空、没有可操作性。教学应该像教育孩子一样,要有指导思想,要有世界观,还要有方法论。第三次相遇就是在我的教学午餐会上,王老师就坐在我的右手边,适时地配合了教学互动,营造了比较热烈美好的教学效果。而第四次就是这一次,我的电脑遇到问题了。怎么解决的,我其实并不清楚,只知道这是一个善良的人,全程没有一句对文科生不懂电脑常识的鄙视,也没有一次关于我没有备份的嘲讽,只是关注问题在哪里,解决了就好了。我觉得,这是一个宽厚的中年男人对待同事最深情的方式。对,是深情,能滋养心灵的那种。事实上,如果有人再持续质问我为什么没有及时备份,为什么不尝试什么样的操作……我想,我可能会咬他,像吸血鬼一样咬他的脖子,将他血液里冷漠的情感吸得一干二净。

在正文敲下最后一个句号时,那是一个清晨,很清冷。我莫名其妙地走出房门,在小区里"走"了一阵,然后突然意识到自己没有在房间里,也想不清楚为什么会走出来以及要干什么。脚上穿的是运动鞋,身上穿的竟然还是家居服。于是,我摇摇头莫名其妙地又回到了房间。我跟迪美女汇报自己写完了并告诉她自己的"莫名其妙"之后,迪美女跟我说——心神散了。嗯,可能是不需要将心力集中在写作上之后,灵魂选择到外面透透气,毕竟这一个月也被困在肉体里和困在文字中。

其实,我不讨厌写作,有时候我甚至认为写作是一种情感的表达,就像音乐和绘画一样,能传递情绪,尤其是对我这种很敏感、情感又很丰富的人来说。我深刻记得自己在写完公众号的一篇文章《孩子,如果你要为我复仇:请成为肖申克,不要成为张扣扣》的时候,趴在桌子上泪流满面。桃子姐看完之后说:"这一篇,情感饱和度好高。"只不过,长期的写作注定是消耗的,以至于这种消耗让很多人望而生畏。一如论文写作一样,也是一个长期而具有挑战的过程,没有一个物质体支撑,没有心力的注入可能就无法获得最终的圆满,但同时,当你全身心投入的时候,你可能会体会到什么是"心流",那是一种奇特的生命体验,也是相当棒的呢!

可能是这一本书的写作太耗费心力了,又恰逢身体不是特别康健的时候,感慨特别多,于是后记就特别长,这真的是我写过的最长的后记了。纸短意长,言犹未尽!最后,要感谢那些一如既往支持我写作的亲人和朋友们,编编不遗余力地给我的书配图,北大社一如既往热情地接纳了我的新书,使得本书从选题到最后落笔都非常顺利。还有很多同仁、学生一路走来给到很多建议和成长的心得体验,从这些支持、互动中,我都感受到了心灵的支撑,也在这种支撑之下一直前行。